인간
그대에 사와
이웃

Sainte Thérèse de l'Enfant-Jésus et son prochain
by P. Descouvemont
1962

성녀 데레사와 이웃

1981년 8월 10일 교회 인가
1981년 8월 30일 초판 1쇄 펴냄
1995년 5월 30일 개정 초판 1쇄 펴냄
2008년 10월 30일 개정 2판 1쇄 펴냄
2015년 12월 1일 개정 2판 3쇄 펴냄

지은이 | P. 데쿠브몽
옮긴이 | 정대식
펴낸이 | 염수정
펴낸곳 | 가톨릭출판사
편집 겸 인쇄인 | 홍성학
편집 | 송향숙, 이현주
표지 디자인 | 양자선, 내지 디자인 | 이경숙

본사 · 서울특별시 중구 중림로 27
지사 · 경기도 고양시 일산동구 노첨길 65
등록 · 1958. 1. 16. 제2-314호
전자우편 · edit@catholicbook.kr
전화 · 1544-1886(대) / (02)6365-1888(영업국)
지로번호 · 3000997

ISBN 978-89-321-1125-4 03230

값 9,800원

© 가톨릭출판사, 2008

인터넷 가톨릭서점 http://www.catholicbook.kr
직영 매장: 명동대성당 (02)776-3601, 3602/ FAX (02)776-1019
　　　　　가톨릭회관 (02)777-2521/ FAX (02)777-2520
　　　　　서초동성당 (02)313-1886
　　　　　서울성모병원 (02)2258-6439, (02)534-1886/ FAX (02)392-9252
　　　　　절두산순교성지 (02)3141-1886/ FAX (02)3141-1886
　　　　　분당성요한성당 (031)707-4106
　　　　　미주지사 (323)734-3383/ FAX (323)734-3380

가톨릭의 모든 도서와 성물을 '인터넷 가톨릭서점'에서 만나 보실 수 있습니다.

이 도서의 국립중앙도서관 출판예정도서목록(CIP)은 서지정보유통지원시스템 홈페이지(http://seoji.nl.go.kr)와
국가자료공동목록시스템(http://www.nl.go.kr/kolisnet)에서 이용하실 수 있습니다(CIP제어번호: CIP2008003017).

성경 © 한국천주교중앙협의회, 2005

이 책의 한국어판 저작권은 (재)천주교서울대교구 가톨릭출판사에 있습니다.
저작권법에 의해 한국 내에서 보호를 받는 저작물이므로 무단 전재와 무단 복제를 금합니다.

인간 데레사와 이웃

P. 데쿠브몽 지음   정대식 옮김

Sainte Thérèse de l'Enfant-Jésus et son prochain

가톨릭출판사

일러 두기

1. **성녀 소화 데레사 호칭** : 이름에 직함을 넣어 호칭하는 것이 우리 언어 습관이지만, 이 책에서는 소화 데레사 성녀의 인간적인 면모를 살펴보고자 하는 면이 크기 때문에 본문에서 거의 직함을 넣어 호칭하지 않았다.
2. **이웃, 형제, 자매, 이웃 사랑, 형제애, 자매애** : 성녀 소화 데레사의 일생 중 가장 중요한 시기는 가르멜 수녀원에서 보낸 시기로, 가르멜 봉쇄 수도원에서의 이웃이란 수도 공동체의 자매 수녀들이다. 따라서 '자매' 혹은 '자매애'로 표현하는 게 자연스럽다. 그러나 우리는 보다 보편적인 관계로 이해할 필요가 있어서 많은 경우 '이웃' 혹은 '이웃 사랑'으로 바꾸었다. 특히 우리말에서는 '형제애'가 '자매애'까지 포괄하지만, 실제 수녀원에서는 '형제애'라는 단어보다는 '자매애'라는 말을 즐겨 쓰기 때문에 '형제(자매)' 혹은 '형제(자매)애'라는 표현도 사용하게 되었다.
3. **봉사, 섬김** : 서양말에서의 '봉사'와 '섬김'은 원래 같은 어원에서 나온 말이다. "사람의 아들도 섬김을 받으러 온 것이 아니라 섬기러 왔고, 또 많은 이들의 몸값으로 자기 목숨을 바치러 왔다."(마태 20,28; 마르 10,45) 하신 예수님의 말씀을 따라 우리가 이웃에게 '봉사'한다기보다 이웃을 '섬기는' 것이 더 복음적인 개념에 가깝다. 하지만 우리말 문맥에서나 현대인의 감각에는 '봉사'가 더 자연스럽게 여겨지므로 몇 군데를 빼고는 거의 '봉사'라는 말마디를 사용하게 되었다.
4. 가능한 한 문장을 평이한 우리말로 바꾸었고, 주는 모두 맨 뒤로 보냈다.
5. 주에서 출처를 밝힌 인용문들은 불어판 원서에서 번역했지만 한국어로 번역 출판된 책이 있는 경우 독자의 편의를 위해서 번역된 책명과 쪽수를 적었다.

옮긴이의 말

　이 책은 성녀 소화 데레사의 인간미를 느끼게 한다. 성녀가 되는 길은 보통 사람이 할 수 없는 예외적인 일을 한다거나 위대한 사업을 많이 하는 것이 아니라, 평범하고 작은 일에 충실하는 것이라고 말한 성녀 소화 데레사의 성성(聖性)에의 길을 보여 준다. 그러면서도 성녀 소화 데레사의 인간적인 면모를 파헤친다.
　이 책은 성녀가 되기까지의 한 인간으로서 데레사의 성장 과정과 그녀의 내적 변화의 과정을 잘 보여 준다. 특히 데레사 성녀가 대인 관계에서 오는 모든 갈등과 부정을 어떻게 성화해 나갔는지를 명확히 설명하고 있다.
　하느님을 섬긴다는 구실로 자칫하면 잊어버리거나 멸시해 버리는 이웃과의 관계를, 성녀이기 이전에 한 인간으로서, 또한 한 여성으로서 이웃과의 관계에서 오는 고통들을 어떻게 승화해 갔는지를 데레사는 우리에게 가르쳐 주고 있다.

영성은 인간적인 것들을 절대로 부정하지 않는다. 왜냐하면 인간적인 것들을 무시한 영성은 참된 영성일 수가 없기 때문이다.

우리는 이 책을 읽어 가면서, 한 영혼이 겪은 어려움과 그것을 이겨 낸 인내심과 지혜를 본받아야 하겠지만, 특히 그중에서도 평범함 속에 비범함이 있다는 진리를 깨달아야 할 것이다. 우리는 어떻게 하면 인간 내부에 도사리고 있는 부정적인 것들, 공동체와 사회 속에 산재해 있는 그릇된 것들을 피하거나 무시할 것인가에 고심할 것이 아니라, 이런 것들과 부딪치면서 어떻게 신앙 안에서 승화하고 초월하느냐를 자주 반성해야 할 것이다.

하느님 앞에 가치로운 영혼이 된다는 것은 결코 인간적 혹은 자연적인 것들을 업신여기거나 천하게 여겨서는 안 된다는 교훈을 데레사는 우리에게 보여 준다. 오히려 이런 것들을 완덕의 발판으로 삼아야 한다는 것을 우리는 데레사의 삶에서 찾아볼 수 있을 것이다.

고통은 은혜의 전주곡이다. 성격의 결함이나 또는 인간적인 나약함이 신앙 안에서는 완덕으로 향하는 데 좋은 밑거름이 된다는 것을 이 책은 우리에게 가르쳐 준다.

하느님을 사랑한다는 것은 바로 이웃을 사랑하는 것이고, 하느님을 기쁘게 해드린다는 것은 죄인들의 영혼을 회개시켜 그분께로 돌아가게 하는 것임을 데레사는 깨달았으며 그것을 위해 노력하였다.

이 책은 데레사가 매일 매 순간 일어나는 사건을 어떻게 신앙의 눈으로 받아들이고 소화시켜, 하느님의 은총을 붙잡아 신앙의 목표를 세우고 삶의 방향을 찾아갔는지를 보여 준다는 점에서, 좀 더 현실적이고 체험적인 면을 다루고 있다고 할 수 있다. 또한 그러한 점이 우리에게 한층 친밀감 있고 흥미롭게 다가올 것이다.

  이 책을 개정한 후 다시 재정리하여 출판하게 되어 무척 기쁘다. 이 기쁨을 독자와 함께 나누고 싶다.

  성녀의 영성이 모든 사람의 영성 생활에 큰 도움을 주는 활력소가 되기를 간절히 바란다.

정대식 플로리아노 신부

입회 후 처음으로 언니들과 함께 찍은 사진(1894년)
뒷줄 왼쪽부터 시계 방향으로, 성면의 즈느비에브 수녀(셀리나), 예수의 아녜스 원장 수녀(폴리나), 아기 예수의 데레사 수녀, 성심의 마리아 수녀(마리아), 곤자가의 마리아 원장 수녀.
소화 데레사, 즉 마리 프랑수와즈 데레사 마르탱(Marie Françoise Thérèse Martin, 1873-1897)은 9남매 중 막내로 태어났으며 살아 남은 딸 다섯은 모두 수녀가 되었다.

데레사의 가족

부모
아버지 – 루이 마르탱(Louis Martin, 1823-1894)
어머니 – 젤리 게랭(Zélie Guérin, 1831-1877)

언니와 오빠들
첫째 마리아(Marie, 1860-1940) – 성심의 마리아 수녀(가르멜수도원)
둘째 폴리나(Pauline, 1861-1951) – 예수의 아녜스 수녀(가르멜수도원)
셋째 레오니아(Léonie, 1863-1941) – 프랑수와즈 데레사 수녀[깡(Caen)성모방문회]
넷째 헬레나(Hélène, 1864-1870. 2) – 네 살 반 만에 사망
다섯째 요셉 루이(Joseph-Louis, 1866-1867. 2) – 5개월 만에 사망
여섯째 요셉 요한 세례자(Joseph-Jean Baptiste, 1867-1868. 8) – 9개월 만에 사망
일곱째 셀리나(Céline, 1869-1959) – 성면(聖面)의 즈느비에브 수녀(가르멜수도원)
여덟째 멜라니 데레사(Melanie-Thérèse, 1870. 8.) – 3개월 만에 사망
아홉째 마리 프랑수와즈 데레사(Marie Françoise Thérèse, 1873-1897)
– 아기 예수의 성녀 데레사(가르멜수도원)

차례

옮긴이의 말 5
데레사의 가족 9

1
영성 생활에서
이웃과의 관계에서
오는 위험들

제1장 무질서한 사랑의 위험 20
1. 가족 사랑의 정화 21
   1) 지나치게 예민한 감수성 22
   2) 1886년 성탄 전날 밤에 받은 은총 33
   3) 가르멜수녀원에서의 희생 37
2. 이웃 사랑의 정화 39
   1) 가르멜수녀원 입회 이전 39
   2) 가르멜수녀원에서 48
3. 제1장에 나타난 몇 가지 사실 58

제2장 교만과 허영이 지닌 위험 60
1. 가르멜수녀원 입회 전 데레사의 겸손 63
   1) 교만과 허영에 대한 첫 승리 63
   2) 숨어서 위대한 성녀가 되려는 욕망 65
   3) 데레사가 더욱 겸손해질 수 있게 한 상황들 68
2. 가르멜수녀원에서의 초기 생활 71
   1) 주님의 거룩한 얼굴에 대한 흠숭 71
   2) 멸시에서 잊히길 바라는 욕망으로 73
   3) 굴욕을 받아들임 77
   4) 영원한 수련자 78

3. 겸손의 대가인 수련장 80
   1) 변명하지 않음 81
   2) 자신의 불완전함을 기뻐함 85
   3) 잊히기를 소망함 86
   4) 자신의 행동에 자만하지 않음 89
4. 제2장의 결론 91

제3장 호기심이 지닌 위험 93
1. 침묵에로의 부르심 94
2. 가르멜수녀원에서의 침묵 96

제1부의 결론 101

2
이웃을 통해 오는
은혜

제4장 자매들의 영성 108
1. 영적 빛의 가치 109
2. 공동체를 위한 영적 선물 111

제5장 이웃의 선행 115
1. 이웃의 표양을 통해서 받는 두 가지 선익 116
   1) 우리 의무에 대한 계시 116
   2) 하느님의 계시 118
2. 이웃의 공로에 참여함 120
3. 제5장의 결론 125

제6장 이웃이 주는 모욕 128
1. 데레사의 인내 131
    1) 학교에서 받은 조롱 131
    2) 수녀원 입회를 주위에서 반대함 132
    3) 엄격했던 곤자가의 마리아 원장 수녀 133
    4) 바늘에 찔린 듯한 고통 136
    5) 게랭 아저씨의 결정 139
    6) 피숑 신부의 계획 140
2. 인내의 대가(大家) 데레사 142

제7장 이웃과 자신의 비교 149
1. 선천적 자질의 비교 150
2. 고행의 비교 152
3. 불완전함의 비교 157
4. 하느님의 특은의 비교 161
5. 제7장의 결론 165

제2부의 결론 168

3
이웃과의
형제(자매)적인 사랑

제8장 내적인 사랑 175
1. 주님을 향한 사랑 176
    1) 이웃 안에서 하느님을 사랑함 180
    2) 하느님 안에서 이웃을 사랑함 185
2. 관대한 사랑: 이웃을 향한 데레사의 소망 193

1) 데레사가 지닌 소망의 이중적인 경향 194
    2) 영혼 구원을 위한 무한한 소망 196
    3) 기도의 다양성 202
    4) 죄인들을 위한 기도 211
    5) 지상에 선을 이루기 위해 천국에서 내려오려는 소망 216
3. 자비로운 사랑 225
    1) 이웃을 단죄하지 말아야 하는 이유 225
    2) 이웃의 숨은 선행 227
    3) 이웃의 심오한 자질 228
    4) 정상을 참작케 하는 것들 231
    5) 하느님의 인내 237
4. 제8장의 결론 244

제9장 데레사의 현실적인 사랑 246
1. 데레사의 현실적인 사랑의 모습들 247
    1) 섬기는 사랑 247
    2) 드러내지 않음 253
    3) 이웃의 고통에 마음을 엶 254
    4) 상냥함 264
    5) 형제(자매)적인 충고 270
2. 데레사의 현실적 사랑의 동기 277
    1) 자신을 추구하지 않음 278
    2) 하느님을 기쁘게 해드리는 것 281
    3) 하느님을 사랑하게 하는 것 289

제10장 1897년에 받은 은총 295

1. 데레사가 발견한 네 가지 요소 296
    1) 둘째 계명의 중요성 297
    2) 예수님께서 우리를 사랑하셨듯이 304
    3) 이웃 사랑의 외적 표현의 중요성 309
    4) 그리스도 사랑에 참여함 316

제3부의 결론: 데레사의 사랑의 발전 320

총결론 329
약자 342
주 343

제1부

영성 생활에서
이웃과의 관계에서 오는 위험들

데레사가 리지외에서 살았던 집의 전경
어머니가 죽은 후 데레사의 가족은 리지외로 이사를 했다. 데레사는 이 집에서 1877년 11월 16일부터 가르멜 수녀회에 들어가기 직전인 1888년 4월 9일까지 살았다.

앞면 사진: 15살 때의 데레사의 모습(1888년 4월)

데레사 성녀의 삶에는 성녀의 한 가지 소망이 뚜렷하게 드러나는데, 그것은 예수님을 열렬히 사랑하고 또 모든 이로 하여금 예수님을 사랑하게 하는 것이다.[1] 이 소망은 데레사의 생활을 하나로 묶어 주고 또 활력을 주었다. 이 세상에는 예수님 외에도 사랑할 것이 있음을 알았지만, 데레사는 그것이 위험성을 내포한다는 사실도 알았다. 그래서 데레사는 더욱더 예수님만을 사랑해야겠다는 의지를 보이면서 "나는 내 사랑을 피조물에게는 조금도 주고 싶지 않다."라고 했던 것이다.[2] 모든 것에 앞서 예수님을 사랑하려면 먼저 이 세상 것에서 이탈해야 한다는 것과, 또 예수 그리스도를 본받아야 한다는 것을 데레사는 일찍 깨달았다. 그리고 가르멜수녀원 생활의 처음 몇 년 동안에 읽은 십자가의 요한 성인의 작품들에서, 데레사는 모든 것을 가지려면 아무것에도 집착하지 말아야 한다는 신념을 더욱 굳혔다.

우리는 이제 제1부에서, 데레사가 어떻게 이 세상을 이탈했으며, 은총에 힘입어 하느님만을 사랑하기 위해 모든 피조물에게서 어떻게 초월했는지를 살펴볼 것이다. 왜냐하면, 우리가 만나는 모든 사람들은 우리가 사랑해야 할 형제(자매)들인 동시에, 우리가 하느님만을 사랑하기 위해 이탈해야 하는 피조물이라는 것을 데레사의 입장에서 보아야 하기 때문이다.

데레사의 삶에서 형제(자매)애를 높이 평가하기 위하여, 그녀는 언제나 이웃을 자신의 사랑과 봉사를 필요로 하는 사람들로만 여겼다고 한다면, 이것은 잘못된 말이다. 오히려 데레사는 이웃과의 관계가 내포하고 있는 위험으로 인해 깜짝 놀라기도 했다. 데레사는 가족과 자기를 둘러싸고 있는 이웃에 대해 어떻게 처신해야 하는지를 매우 일찍 깨달았다. 이 점에 대해서는 제2부에서 살펴보겠다.

데레사는 자신을 둘러싸고 있는 이웃에 대해 감탄하기도 하고 어떤 매력을 느낌으로써 현혹되기도 했지만, 이것이 하느님에 대한 사랑의 순수성을 흐리게 할 위험이 있다는 것 역시 감지했다. 이 위험은 이웃 그 자체에 있다기보다 바로 자기 자신에게 있다. 다시 말하면 이 위험은 이웃을 이용하려는 마음에 자신이 굴복당하는 데 있고, 하느님께만 기쁨을 두어야 함에도 불구하고, 이웃에게서 기쁨을 얻으려고 하는 데 있다.

이러한 유혹의 근본적인 세 가지 형태를 제1부에서 3장에 걸쳐 연구해 보려고 한다.

제1장에서는, 데레사가 무질서한 사랑의 위험으로부터 어떻게 벗어났는지를 살펴볼 것이다. 가족에 대한 그녀의 사랑이 어떻게 정화되어 갔으며, 봉쇄 수도원 안에서 자기가 지닌 사랑의 순수성을 어떻게 철저하게 지켰는지 보게 될 것이다.

제2장에서는, 교만과 허영이 지닌 위험에 대해 데레사가 어떻게 저항했는가를 살펴보겠다. 여기에는 두 가지 분명한 결점이 있다는 사실을 상기해야 한다. 지성과 감정의 현실적인 가치관이나 혹은 단순히 외적으로 드러나는 일들이 교만과 허영과는 어떤 관계가 있는지 알 수 있을 것이다. 또한 우리는 그것이 일치를 기할 수 없다는 것도 알게 될 것이다. 사실 이웃에게서 사랑받고자 하는 무절제한 욕구와 이웃에게서 칭찬받고자 하는 무절제한 욕망은 서로 분리해서 다루어야 한다. 무질서한 사랑 안에서 우리가 추구하게 되는 것은 단지 사람의 호감을 사려는 것만이 아니라, 그와의 지속적인 관계를 추구하는 것이며, 그의 현존과 우정을 향유하려는 것이다. 십자가의 요한 성인은 무질서한 사랑을 음란죄에 결부시킨[3] 반면, 이웃과 자신의 눈에 덕성스럽게 보이고 싶어하는 욕망을 교만에 결부시킨다.[4]

마지막 제3장에서, 이웃을 기분 전환의 대상으로 삼으려는 위험한 생각을 데레사는 어떻게 피해 갔는지, 다시 말해서 고요하고 적적한 가르멜수녀원 생활에서, 단지 기분 전환을 해 보려는 목적으로 이웃들과 관계를 맺을 수 있는 위험을 어떻게 피했는지를 살펴볼 것이다.

제1장 | 무질서한 사랑의 위험

    데레사는 인간적인 사랑의 감미로움을 느끼지 못하는 영혼이 아니라 감수성이 아주 예민한 영혼이었다. 어렸을 때부터, 자신이 가족의 사랑 안에 감싸여 있다고 느꼈고 그것은 그녀에게 절대적인 기쁨이었다. 반대로 양친을 괴롭힌다는 것 이상으로 큰 슬픔은 없었다. 다행히 감동을 잘하는 그녀의 예민한 감수성은 일찍부터 하느님께로 그 방향을 잡아 갔다. 데레사는 어릴 때부터 '하느님의 기쁨' 안에서 자신의 기쁨을 구하는 것에 매우 익숙해 있었다.
    예민한 감수성이 하느님께로 완전히 방향을 잡기 위해서는 어릴 때부터 하느님을 기쁘게 해 드리는 욕망만으로는 불충분하다. 영혼은 오직 하느님께 자신의 기쁨을 둘 수 있어야 한다. 이 장(章)에서 우리는 데레사가 지닌 사랑이 어떻게 정화해 가는지를 목격하게 될 것이다. 즉 데레사가 무질서한 사랑의 위험 속을 어떻게 빠져 나갔지를 보게 될 것이다.

1. 가족 사랑의 정화

저는 우리 가족을 매우 사랑해요. 자기 가족을 사랑하지 않는 성인들을 저는 이해하지 못하겠어요.[1]

가족을 사랑해야 한다는 데레사의 이 말 속에서, 하느님에 대한 사랑과 가족에 대한 사랑 사이에는 대립될 만한 것은 아무것도 발견하지 못했다는 징표를 찾으려 한다면, 이는 우스운 일이 될 것이다. 우리는 데레사가 가르멜수녀원에서 언니들과 '가족적인 생활'을 하지 않으려고 했던 여러 가지 희생을 상기할 필요가 있다.

먼저 그토록 오랫동안 아버지와 언니들에게 기대어 살아왔던 데레사가 어떻게 이 의존 상태에서 벗어났는지 이 단원에서 제시하고자 한다. 데레사는 집안의 막내였고, 네 살 때 어머니를 여의었기 때문에 이 의존 상태는 그만큼 더 심했었다.

물론 자율성을 갖는다는 것은 어른의 특징이지만, 데레사의 가족 상황에서 볼 때, 데레사에게는 이 독립이 특별히 미묘했었다. 어머니의 사랑을 받지 못한 데레사는 비정상적으로 사랑을 탐하게 되었다. 이때의 데레사는 가족의 울타리 밖에서는 살 수가 없었고, 아버지나 언니들과 헤어진다는 것은 생각조차 할 수 없었다. 또한 누군가가 자신의 가족을 괴롭힌다는 것도 받아들일 수 없었다.

그럼 이제 데레사가 자신의 『자서전』에서 언급한, 1886년 성탄 전

날 밤에야 자유로워질 수 있었던, 그녀의 지나치게 예민한 감수성에
대해 연구해 보자.

1) 지나치게 예민한 감수성

데레사는 생후 몇 개월 동안, 매우 심각한 내장 경련을 겪어 그녀의
부모는 무척 고뇌에 휩싸였었다.² 데레사가 생후 첫 몇 개월 동안, 생
명이 위태로울 만큼 심한 위장 장애로 고생했다는 것은 "대단히 중요
한 사실로 이를 주목해야 한다."라고 가이랄 의사는 지적한다. 이러한
사건들은 일반적으로 아기의 신체 발육에 영향을 끼칠 뿐만 아니라,
현저히 눈에 띄게 드러나지는 않는다 해도, 성격에까지 영향을 미쳐,
발육 부진을 가져올 수 있기 때문이다. 아기는 세상과의 첫 접촉을 입
또는 말을 통해서 이루어지는데, 데레사는 이것이 별로 만족스럽지
못했다. 이런 아이들은 감수성이 무척 예민하며, 따라서 다른 아이들
에 비해 사랑에 대한 욕구 불만을 잘 견디어 내지 못한다.³

이러한 신체 장애가 성격에 어떤 영향을 주었든 간에, 데레사는 유
년기에 극단적으로 예민한 감수성을 지니고 있었다. 지나치게 많은
말을 했다든가 어리석은 짓을 했을 때, 그녀는 즉시 그 사실을 깨닫고
이를 만회하려고 눈물을 흘리며 끝없이 용서를 청했다. 심할 때는 용
서한다는 말을 들어도 소용이 없었다. 그녀는 계속 울었다. 특히 데레

사는 자신이 누군가를 괴롭혔다는 생각을 하게 되었을 때는 자신이 감당할 수 없을 정도로 심하게 울었다.

이러한 데레사도 어머니가 돌아가시기 전까지는 성격이 매우 좋았고 명랑했다.

어머니 마르탱 부인의 죽음(1877. 8. 28.)
어머니의 죽음은 그때 네 살이던 데레사에게 심한 심리적인 충격을 주었다.

어머니가 돌아가시고 나서부터 좋았던 제 성격이 일변했어요. 그렇게도 활발하고 마음에 있는 것을 잘 표현하던 제가 수줍고 조용한 아이가 되었습니다. 또한 극도로 예민해져서 누가 조금만 쳐다봐도 곧잘 눈물을 흘렸습니다.[4]

어머니를 일찍 여읜 데레사는 지나치게 사랑에 대한 갈증을 느꼈다. 그래서 그녀는 따뜻한 가족의 분위기에서만 편안함을 느꼈고, 아버지와 언니들의 사랑에 감싸여 있는 것이 더할 나위 없이 좋았다.

저는 낯선 사람들 속에 끼어 있을 수 없었고 우리 가족만 있어야 비로소 쾌활해질 수 있었습니다.[5]

데레사는 외삼촌 댁에서도 편안하지가 않았다. 일요일 오후 혼자서 외삼촌 댁에 초대받는 것을 그녀는 좋아하지 않았다.

막내인 그녀는 자신을 어린아이라고 생각했지만 소녜 부인 집에서는 응석쟁이로 변덕을 부리지는 않았다. 그곳에서는 어떤 불완전도 그대로 넘어가지 않았기 때문이었다. 그러나 엄밀히 말해서 그녀는 가족에게 귀여움을 받는 것에서 기쁨을 느꼈고, 또 자기는 그럴 만하다고 생각했다.

어머니가 죽은 뒤부터 아버지에 대한 데레사의 애착은 무척 심했고, 데레사의 아버지 역시 오후는 줄곧 막내딸과 함께 보냈을 정도로 그녀를 사랑했다. 그는 그녀를 '작은 여왕'이라고 불렀고 데레사는 이 '임금님'과 헤어진다는 것은 상상도 할 수 없는 일이었다.

아버지께서 돌아가실 수 있다는 생각만 해도 저는 벌벌 떨렸습니다.[6]

아버지가 돌아가신다면 그녀 역시 따라 죽을 거라고 할 만큼 아버지에 대한 사랑이 깊었던 데레사는 집 정자 아래에서 아버지와 함께 있는 것이 가장 큰 기쁨이었다.

어머니가 돌아가신 후, 데레사는 폴리나 언니에게도 크게 의지했었다. 데레사에게 폴리나 언니는 자신의 두 번째 엄마이자 자신의 이상(理想)이었으며 속마음을 털어놓는 상대이자 영적 지도자이기도 했다. 예를 들어 아버지가 데레사를 데리고 산보를 가려 해도 폴리나가 '허락' 해 주지 않으면 갈 수가 없었다. 폴리나가 허락을 해 줘야 데레사는 아버지를 따라 나설 수 있었다.

이 정도로 가족에게 애착하던 데레사가 여덟 살이 되어 기숙사에 들어가게 되자, 그녀는 그곳 생활에 적응할 수 없었고 그로 인해 고통을 겪었다. 비록 학업 성적이 우수하고 모두가 그녀를 사랑해 주었다 해도 말이다.

> 기숙사에서 보낸 5년은 제 생애에서 가장 슬픈 시기였습니다.[7]

몇몇 친구들의 조롱과 질투의 대상이 된 데레사는 아직까지 인생의 어려움을 뛰어넘을 만큼 충분한 덕을 지니지 못했으므로 그저 말없이 울기만 했다.

> 다행히 저는 매일 저녁 집에 돌아올 수 있었는데 그때가 되어서야 제 마음은 활짝 피었습니다. 제 임금님의 무릎에 앉아 제가 받은 점수를 말씀드렸고 그분의 입맞춤을 받으면 온갖 걱정을 다 잊을 수 있었습니다.[8]

지나치게 감수성이 예민한 데레사는 감정이 요구하는 사랑을, 아버지에게서 채울 수 있었다.

이 가엾은 어린것은 가족에게서만 기쁨을 찾았다. 만약 그 기쁨이 없었더라면 기숙사 생활이 그에겐 너무 힘겨웠을 것이다.[9]

아동 정신 병리학 전문의인 가이랄은 다음과 같은 진단을 내렸다.

데레사는 어머니를 잃고 사려 깊은 교육을 충분히 받지 못해 야기된 퇴행 현상에 잇단 결과로서, 정서 발달에 장애가 있었다. 이런 상황 속에서 데레사는 실제 나이보다 어리게 처신했으며, 가족 안에서만 안정을 찾았고 친척 중에서도 매우 국한된 사람에게서만 안정감을 느꼈다.[10]

폴리나의 가르멜수녀원 입회(1882. 10. 2.)
폴리나가 곧 가르멜수녀원에 입회하리라는 소식을 들은 데레사는 마음에 큰 충격을 받았으며, 예기치 못한 일인 만큼 그 상처는 깊었다. 데레사는 어린아이 같은 생각으로 폴리나 언니는 자신이 클 때까지 기다렸다가 함께 가르멜수녀원으로 떠날거라고 상상했었다. 그런데 그녀에게 이별이 너무 갑작스레 닥쳐온 것이다.

어느 날 폴리나 언니가 마리아 언니에게 머지않아 '가르멜수녀원'에 들어간다는 말을 하는 것을 들었을 때 그 가슴이 얼마나 아팠겠습니까? 저는 '가르멜수녀원'이 무엇인지를 몰랐습니다만, 폴리나 언니가 저를 떠나 수녀원에 간다는 것과 언니가 저를 기다리지 않으리라는 것, 그리고 두 번째 엄마를 잃어버리게 되리라는 것을 알았습니다. 그때 제 마음의 근심을 어떻게 말할 수 있겠습니까?[11]

'두 번째 엄마(폴리나)'와 헤어진 데레사는 목요일마다 수녀원을 방문하여 폴리나를 응접실에서 만났지만, 폴리나에게 하고 싶은 말을 다 할 수가 없었다.

목요일마다 온 식구가 가르멜수녀원에 갔습니다만, 폴리나 언니와는 항상 마음을 탁 터놓고 이야기하던 제게, 집안사람들이 다 말한 후에 고작 2, 3분밖에 차례가 오지 않았습니다. 그나마도 우느라고 다 지나가 버려, 찢어지는 가슴을 안고 그 자리를 떠났습니다.[12]

폴리나와의 이별로 데레사가 겪은 슬픔은 그로부터 몇 달 뒤인 1883년 3월에 일어난 신경 질환의 원인이 되었다. 데레사는 나중에 자신의 고통과 병을 이와 분명히 관련지어 말했다.

당신이 가르멜수녀원에 들어간 것에 화가 난 악마가 복수를 하려고 제게 병을 가져다준 것이 분명합니다.

"데레사가 자신에게, 악마가 병을 가져왔다고 한 말은 어쩌면 정상적인 한계를 벗어난 말일 수도 있다. 그러나 이 경우, 간교한 술책을 부리는 악마가 이중으로 감정의 상처를 입고 욕구 불만에 빠져 있는 데레사의 심리 상태를 이용하여, 고통과 혼란을 더욱 가중시키고, 정상적인 성장을 지연시키며, 성화(聖化)로 향하는 데레사의 발걸음을 멈추게 했을 것이다."라고 마리 외젠 신부는 말했다.[13]

1883년에 앓은 신경 질환과 기적적인 완쾌

데레사는 신경 쇠약 증세를 겪고 있었는데, 이것은 폴리나가 가르멜수녀원에 들어갔기 때문에 자신이 희생되었다고 느끼던 욕구 불만의 표출이라고 할 수 있다. 발병 당시의 상황은 그 병의 원인이 된 데레사의 감정 상태를 선명하게 밝혀 준다. 데레사의 병은 그녀의 아버지와 언니 마리아, 그리고 레오니아가 파리 여행 중일 때 일어났다.

어느 날 저녁, 외삼촌께서 저를 데려가시면서 친절하게도 엄마에 대해, 그리고 지난 추억에 대해 말씀해 주셨는데, 저는 깊은 충격을 받았고 그래서 울어 버렸습니다.

엄마에 대한 회상은 어린 데레사의 마음에 끈질기게 남아 있는 사랑 욕구를 일깨워 주었다. 삼촌은 이러한 이야기를 데레사에게 들려줌으로써 방학 동안 혼자 있는 데레사를 위로해 주었다고 생각했지만 데레사는 과거를 회상함으로써 더욱 충격을 받았다. 거기에다, 기대하던 성당 모임에도 가지 못하게 된 데레사는 더욱 슬픔에 빠지게 되었다.

 그날 저녁, 저는 성당의 어떤 모임에 가야 했는데 제가 너무 피곤해 하는 것을 보시고 아주머니께서는 저에게 일찍 자라고 하셨습니다. 저는 옷을 벗는 동안 이상하게도 떨리기 시작했습니다.[14]

 이때가 바로 처음으로 신경 쇠약을 일으킨 때였다. 무의식적으로 데레사는 계시지도 않은 아버지를 불렀다. 그녀는 병에 걸렸고 그로 인해 아버지가 돌아오고 모든 가족에게 둘러싸이게 됐다.
 물론 데레사가 의식적으로 그렇게 하지는 않았지만, 데레사의 병은 가족들의 관심과 사랑을 더욱 많이 받고 싶은 무의식적인 욕구에서 생긴 것임이 명백하다.
 기적적으로 데레사의 병이 완쾌된 다음, 데레사는 자기가 일부러 병에 걸렸던 것은 아닌가 자문해 보았는데, 그녀로서는 그것이 자기 영혼에게 있어 진정한 수난이었다고 말했다.[15]

계속되는 비정상적인 감수성(1883. 5.~1886. 12.)

 1883년 5월 13일에 일어난 데레사에게 베풀어진 기적적인 치유도 그녀를 지나치게 예민한 감수성에서 완전히 해방시켜 주지는 못했다. 데레사는 여전히 어린아이였고 옛날처럼 울기를 잘했으며 다시 병에 걸리기도 했다.[16]

1884년에 있었던 다음의 일화는 데레사가 아직도 얼마나 과민한 상태였는지 잘 보여 준다. 친구들 가운데 오직 혼자 어머니가 없었던 데레사는 첫영성체 날 동정 성모께 바치는 봉헌문을 자기가 낭독할 거라고 기대했었다. 그런데 기숙사 지도 신부인 도맹 신부의 조카딸이 낭송하게 되었다는 것을 알았을 때, 데레사는 크게 실망해서 1882년에 그랬던 것처럼 또다시 신경 쇠약 증세를 보였다. 그래서 아주머니와 큰언니 마리아는 봉헌문 낭독을 데레사가 하도록 플라시드 원장 수녀와 도맹 신부에게 부탁을 드렸다.

노데 의사는 데레사의 실망 속에서 두 가지 의미를 발견했다. 하나는 오랫동안 해 오던 자기 감정의 발산을 지속하려는 징표이고, 다른 하나는 자기 사랑에 빠진 퇴행 현상이다. 전부를 가질 수 없으므로 아무것도 가진 것이 없는 것 같은 이 고통스러운 느낌은, 바로 전부를 잃어버린 것보다 더욱 큰 고통이며, 이러한 실망은 당연히 가져야 할 것을 가지지 못했다는 욕구 불만에서 나타난다.[17]

이러한 가운데 데레사는 가족들과의 이별에서 계속 병적인 증세를 보였다. 1886년, 셀리나가 공부를 마침으로써 이제 데레사는 혼자서 공부하러 가야 했다. 그러나 이때도 데레사는 지체 없이 또 병에 걸리고 만다.[18] 이렇게 해서 데레사는 13세 때에 수녀원 기숙사에서 하던 공부를 그만두게 된다. 바로 그해 방학 동안 잠시 투르빌에 와서 지내라고 아주머니가 그녀를 초대했는데, 그 전해에 셀리나와 함께 멋진 휴가를 보냈던 그곳에도 이번에는 데레사 혼자 가야만 했다.

저는 너무 외로운 나머지 이곳에 온 지 2, 3일 후에 병이 재발해서 다시 리지외로 돌아와야 했습니다. 모두들 중태라고 걱정하던 제 병은 뷔소네에 대한 향수병이어서 제가 그곳에 발을 딛자마자 건강을 되찾았습니다.[19]

이상의 두 경우에서 데레사가 집에 돌아가려고 꾀병을 부렸다는 것은 무리한 생각이다. 이 두 가지 경우에는 그 당시의 데레사의 슬픔과 발병 사이에 어떤 연관성이 분명히 있다. 즉, 데레사의 발병은 뷔소네로 가고자 하는 무의식적인 욕망에서 생긴 것이다.

데레사가 1년 반에 걸쳐(1885. 5.~1886. 10.) 시달렸던 이 세심증은 그녀가 아직도 어린아이의 시기를 벗어나지 못하고 있었다는 징표다. 스스로 자신의 양심을 분명하게 투시할 수 없었던 그녀는 전적으로 큰언니이자 대모(代母)인 마리아의 판단에 자신을 내맡겨야만 했다. 그 당시 데레사가 마리아의 지도에 순종했던 태도는 탄복할 만했다. 참으로 철저히 따르는 그녀의 순종에 고해 신부까지도 이 '짓궂은 병'을 눈치 채지 못했다. 하지만 그것은 데레사의 소녀 시절부터 겪어 온 감정의 미숙 상태에서 벗어나는 데에는 아무런 도움이 되지 못했다. 이 세심증 때문에 데레사는 가족이라는 사회, 특히 큰언니 마리아에게 자신을 묶어 놓는 의존적인 관계가 더욱 강화되었다.

그런데 마리아가 가르멜수녀원에 입회한 일은 데레사에게 파국적인 재난이 되진 않았다. 세심증을 털어놓을 만한 사람이 옆에 없게 되자, 그때 그녀는 시선을 하늘로 돌렸기 때문이다. 데레사는 천국에 가 있는 오빠들에게 자기에게 평화를 보내 달라고 애원했으며 그녀의 애원대로 되었다.[20]

세심증에서 해방된 데레사는 그녀의 삶에서 자율성을 얻어 한 단계 진보한다. 그 후로 그녀는 큰언니의 판단에 영향을 받지 않고, 자신이 스스로 양심을 판단하여 차츰 이 세심증에서 벗어났다. 그러나 아직도 데레사는 남들이 자기를 어떻게 생각하는지에 대해서 완전히 자유로울 수는 없었다. 그녀는 여전히 아버지와 언니들의 칭찬에 예민했으며, 특히 '무의식적으로' 행한 일들이 혹시 아버지나 셀리나 언니를 괴롭히지 않았나 하는 생각에 짓눌려 있었다. 그래서 조그만 일에도 그녀는 통회하는 '막달레나처럼' 울었다. 극단적으로 예민한 데레사는 주위 사람들이 그녀의 처신에 매우 만족해 하는 눈치가 아니면 못 견뎌 했다. 그래서 데레사가 무엇인가 일을 거들어 주고 난 뒤에, 셀리나가 '행복하고 놀라운' 기색을 보이지 않으면 또다시 울어 버리는 것이었다. 데레사는 자신의 이 같은 신경 과민이 주위 사람들을 불쾌하게 만든다는 사실을 익히 알고 있었기에, 울고 난 후에는 운 것 때문에 또 울었고 헛되이 운 것으로 인해 자신의 입장을 더욱 난처하게 했다. 이로 인해 더 이상 가족의 사랑을 받을 수가 없다고 여겨 무척 속상해 했다. 여러 해 전부터 데레사는 이 지나치게 예민한 감수성에서 풀려나고 싶어 했다. 여기에 대해서 데레사 자신도 자신의 첫 『자서전』에서 상세히 밝히고 있다. 이 소망이 완전히 실현된 것은 1886년 성탄 전날 밤이었다.

2) 1886년 성탄 전날 밤에 받은 은총

데레사가 우는 것을 그만두게 된 것은 첫영성체를 한 뒤가 아니다. 물론 첫영성체를 통하여 그녀는 이 '천상적인 힘'에 결합될 수 있었지만, 예수님께서 데레사를 씩씩하고 용감하게 해 주신 것은, 첫영성체를 한 후로부터 2년 반 뒤인 1886년 성탄 전날 밤, 성체를 영하고 난 다음이었다.[21] 이러한 힘은 분명히 하나의 은총이었고, 데레사가 오래전부터 기도해 온 것에 대한 천상으로부터의 응답이었으며, 그날 밤 자정 미사에서 '강하고 능하신' 하느님을 받아 모심으로써 건강을 회복한 것이 분명했다. "이것은 바로 선하신 하느님께서 단숨에 나를 키워 주시려고 행하신 작은 기적"이라고 데레사는 말한다.

그날 밤, 데레사가 뷔소네 집에서 행했던 결연한 행동들은 은총의 결과였다. 데레사가 얻은 승리, 성탄 전날 밤 이후 지나치게 예민한 감수성에서 영원히 해방된 결정적인 계기가 무엇이었는지 생각해 보자.

가족이 모두 미사를 마치고 집으로 돌아왔다. 데레사는 벽난로 속에서 자신의 성탄 선물을 찾을 생각을 하며 기뻐하고 있었다. 그런데 그때 그녀는 다음과 같은 아버지의 말을 듣게 된다. "좋아, 올해로써 마지막이라니 다행이다." 이 말에 데레사의 두 눈에 눈물이 반짝인다. 그러나 보통 때 같으면 이 정도의 말로도 그녀는 흐느끼기에 충분했다.

그런데 층계 위에서 데레사는 자기 자신에게 "그래, 아빠가 옳아. 난 이제 어린애가 아니거든……. 나는 조금 전에 받아 모신 예수님의

제1장 무질서한 사랑의 위험

전능하신 힘으로 꽉 차 있어. 내 감정을 조절하고 눈물을 참음으로써 이 사실을 그분께 증명해 드려야겠다."라고 했다. 이렇게 해서 데레사는 눈물을 참았고, 재빨리 층계를 내려와 벽난로에서 선물을 꺼내며 기뻐했다. 예수님께서 그녀의 마음을 바꾸어 놓으신 것이다.

그러나 데레사는 아직도 열네 살에 불과한 어린아이였다. 그녀는 마치 여왕이 된 양 즐거운 기색으로 모든 선물을 꺼냈지만 예수님께서는 그녀를 이제 방금 '아기의 요람'에서 들어낸 것에 불과했다.

그 이후 데레사는 오락적인 유치한 일에 과민하지 않았고, 이제 그런 것들은 괴로워해야 할 가치가 없는 일로 여겨 울지 않게 되었다. "그 이후 그녀는 자신의 과민한 느낌에 지배당한 적이 별로 없었다." 라고 즈느비에브 수녀(셀리나)는 증언했다.[22]

데레사가 네 살이 되었을 때 상실했던 영혼의 힘이, 성탄 전날 밤의 은총을 통해 회복되었음을 의미한다. 데레사가 1886년 성탄 전날 밤에 되찾은 힘은 어린 시절 그 영혼이 지니고 있던 힘보다 확실히 우월했다. 아버지의 면전에서 자신의 자율성을 완전히 얻은 것은 바로 데레사 자신의 노력이었다. 그 후 데레사는 자신의 감정을 다스릴 줄 아는 뷔소네의 여왕이 되었다.

아버지가 데레사를 더 이상 아기처럼 대해서는 안 된다는 것을 명백히 하는 그 순간, 데레사가 아버지 앞에서 자신의 자율성을 성취했다는 사실은 실로 놀라운 일이었다. 그렇게 하여 데레사는 그 해 성탄 전날 밤에 자립적인 모습을 보여줌으로써 아버지의 소원을 채웠던 것이다.

성탄 전날 밤에 받은 이 은총은 힘의 은총일 뿐 아니라, 나아가서 하느님의 특별한 사랑의 은총이었다. 이 은총은 데레사가 자기 자신 안에 집착했던 성향을 이웃을 위한 봉사로 전향하는 힘이 되었다. 이때부터 데레사는 자신의 감정에 대한 집착이나 이웃이 자신을 어떻게 생각하는지에 대한 관심보다 이웃을 기쁘게 해 주고, 또 죄인들을 구하고 싶다는 생각이 일어나게 되었다. 데레사는 『자서전』에서 두 페이지에 걸쳐, 성탄 전날 밤에 받은 은총에 대해 다음과 같이 결론을 내렸다.

하느님께서는 저를 영혼의 어부로 만드셨습니다. 제가 그때까지 그토록 생생하게 느껴 보지 못했던 희망, 즉 어부가 되어 일하고 싶은 강한 희망을 느꼈습니다. 단적으로 말해서 제 마음 안에는 애덕이 깃들었고, 다른 이에게 기쁨을 주기 위해서는 저를 잊어버려야 한다고 느꼈습니다. 이때부터 저는 행복한 사람이 되었습니다.[23]

그리하여 1886년 성탄 때부터 데레사는 자신의 성향을 조금씩 바꾸어 갈 수 있었고 자기 주변과 가족을 괴롭힌다는 생각을 더 이상 하지 않게 되었다. 1887년 5월 그녀는 처음으로 주저하지 않고 아버지에게 가르멜수녀원에 들어가겠다는 계획을 털어놓는다. 이것은 머지않아 새로운 이별을 하리란 생각으로 아버지를 괴롭혀 드리게 될 위험을 무릅쓴 것이었다. 그 이후 수개월 동안, 그녀는 나이에 비해 매우 어른스러운 태도를 보였으며, 15세에 가르멜수녀원에 들어가고 싶은 소망을 이루기 위해 필요한 준비를 해 나갔다. 그리하여 1888년 4월 9일, 데레사는 눈물 한 방울도 흘리지 않고 수녀원 봉쇄 문을 넘었다.

수녀원에 들어간 그 이듬해, 아버지가 편찮으시다는 소식을 들은 데레사는 이를 같은 용기로 견디어 낸다. 즉 데레사가 수녀원으로 떠난 충격으로 아버지가 병이 났고, 또 어쩌면 본의는 아니지만 그녀가 이 병을 일으킨 원인일지도 모른다는 소리를 들었을 때도 그녀는 이에 동요하지 않았다. 물론 그녀는 바늘로 가슴을 찌르는 것 같은 혹독한 아픔을 느꼈지만, 이것은 무의식적으로나마 누군가를 괴롭혔다는 생각을 했던 시절과는 전혀 다른 것이었다. 이제는 이웃의 판단이 그녀의 양심을 더 이상 지배하지 않았다.

그러나 이따금 본의 아니게 남에게 괴로움을 주었거나, 동료 수녀들 중 누군가를 위로해 주려다 실패했을 때 느낄 수 있는 내적인 불안을 잘 다스리기 위해서 데레사는 아직도 많은 노력을 해야 했다. 하지만 이제는 결코 신경 과민에서 오는 감정에 좌우될 만큼 자신을 내맡기지는 않았다. 예컨대 병환으로 쓰러진 아버지를 찾아 온 셀리나 언니를 제대로 위로해 주지 못했을 때, 처음엔 비탄에 젖었지만 즉시 그녀는 예수님만이 한 사람을 위로해 주신다는 것을 깨닫는다.

이전에 아버지가 편찮으실 당시, 즈느비에브 수녀(셀리나)가 면회를 왔을 때, 30분 동안 제가 원하는 것을 모두 말하지 못했습니다. 어떤 말은 잊어버리고 또 제가 받은 빛을 나누어 줄 짬이 없었습니다. 그럴 때 제가 생각하고 있는 것을 셀리나 언니에게 알려 달라고 주님께 기도로써 부탁드렸습니다. 저의 기도를 들어주셨다는 건, 다음 면회 때에 알게 되었습니다. 처음에는 슬퍼하는 셀리나 언니를 위로해 주지 못해 가슴이 미어지듯 아파하면서 면회실을 나왔습니다. 하지만 저는 즉시 제 힘으로는 단 한 사람도 위로해 줄 수 없다는 것을 깨달았습니다. 비록 셀리나 언니가 슬픔에 잠긴 채 돌아갔지만 걱정하지 않았습니다. 오직 예수님께 저의 무능함을 보충해 달라고 청했습니다. 이때부터 저는 본의 아니게 어떤 이의 마음을 아프게 한 경우 주님께 잘 처리해 달라고 청하고서는 더 이상 제 마음을 괴롭히지 않기로 했습니다.[24]

3) 가르멜수녀원에서의 희생

가르멜수녀원에서 지내면서 언니들에 대한 데레사의 사랑은 계속 정화되어 갔다. 데레사는 언니들한테서 작은 사랑이라도 구하지 않기 위해 스스로 치러야 했던 노력이 얼마나 컸는지를 우리는 쉽게 알 수 있다. 예수님께서 당신에게 와서 숨어 살라고 하시는 사막이 바로 가르멜수녀원이라고 깨닫던 그날, 데레사는 마음으로 은밀하게 그분께 드린 약속을 놀랍도록 충실하게 지켰다. 사실 그날 데레사는 폴리나 언니를 만나기 위해서가 아니라 오직 예수님을 따르기 위해 가르멜수녀원에 가겠다고 그분께 약속했던 것이다. 데레사의 이러한 약속은 결코 노력 없이 이루어진 것이 아니었다. 그녀에게 가장 어려웠던 것은 사랑하는 언니 폴리나에게 자신의 영혼을 열어 보이고 싶은 인간적인 욕망을 느꼈을 때, 그것을 참는 것이었다.

착복식 이후, 데레사는 식당에서 아녜스 수녀(폴리나)를 도와주게 되었는데 이때도 이 욕망은 갈수록 심해졌다. 한편, 아녜스 수녀는 동생에게 사사로이 말할 수 있도록 곤자가의 마리아 원장 수녀에게 허락을 받았고, 이 사실을 데레사에게도 알렸다. 그러나 데레사는 이를 고행으로 삼았고, 사랑하는 폴리나 언니가 약간의 속내를 이야기할 때도 자기 쪽에서는 그러지 않으려고 철저히 자신을 억제하면서 언니의 말을 들었다. 이러한 침묵으로 인해 큰언니인 마리아 수녀가 오해하고 있다는 것을 알았지만 데레사는 굳게 지키려고 노력했다. 사실 큰언니 마리아 수녀는 데레사가 이제는 옛날처럼 자기를 신뢰하지 않는다고 여겼다.

가르멜수녀원에서 데레사의 삶은 한결같이 성실했다. 청원기부터 수녀원 내의 관습을 가르쳐 주는 책임을 맡은 사랑하는 큰언니 마리아 수녀에게도 불필요한 담화는 아예 삼갔다.

아기 예수의 데레사 수녀는 떠나온 가족에 대해서뿐만 아니라, 온전히 하느님께 봉헌된 언니들에게서까지 지나치게 인간적인 위로를 찾을 위험, 또 세속적인 걱정에 사로잡혀 하느님을 잊어버릴 수 있는 위험이 자기 안에 있다는 것을 발견했던 것이다. 이렇게 언니들에 대한 인간적인 사랑을 포기할 줄 알았기에, 생애 마지막 몇 개월 동안은 그렇게도 섬세한 사랑을 언니들에게 보여 줄 수 있었다.

2. 이웃 사랑의 정화

데레사가 가르멜 수녀인 언니들에게서 인간적인 위로를 구하지 않기 위해서 신경을 써야 했다면, 공동체 안의 다른 수녀들에게는 물론, 특히 원장 수녀에 대해서 지나치게 인간적인 방법으로 애착하지 않기 위해서도 자신과 싸워야만 했다. 그녀가 이러한 위험을 어떻게 빠져 나갔는지에 대해 그 방법을 고찰하기 전에, 먼저 어린 시절부터 그녀가 가족 아닌 사람들을 만났을 때, 어떻게 그들을 대했는지 살펴보자.

1) 가르멜수녀원 입회 이전

세상에로의 첫 출발

1883년 데레사가 열 살 되던 해, 그녀 나름대로 '이 세상'과 예수 그리스도 사이에 어떠한 대립이 있다는 것을 알았다. 8월, 알랑송에 머물러 있는 동안 데레사는 여러 성(城)으로 나들이를 했는데 모든 사람들이 그녀를 환대했었다.

> 제 주위의 모든 것이 다 기쁨이었고 행복이었으며, 저는 모두에게 환영과 귀여움을 받았고, 모두가 칭찬해 주었어요. 한마디로 이 보름 동안, 제 생활은 온통 꽃으로 수놓아졌어요…….

데레사는 가족 외의 사람들에게서 환대받는 존재가 된 것에 대해 처음으로 기쁨을 느꼈고, 이 세속적인 기쁨에 대해 무감각하지 않았음을 뒷날 깨닫게 된다. 데레사는 "이러한 생활이 제게 꽤 매력적으로 보였다는 것을 고백해요."라고 말했다.

그때까지 데레사는 뷔소네에서 맛보는 가족적인 즐거움과 하느님을 섬기는 것 사이에 어떠한 대립이 있다는 것을 알지 못했다. 그녀는 다만 몇 가지 경우에서 이 세상의 기쁨은 참으로 덧없는 것이며, 하늘나라의 기쁨만이 영원하리라는 것을 감지했을 뿐이다. 예컨대 일요일 오후 같은 경우, 저녁 기도를 하는 동안 '휴식의 날이 끝나고 다음 날엔 또다시 삶을 시작해야 하고 일을 하고 공부를 해야 한다.'라고 생각했다. 그럴 때면 그녀는 '이 세상이 유배지' 같다는 느낌을 받았고 '하늘나라의 영원한 쉼'을 갈망하게 되었다.

알랑송에서의 체험으로 데레사는 이 세상의 기쁨이 얼마나 덧없는 것인지를 깨닫게 되었을 뿐 아니라, 그 속에 도사리고 있는 위험까지도 알게 되었다. 이 기쁨들은 대부분 하느님의 사랑과 조화를 이룰 수 없다는 것이다. 그 무엇보다 예수님을 더 사랑해야 하고, 그분에게만 마음을 두어야 한다는 것이다.

데레사는 이 세상의 유혹에 빠져 들지 않았던 것을 자신의 공으로 생각지 않았다. 자신이 너무나 연약했기에 하느님께서 그녀를 너무 오랫동안 유혹 속에 내놓을 수 없었다는 것이다.

좋으신 하느님께서는 제게 은혜를 베푸셔서 이 세상이 얼마나 부질없는지 어떻게 거기에서 떠나야 하는지를 깨닫게 해 주셨습니다……. 열 살이라는 나이에는 마음의 눈이 멀어지기 쉬우므로 제가 알랑송에 남아 있지 않게 된 것 역시 큰 은혜라고 봅니다.

즉 데레사가 세상에 첫발을 내디뎠을 때 그 위험 속에서 빠져 나올 수 있었던 것은 하느님의 섭리로 주어진 은혜 덕분이었다. 첫영성체 전에 이 세상의 위험을 깨닫게 된 것 역시 하느님의 은혜라고 데레사는 여기고 있다.

예수님께서는 저를 찾아오시기 전에, 제가 가야 할 길을 더욱 자유롭게 선택할 수 있도록 먼저 세상을 보여 주신 듯합니다.[25]

1884년 5월 8일, 데레사는 이 세상의 유혹을 거부하고 그리스도만을 영원히 따르겠다고 약속하면서, 자신이 얼마나 '연약하고' 또 '깨지기 쉬운지'를 잘 알았기에 예수님의 손에 자신의 모든 자유를 맡겨드렸다.

모방의 기도
일생을 통하여 데레사가 받은 가장 큰 은총은, 아마도 1884년 첫영성체를 하고 난 얼마 후에 받은 것이었다.

제 마음속에는 괴로움을 받고자 하는 간절한 원이 솟아오르면서 예수님께서는 저에게 많은 십자가를 지우실 거라는 확신이 생기는 것을 느꼈습니다. 저는 평생에 가장 큰 은혜를 입은 것 같은 위로를 받았습니다.[26]

그러나 이때 고통당하고 싶다는 데레사의 원의는 아직 (1887년에야 그렇게 되지만) 희생을 통해 많은 죄인들의 영혼을 구하고 싶었던 것은 아니었다. 무엇이 그녀로 하여금 그다지도 고통을 열망하게 했는지 그것에 관해서 데레사는 어떠한 언급도 하지 않는다. 추측컨대 아마도 이 열망은, 예수님을 닮고 싶다는 것이 아니었을까? 아니면 그분께 단순히 좀 더 많은 희생을 바치고 싶다는 열망이 아니었을까? 우리는 그것이 무엇인지 모른다. 『자서전』에서 데레사는 추억을 기록해 가면서 그 당시에 자기가 고통의 매력을 완전히 이해하고 있지는 않았다고 털어놓고 있다.

고통은 저를 잡아끄는 힘이 되었고, 저는 잘 알지도 못하면서 그것이 지닌 매력에 사로잡혔습니다.

그녀는 다만 이 열망이 방금 받아 모신 예수님, 그분이 주신 것이라는 점만을 알고 있었다. 예수님께서는 당신의 사랑으로 간택받은 영혼에게 많은 선물을 마련해 놓으신 것만큼이나 많은 십자가를 준비해 놓으셨다.

데레사에게 고통당하고 싶은 원의를 불어넣어 준 이 은혜는, 그녀에게 하느님 안에서만 기쁨을 찾겠다는 원의도 불어넣어 주었다. 이 두 가지 소망은 바로 인간적인 모든 위로에서 떠나려는 소망과 하느님만을 사랑하려는 소망으로, 이는 하나이며 동일한 은총의 양면이다.

저는 하느님만을 사랑하고 그분에게서만 기쁨을 찾으리라는 열망을 느꼈습니다. 영성체 후 기도를 할 때에 저는 자주 『준주성범』의 이 구절을 되뇌었습니다. '오! 형언할 수 없이 좋으신 예수님, 현세의 모든 '위로'를 제게는 쓰디쓴 '괴로움'이 되게 하소서!'[27]

나중에 데레사는 자신이 바친 이 기도의 뜻을 명백히 표현했다.

저는 하느님의 위로마저 없는 상태가 되려고 기도한 것이 아니라, 다만 하느님을 등지게 하는 그런 환상이라든가 기쁨 따위를 없애 달라고 기도했습니다.[28]

이때의 데레사의 기도는 온갖 영적 위로를 거두시어 영의 밤에 들게 해 주시기를 청한 기도라기보다는, 단순히 그녀가 이 세상에서 어떤 인간적인 위로를 찾는 것을 허락지 마시라는 것이었다. 알랑송에서의 작은 체험은 데레사의 기도와 미묘한 연결을 시켜 주었다. 자신의 나약함을 의식하고 있던 데레사는 이 세상의 위로에 애착하지 않도록 예수님께 간청했던 것이다. 그러면 예수님께서 어떻게 데레사에게 그러한 소망을 불어넣어 주시고 또 어떻게 해서 그분만이 영원히 그녀의 형언할 수 없는 감미로움이 되었는지 보기로 하자.

기도에 대한 응답

데레사가 좀 더 자랐을 때, 그녀는 수녀원 기숙사에서 두 명의 친구와 우정을 맺으려 했다. 이러한 태도는 12세 소녀로서는 지극히 정상적인 것이다. 수녀원에서의 휴식 시간에 그 나이 또래의 아이들과 즐기는 놀이에 푹 빠져 들지는 못하지만, 데레사는 남들과 친해지기를 원했었다.

예민하고 사랑이 많은 제 마음을 이해해 주는 마음을 발견할 수 있었더라면 쉽게 그 아이에게 제 마음을 열었을 것입니다.

그러나 데레사는 즉시 자기의 사랑이 보답 받지 못한다는 것을 알았다. 한 친구가 집으로 돌아가 있는 동안, 데레사는 그 친구를 생각했었다. 그러나 돌아온 그 친구는 그녀에게 냉랭했다. 이때 데레사는 우정을 강요하지 않았다. 또 거절당한 우정을 구걸하지도 않았다.
셀리나가 그랬듯이 데레사도 한 선생과 깊은 사제의 정을 맺고 싶었지만 성공하지 못했다. 그 당시 데레사는 사람들의 호의를 얻기 위해 어떻게 처신해야 하는지 몰랐다.

이러한 경험은 바로 데레사가 영성체 동안 가끔 "오! 형언할 수 없이 좋으신 예수님, 현세의 모든 '위로'를 제게는 쓰디쓴 '괴로움'이 되게 하소서."라고 되풀이해서 기도를 드렸던 것에 대한 응답을 들은 셈이다.

> 세상의 우정에서 쓴맛밖에 볼 수 없도록 해 주신 예수님께 얼마나 감사를 드려야 할지 모르겠어요. 사람의 사랑에 사로잡힌 마음이 어떻게 하느님과 깊이 일치할 수 있겠어요? 저는 그것이 불가능하다는 것을 깨달았습니다.[29]

이 말에서 데레사는 자기가 어떤 사람에게 열렬히 사랑에 빠지지 않은 것은 하느님께서 크신 자비로 그녀를 감싸 주셨기 때문이라고 여기고 있다는 것을 알 수 있다. 하느님께서는 그녀가 기숙사 친구와의 우정에서 기쁨을 알도록 허락하기에 그녀는 너무 작은 영혼이라는 것을 잘 알고 계셨다. 하느님께서는 좀 더 강한 영혼들에게는 기쁨을 맛보게 한 후 거기에서 벗어나게도 하신다.

앞날을 위해 미리 이 은혜를 입었던 시기에 대해 데레사는, 길에서 돌부리에 걸려 다친 자기 아이를 치료해 주는 대신 자신이 직접 그 방해물을 치우느라고 수고한 의사로 하느님을 비유한다. 데레사는 하느님께서 그녀를 이끌어 주신 데 대해 다음과 같이 설명한다.

제가 지나치게 인간적인 방법으로 피조물들에게 애착하도록 버려 두는 대신, 주님께서는 앞날을 내다보시는 사랑으로 이 위험에서 저를 구해 주셨습니다……. 그러나 예수님은 막달레나 성녀보다도 저를 더 많이 용서해 주셨습니다. 왜냐하면 제가 넘어지지 않게 하시려고 미리 저를 용서해 주셨으니까요.[30]

수녀원 입회 전 마지막 정화

만일 데레사가 기숙사 생활에서 이 무질서한 사랑의 위험을 알고 있었더라면, 오히려 더 위험했을 것이다. 그때는 아직 세심증에 무척 시달리던 시기였기 때문이다. 15개월 동안 데레사는 자신이 이 세상에 현혹되어 끊임없이 죄를 짓고 있다는 생각으로 괴로워했었다. 우리는 앞에서 이 병의 심리적 원인을 지적한 바 있다.

이러한 시련으로 인해 데레사의 영혼 안에 생겨난 결과를 살펴보자. 이 시련은 그녀의 영혼을 정화시켰고, 자만하고 싶은 유혹에 굴하지 않도록 막아 주었다. 이것은 나중에 똑같은 시련에 싸인 영혼들을 이해할 수 있게 해 주었으며, 오직 예수님만을 사랑하겠다는 의지를 그 마음속에 더욱 강력히 심어 주는 데 도움이 되었다.

1886년에 데레사는 모든 상황을 활용하여 주님에 대한 사랑을 더욱 강화하려고 했다. '마리아의 소녀회'에 가입하기 위해 준비 중일 때도 마음을 터놓고 얘기할 수 있을 만큼 친한 선생도 없었기 때문에 데레사는 수예 시간이 끝나면 곧장 성당 성가대 석에 올라가 '유일한 친구'인 예수님께 이야기를 했다.

저는 예수님께만 말할 줄 알았습니다. 사람들과의 이야기는 그것이 아무리 신심에 대한 것이라도 제 마음을 피곤하게 했습니다. 하느님에 대해서 이야기하는 것보다 하느님께 말씀드리는 것이 훨씬 가치 있다고 느꼈습니다. 왜냐하면 사람들과의 이야기에는 아무래도 자애심(自愛心)이 섞이게 되니까요.[31]

데레사는 오직 '거룩한 동정녀(성모님)'를 위해 정기적으로 수녀원에 왔었지만 가장 훌륭한 보상은 '마리아의 소녀회'에 가입하는 것보다는 자기와 주님 사이에 존재하는 보다 큰 친교였다. 사람들이 예수님을 더욱더 사랑하는 것이야말로 성모님께서 무엇보다도 간절히 바라시는 것이 아니겠는가.

1887년 11월 데레사는 셀리나 언니와 함께 아버지를 모시고 또 한 차례 이탈리아 여행을 했다. 이를테면 이것은 세상에서 그녀의 마지막 외출이었다. 파리에서 데레사는 '승리의 성모님'께 자기가 여행하는 동안 보호해 주시기를 간청했다. 그리고 요셉 성인께도 보호를 청했다. 이처럼 데레사는 자신이 철저히 보호되어 있음을 믿으면서 두려움 없이 여행길에 올랐다. 그 당시 데레사는 벌써 순수한 자들에게는 모든 것이 순수하며, 단순하고 올곧은 영혼은 아무것에서도 악한 것을 보지 못하기에, 실상 악이란 불순한 마음속에 존재할 뿐, 감각이 없는 사물 안에는 악이 존재하지 않는다는 것을 깨닫고 있었다.

이것은 데레사가 악의 소재지를 간파했음을 우리에게 보여 준다는 점에서 매우 흥미 있다. 즉, 악이란 사람의 외모나 사물이 지닌 매력에 내재해 있는 것이 아니라, 사람의 마음 안에 있다는 것이다. 예수님 안에 사랑의 뿌리를 깊이 내리지 못하면서 피조물의 매력에 이끌리도록 자신을 방관할 때, 거기에 악이 있을 수 있다는 것이다.

2) 가르멜수녀원에서

예수의 데레사(대데레사) 성녀는 수녀들 상호 간의 우정을 바탕으로 한 사랑을 매우 강조했으며, 이러한 사랑이 언제나 가르멜수녀원 내부를 다스려야 한다고 했다. 이웃과의 관계는 언제나 규칙이 정해진 여러 사항들을 서로가 지켜야 한다는 것이 그 조건이었다.

> 첫째로 서로가 깊이 사랑한다는 것은 매우 중요한 것입니다. 왜냐하면 서로 사랑하는 사이라면 마음 상할 일도 예사롭게 넘기지마는, 그렇지 않고서는 화가 날 경우에 참기가 어렵습니다. 만일, 이 사랑의 계명이 세상에서도 그대로 지켜진다면 다른 계명을 지키는 데 큰 도움을 줄 거라고 저는 믿습니다.[32]

물론 가르멜수녀원의 개혁자인 이 성녀는 어디까지나 수녀들 상호 간의 사랑이 순수해야 함을 강조하고 있다. 성녀는 지나친 사랑이 초래하는 숱한 불미스러운 일들을 맹렬히 공박하며, 이런 일들은 남자들 사이에서보다 여자들 사이에서 훨씬 많이 일어난다고 했다. 물론, 어느 한 사람에게 더 본성적으로 이끌리는 것은 불가피한 일이지만 그럴 때 우리의 의무는 이러한 사랑과 용감히 싸우는 것이며 결코 그것에 지배당해서는 안 된다는 것이다.

예수의 데레사 성녀는 자신의 딸들이 수녀원에서 평화라든가 선의의 이해보다는 하느님을 향한 그들의 사랑을 무엇보다 순수하게 지켜줄 것을 바랐다.

> 자매들이여, 우리의 마음이, 당신의 피로 속량해 주신 하느님 외에는 그 어느 누구의 종이 되는 것을 결코 용납하지 마십시오.[33]

하느님을 향한 자신의 사랑을 티 없이 순수하게 보존하려고 그렇게도 애쓴 작은 데레사는 이 점에 있어서 대 데레사 성녀의 권고를 조금도 소홀히 할 수 없었다. 데레사가 수녀원에서 실제로 다른 자매와 우정을 맺으려 하지는 않았지만 그녀도 '본능적 충동에 따라' 마음에 드는 자매와 친구가 되고 싶은 유혹을 느끼기도 했다.

원장 수녀와의 관계, 다른 여러 수녀들, 나중에는 자기에게 맡겨진 수련 수녀들과의 관계에서 이런 염려가 두드러지게 나타나는 것을 보게 될 것이다. 데레사는 자신에게 어떤 인간적 위로를 가져다줄 만한 것이면 무엇이나 다 피해 버렸다. 자기의 사랑이나 애착을 조금이라도 피조물에게 주고 싶지 않았던 것이다.

곤자가의 마리아 원장 수녀에 대한 이탈

데레사는 가르멜수녀원에 입회하기 전에 피조물이 지닌 멋에 현혹되지 않으려고 노력했으며, 이를 지켜 준 하느님의 은총으로 인해 매우 충실하게 수도 생활을 해 나갔다. 그러나 이와는 달리, 그녀가 처음 수녀원 생활을 했던 몇 달 동안은 원장 수녀에 대한 애착에서 벗어나려고 무척 애를 썼다. 원장 수녀와의 불필요한 대화를 데레사가 일체 피한다는 것은, 사실상 데레사 자신이 이에 대한 이탈의 주도권을 쥐고 있었던 것을 의미한다. 1897년 6월, 데레사는 청원기 동안 이따금 잠시나마 원장 수녀와 얘기하고 싶은 욕망을 강렬하게 느꼈다고 곤자가의 마리아 원장 수녀에게 고백한다.

제가 청원 수녀였을 때, 저는 당신 방에 들어가 제 만족을 구하고 기쁨을 맛보고 싶은 유혹을 얼마나 강하게 느꼈는지 모릅니다. 그래서 저는 원장 수녀님 방 앞은 언제나 급히 지나가야만 했고, 어떤 때는 층계 난간을 꼭 붙들어야만 했습니다. 여러 가지 허락을 청할 생각이 머리에 떠올랐고 제 본성을 만족시키기 위해서 별의별 이유가 다 생각났습니다.[34]

1889년 1월에 있은 착복 피정 동안 데레사는 이에 대한 유혹을 강하게 느낀다. (당시의 그녀는 영적 건조함에 빠져 있었다.) 그녀는 아녜스 수녀에게 이 유혹에 지고 싶지 않다고 고백한다.

저는 예수님께 모든 것을 다 드리고 싶습니다. 사람에게는 제 사랑의 일부분도 주고 싶지 않습니다. 부디 예수님께서는, 제가 당신이 안 계시는 듯 느껴지는 때에라도, 그분만이 완전한 행복이시라는 것을 제게 언제나 깨우쳐 주시옵기를![35]

데레사는 천사들의 마리아 수련장 수녀에게, 수도 생활 초기에 원장 수녀를 무척 애착하게 되어 이로 인해 자신에게 딱한 결과를 빚었다고 고백하면서 일체의 인간적인 방법으로 원장 수녀에게 애착하지 않으려고 조심했다.

데레사는 주위의 섭리적인 여건들을 통하여 이런 점을 더욱 주의했다. 예수님께서는 데레사에게서 기도 중에 느낄 수 있는 감각적인 위로를 남김없이 빼앗아 가셨고, 1월 10일에 있던 착복식에서 받을 수 있는 위로마저 거두어 가셨다. 그녀가 영혼의 위로를 받으러 원장 수녀를 찾아갔지만, 결국 아무런 위로를 찾을 수 없게 된다.

원장 수녀님을 찾아갔을 때 저는 끊임없이 방해를 받아 원장 수녀님을 만나뵙지 못했고, 잠시나마 원장 수녀님을 뵐 수 있을 때는 제 영혼 안에 일어난 일을 말씀드릴 수가 없었습니다. 아무런 기쁨 없이 그 방에 들어갔다가 기쁨 없이 나왔습니다.

또 깊은 확신에 찬 어조로 데레사는 다음과 같이 덧붙인다.

이번 피정 동안, 예수님께서는 당신 아닌 모든 것에서 저를 이탈하게 해 주시리라 믿습니다.

데레사가 원장 수녀에게 인간적으로 애착하지 않도록 예수님은 원장 수녀가 이 어린 청원자를 대단히 엄격하게 대하도록 허락하신 듯하다.

저는 원장 수녀님이 저를 많이 아껴 주시고 또 저에게 가능한 한 모든 것을 좋게 말씀해 주신다는 것을 잘 알고 있습니다. 그러면서도 하느님께서는 원장 수녀님 자신도 모르는 사이에 아주 엄격한 태도를 갖도록 허락하셨습니다. 저는 원장 수녀님을, 땅에 친구(親口)[36]하지 않고는 만날 수 없었으며 아주 드물었지만 원장 수녀님에게 지도를 받을 때도 그러했습니다.

데레사는 엄한 원장 수녀를 모시게 해 주신 데 대해 하느님께 감사한다.

이러한 엄격함이 없었다면 세상에서 그런대로 잘 지켜 온 제 마음이, 봉쇄 수도원 안에서는 인간적인 애착에 빠지고 말았을 것입니다. 다행스럽게도 이런 불행에서 저는 보호를 받았습니다.

결론적으로 데레사가 원장 수녀에게 인간적인 방법으로 애착하지 않은 사실은 결국 하느님의 자비하신 배려 덕분이라는 것이다.

공동체 수녀들에 대한 이탈

데레사는 공동 휴식 시간에 자신에게 그다지 우호적이지 않은 자매들 중에서 자신의 짝을 골랐다. 그들을 위해서, 그들의 기분을 풀어 주고 즐겁게 해 주려는 마음에서도 그랬지만, 아무런 마음의 위로를 추구하지 않으려는 원의도 있었다. 데레사는 오직 하느님께만 기쁨을 두려는 자신의 결심을 충실하게 지키고 싶었다. 그리고 휴식방에서도 언제나 그러한 태도를 취했다.

1889년 10월 15일경에 셀리나 언니에게 보낸 다음과 같은 편지에서 데레사의 마음을 이해할 수 있다.

> 예수님을 위로해 드리기 위해 우리의 삶이 끊임없는 희생이 되고 사랑의 순교가 되게 하도록 해요. 그분은 우리의 단 한 번의 눈길, 우리의 단 한 번의 숨결이 그분만의 것이기를 원하고 계시지요. 우리 삶의 모든 순간 순간들이 그분만을 위한 것이 되게 하도록 해요. 모

든 피조물들은 우리 곁을 스쳐 지나가 버리는 것이 되게 하도록 해요.

수련자들에 대한 이탈

1893년, 데레사는 수련자들을 지도할 책임이 자기에게 주어지자 즉시 그 일을 하는 데 어떤 위험이 있음을 깨닫는다. 즉, 이 새로운 소임에서 오는 수련자들과의 잦은 접촉은 사랑에 대한 욕망을 스스로 채우려 할지도 모르는 위험을 감수해야 한다는 것이다. 하느님을 위해 고스란히 보존해야 할 사랑 대신에 수련자들과 가지게 될 내적 담화를 스스로 즐기게 되지 않을까 하는 것이다. 그래서 데레사는 예수님만을 사랑하고 그분만을 사랑하도록 그들을 이끌어야 하기에, 그녀가 늘 대인 관계에서 지켜온 것처럼 그들에 대한 세심한 배려를 잊지 않았다.

데레사는 좀 더 특별한 방법으로 수련자들을 사랑했다. 데레사의 사랑이 얼마나 순수했는지는 다음 세 가지 면에서 살필 수 있다.

첫째, 데레사는 수련소의 책임을 맡게 된 즉시, 자신이 결코 인간적으로 사랑받지 않게 해 주시기를 하느님께 청했다. 왜냐하면, 데레사는 예수님만을 사랑하도록 사람들을 이끄는 것이 유일한 소망이었으므로 주님을 향한 수련자들의 열정이 그녀 자신 위에서 멈추는 것을 바라지 않았다. 그래서 데레사는 수련자들에게서 받을 수 있는 모든 것들을 기피했다. 그리고 수련자들의 결점을 지적하는 데 주저하지 않았다. 사실 이런 일들은 데레사의 인망(人望)을 추락시킬 수 있는 것들이었다.

데레사가 책임 맡은 수련자들을 지도하는 데 주목할 만한 것은 그녀는 결코 수련자들의 사랑을 받으려 하지 않았다는 점이다. 수련자들이 수도자로서 완덕에 도달하는 데 이익이 되는 것만을 고려했고, 자신의 인간적인 인기를 희생해서 그들이 완덕에 이르는 데 도움을 주려고 애썼다. 그럴수록 사실, 수련자들은 이렇듯 엄격한 그들의 젊은 수련장을 더 사랑했다.

데레사는 곤자가의 마리아 원장 수녀에게 다음과 같이 썼다.

> 원장 수녀님의 어린양들이, 저를 엄하게 보고 있다는 것을 잘 압니다. 그러나 어린양들이 무슨 말을 하든 상관하지 않습니다. 마음속으로는 진정으로 사랑하고 있다는 것을 느낍니다.[37]

특히 데레사는 수련자들과 수련장 사이에 절대적인 신뢰가 있어야 한다는 것을 잘 알고 있었기에, 수련소 전체에 이 신뢰가 가득하도록 힘썼다. 그래서 데레사는 수련자들이 자기에게 신뢰와 사랑을 드러낼 때 기뻐했다. 그러나 데레사는 이런 신뢰 역시 수련자들의 영적 진보의 한 조건일 뿐이라는 사실을 잊지 않았다. 그녀는 결코 사랑받으려고 애쓰지 않았다. 1897년 6월, 데레사는 다음과 같이 이러한 자신의 확신을 말했다.

저는 수련자들을 위해 목숨까지도 바칠 각오가 되어 있습니다. 하지만 제 사랑은 지극히 순수한 것이어서 그들이 알아주는 것도 원치 않습니다. 예수님 덕분에 저는 그들의 마음을 끌려고 하지 않았으며, 제 사명은 그들을 하느님께로 인도하고, 또 그들이 이 세상에서 눈으로 볼 수 있는 예수님이신 원장 수녀님을 사랑하고 공경하도록 일깨워 주는 것임을 잘 알고 있습니다.[38]

둘째, 수련자들에 대한 데레사의 사랑이 더없이 맑은 것이었음을 보여 주는 또 하나의 표징은, 그들과 대화할 때 데레사가 보인 신중함이다. 그녀는 수련자들에게 무조건 마음을 터놓도록 강요하지 않았다. 데레사는 다만 기다려 줄 뿐이었다. 후일 삼위일체의 마리아 수녀는 다음과 같이 말했다.

이 하느님의 여종에게서 제가 지도를 받았을 때, 그분의 재치와 섬세함에 감탄하지 않을 수 없었습니다. 아무리 난처하고 이상한 질문들도 결국 제 영혼에 유익을 가져다주는 계기가 될 뿐이었어요.[39]

수련자들이 그처럼 쉽게 자기네의 젊은 수련장을 신뢰하게 된 것은 무엇보다도 데레사가 그들과 대화할 때 자신의 호기심을 채우려 하지 않았기 때문이었다.

끝으로, 데레사는 수련자들과의 대화에서 이해나 위로받는 것을 피하기 위해 자신의 어려움을 털어놓지 않았다.

하느님으로부터 빛과 도움을 얻어 맡은 영혼들을 인도하고 위로해 주는 사람은 자기 개인의 고통을 덜기 위해 이야기해서는 안 됩니다. 이런 식으로는 절대로 위로를 받을 수 없으며 마음이 진정되기는커녕 더 흥분되고 산란해질 뿐입니다.

자신의 어려움을 예로 들어 수련자들을 격려해야 할 때도, 자신의 그 어려움이 진정되지 않았을 때는 결코 말하지 않았다. 이때 자신의 어려움을 말하는 것은 오직 자신의 위로를 얻으려는 것임을 데레사는 잘 알고 있었다.

즈느비에브 수녀는 자신의 증언에서 마지막으로 수련자들에게서 위로를 찾지 않기 위해 데레사가 가르멜수녀원에서 행한 노력과, 같은 의도로 뷔소네에서 했던 노력을 비교했다. 데레사는 참으로 강인한 의지로 점철된 삶을 살았으며 오직 예수님 안에서만 위로를 찾으려 했다는 것이다.

자기에게 별로 우호적이지 않은 자매에게 애덕을 실천하려고 내적 투쟁을 하고 있을 때, 그 애덕을 확실히 실천한 경우가 아니면 절대로 제게 말하지 않던 것을 저는 주의 깊게 보았습니다. 데레사는 이런 내적 투쟁을 하고 있을 때 그 어려움을 서로 이야기한다는 것은 서로를 약화시킨다고 생각했습니다. 그녀는 어릴 때부터 이렇게 처신했습니다. 기숙생으로서 겪은 슬픔에 대해서도 그녀는 기숙사를 나온 뒤에야 딱 한 번 제게 털어놓았습니다.[40]

3. 제1장에 나타난 몇 가지 사실

하느님에 대한 데레사의 사랑이 얼마나 순수한지를 살펴봄으로써 이웃에 대한 데레사의 사랑도 순수하다는 것을 동시에 확신할 수 있다. 이웃과의 관계에서 오직 예수님만을 찾음으로써 데레사는 순수하게 이웃을 사랑할 수 있었다. 우리는 데레사에게서, 특히 어린 시절 가족에 대한 자신의 사랑이 무사 무욕한 것임을 확인하려는 염려 외에는 아무것도 찾지 못할 것이다.

모든 것에 앞서 그녀가 간절히 원한 것은 온갖 것을 초월하여 예수님만을 사랑한다는 사실을 그분께 증명해 보이는 일이었다. 그렇게 함으로써 그녀는 이웃에 대한 무사 무욕의 사랑에 이르게 된 것이다. 데레사는 수련자들을 맡은 후 자신의 사랑이 더욱 순수해지도록 힘썼다. 그리고 그것이 바로 하느님께 자신의 사랑을 증명하는 수단인 것처럼 수련자들에게도 도움이 되는 수단이라고 생각했다.

어떤 자매(수련자)와 얘기할 때 늘 제 자신을 억제하려고 애씁니다. 자기 자신을 추구하게 되면 아무런 선도 행할 수 없다고 생각하기 때문입니다.

제1장에서 또 한 가지 볼 수 있었던 사실은, 힘겨운 노력과 하느님의 은총이 서로 결합하여 데레사의 마음 안에 있는 사랑을 정화시켰다는 것이다. 오직 '주님의 자비하심'을 찬양할 목적으로 펜을 든 데레사 성녀는, 소녀 시절부터 자기를 도우시어 피조물을 떠나 오직 하느님께만 마음을 두게 해 주신 그분을 찬양하고 있다.

수도 생활을 시작하면서부터 이웃과의 관계에서 온갖 본성적 만족을 스스로 거부해 온 데레사가 말년에 가서 언니들에게 그 많은 사랑을 드러내면서도 어떻게 완전한 순수성에 도달할 수 있었는지에 대해서는 제3부에서 살펴보겠다.

제2장 | 교만과 허영이 지닌 위험

세상이 지닌 매력과 그 안에서 위로를 찾으려는 우리의 욕구 때문에 데레사는 이 세상은 자신이 극복해야 할 하나의 유혹에 불과하다고 생각했다. 그중에서도 우리의 교만과 허영, 이웃의 눈에 돋보이려는 욕구 때문에 더욱 그러하다고 생각했다.

우리는 이미 앞에서 교만과 허영의 차이점을 알아보았다. 허영에는 다분히 외적인 화려함이 있는 반면, 교만에는 내적인 화려함이 깃들어 있다. 영적 생활을 하는 사람에게 교만이 허영보다 훨씬 집요하고 교묘한 것임을 기억하면서, 이 둘의 결점을 다루어 보겠다. 교만에 비하면 허영에 대한 유혹이 훨씬 빨리 사라진다.

이웃에게서 결점을 발견했을 때 우리는 교만이나 허영의 유혹에 빠질 수 있다. 그것은 결함이 없는 나에게 남들이 감탄할거라는 생각을 하면서 기쁨을 느낄 수 있다는 것이다. 자신이 남보다 훨씬 낫다고 여기거나, 자기 자신에게 감탄하느라고 시간을 보낸다면 이것 역시 교만과 허영에 도취되어 있는 것이다. 이런 면에서 봉쇄 구역 안에 있는 가르멜 수녀가 홀로 독방에 있다고 해서 이런 유혹에 대해 안전하다고 할 수 없는 것도 이 때문이다.

교만과 허영이 하느님과 이웃 사랑에 크게 반대된다는 것은 너무도 명백한 사실이다. 그래서 교만한 자는 하느님의 기쁨과 너그러운 눈길을 찾지 않고, 그 대신 사람들의 눈길과 찬사에 신경을 쓴다. 이런 영혼은 하느님을 생각하고 그분을 사랑하는 대신 자기 자신만 생각한다.

교만은 참된 이웃 사랑에 반대되므로 교만한 자는 상대방을 있는 그대로 사랑하는 대신, 그들을 통하여 자신을 돋보이려고 하거나, 자기 자신과 비교하며 만족을 찾는다. 결국 교만한 자는 이웃의 결점을 즐겨 찾아내고 그것을 이용하여 자신의 가치를 좀 더 부각시키는 데서 기쁨을 느낀다.

많은 사람들은 데레사의 겸손을 이야기할 때 막연히 그녀가 잊힌 존재가 되고 싶어 했다거나, 자신의 불완전을 자각하고 그것에서 기쁨을 느꼈다고 언급한다.

필리퐁 신부 역시 데레사의 겸손에 대한 개념을 제시하기 위해, 다음과 같이 성녀 자신의 표현들을 인용하고 있다.[1]

"어린이로 머물다", "자기의 무력함을 인식하다", "겸손, 그것이 진리다", "불완전해서 기쁘다", "나는 잊히려고 애썼다."

그는 이상 다섯 가지의 표현 양식이 데레사의 겸손에 대해 각각의 특징들을 설명하는 것이라 한다. 그러면서 이 마지막 표현에 대해 다음과 같이 설명하고 있다.

> 이 마지막 말의 특징은 데레사가 지니고 있는 겸손에 대한 개념에 개성을 부여합니다. 데레사는 무시를 당하거나 멸시받는 것보다 잊히는 것을 더 좋아했으니, 이것은 근본적으로 볼 때 자신의 '자아'를 잊는 것입니다. 결국 알려지지 않고 아무것도 아닌 존재로 여겨지며 사는 것이 그녀의 완덕 백서였습니다.[2]

그러면 데레사의 겸손을 특징짓는 '잊히고자' 하는 원의에 대해 자세히 살펴보자. 먼저 '이웃으로부터 잊히고' 싶은 데레사의 원의와 하느님 앞에서는 한낱 어린아이일 뿐임을 느끼는 그녀의 의식(영적 가난에 대한 감각을 독자적으로 표현한 것)을 잘 구별해야 한다. 왜냐하면 하나는 이웃으로부터의 존경을 전혀 바라지 않는 것이고, 다른 하나는 하느님 앞에서 자신이 연약하고 작다는 것을 느끼는 것이기 때문이다. 처음의 것은 이웃 앞에 선 인간의 태도이고, 둘째 것은 하느님 앞에 선 인간의 자세다.

이 두 가지 느낌은 상호 호응한다. 즉, 자신이 하느님 앞에서 완전히 작아지는 것을 느끼고, 이웃의 눈에 빛나는 존재이기를 원치 않고, 주위의 시선을 끌지 않으려고 애쓰는 것은 곧 자신을 더욱 하느님의 현존 안에 살게 하고 그분 앞에서 자기가 작다는 것을 의식하게 한다.

데레사의 영성이 더없이 성숙하게 되는 단계에서, 우리는 그녀가 자신의 약함을 절실히 느껴서 더 이상 이웃의 칭찬은 원치 않을 뿐만 아니라 불완전한 자라고 업신여겨지는 것을 오히려 기뻐한다는 것을 알게 될 것이다. 그러나 데레사가 수도 생활 초기부터 이러한 생각을 했던 것은 아니다. 사실 수도 생활 초기에 주위로부터 주목받고 싶지 않다는 그녀의 원의는 아직 영적 가난에 대한 깊은 감각에서 나온 결과가 아니라 하느님에 대한 그녀의 사랑을 드러낸 것뿐이었다. 데레사가 선을 행한 것은 주위를 기쁘게 해 주려는 것보다 오직 '선하신 하느님을 기쁘게 해 드리기' 위해서였다. 나중에 데레사는 자신의 무기력함을 깊이 인식하고, 남들이 자신에 대해 특별하게 생각하는 것을 원치 않았다.

1. 가르멜수녀원 입회 전 데레사의 겸손

1) 교만과 허영에 대한 첫 승리

데레사가 어린 시절에 주제넘은 행동을 하지 않으려고 애쓴 것은, 아직 그녀가 하느님의 은총 없이 선행을 하기에는 근본적으로 자신이 무능력하다는 것을 인식해서였던 것은 아니다. 그보다는 그녀가 받은 그리스도교의 교육이 자신을 돋보이게 하는 것을 금하고 표면에 나서지 말라고 명했기 때문이다.

그렇다고 어린 데레사가 교만과 허영에 대한 유혹을 받지 않았다는 것은 아니다. 아주 어렸을 때 그녀는 두 팔을 드러내 놓은 편이 훨씬 멋있게 보여서 내심 그렇게 해 주기를 바랐던 적이 있다. 열두 살이었을 때는 아주머니가 준 아름다운 하늘색 리본을 머리에 달 생각을 하면서 행복해 하였고, 열다섯 살 때는 파피노 부인 댁에서 수업을 받는 도중, 자신을 칭찬하는 소리를 듣고 놀라면서도 기뻐했다. 그녀는 금발이 곱다는 칭찬을 들었고 아름다운 그녀를 보고 이름을 묻는 소리에 큰 기쁨을 느꼈다.

기숙사 생활 중 학급에서 가장 나이 어린 데레사가 학업에 우수한 성적을 냈을 때 우쭐거리고 싶어 했다는 것은 어쩌면 당연한 일인지도 모른다. 데레사는 교리 수업 시간에 대해 이야기하면서 자신의 감정을 완전히 조절하지 못했음을 시인하고 있다.

신부님께서 학생들을 돌아가면서 시켜 보았지만 아는 사람이 없으니까 제게로 오셔서 어디 1등을 할 만한가 보자고 말씀하셨습니다. 저는 아주 겸손하게 이것을 기다리고 있었기에 일어서서 틀리지 않고 외웠습니다.[3]

그렇다고 데레사가 어떤 경우에서도 늘 교만과 허영의 유혹을 즉시 뛰어넘었다고 말해선 안 된다. 데레사를 아홉 살 때부터 알고 있었고 그녀의 조심성을 눈여겨본 피숑 신부의 증언을 들어 보자.

> 내가 데레사를 알고 있던 무렵, 가족 안에서 실천하던 덕행들 중에서도 그녀의 겸손은 대단한 것이었습니다. 당시 데레사의 아버지와 언니들은 그녀가 앞에 나서기를 바랐는데 그녀는 매사에 사려가 깊었고 언제나 표면에 나서지 않았습니다.[4]

이 시기에 데레사는 이미 매일 매일 하느님만이 아시는 작은 희생을 드리는 습관이 있었다. 데레사는 자신의 희생이 다른 사람의 눈에 드러나지 않도록 세심한 주의를 했는데, 이것은 하느님의 눈에만 보이고 싶어서였다. 이러한 데레사의 겸손, 숨어 살고 싶은 소망 등은 하느님에 대한 그녀의 사랑의 표현이었으며, 그분을 기쁘게 해 드리려는 그녀의 근본적 욕구를 드러낸 것이었다.

2) 숨어서 위대한 성녀가 되려는 욕망

데레사는 옛날 기사들의 무용담을 읽다가 참된 영광이란 영원한 것이며, 그것에 이르기 위해 필요한 것은 눈부신 업적을 쌓는 것이 아니라, 숨어 살며 '오른손이 한 것을 왼손이 모르듯'이 덕행을 실천하는 것임을 느꼈다. 하느님께서 데레사가 이를 깨닫도록 허락하신 것은 그녀의 나이가 열 살이 되기 전이었다.

데레사는 참된 영광이 무엇에 달렸는지를 깨달았다. 이것은 지상에서가 아니라 하늘에서 나타나며, 이것은 위대한 성녀가 되는 것임을 깨달은 것이다. 데레사는 온 마음으로 위대한 성녀가 되기 위해 숨어 살면서 덕을 실천하고 싶어 했는데, 이러한 소망은 빛의 은총으로 이루어진 것이다.

데레사는 이 은총을 자신이 받은 은총 가운데 가장 큰 은총으로 여겼다. 이 은총은 데레사에게 참된 겸손의 덕을 주었고, 오직 하느님만을 위해 살고 그분만을 위한 희생을 철저히 숨겨 두게 하는 특별한 것이었다. 이 은총은 그녀로 하여금 일찍부터 드러나지 않게 덕행을 실천하면서 위대한 성녀가 되고 싶다는 소망을 품게 하였다. 그래서 데레사는 자신의 공덕에 의지하지 않고 성덕 자체이신 하느님께 의지하였다. 우리는 여기에서 데레사가 지닌 겸손의 두 가지 특성을 발견할 수 있다. 하나는 세상의 눈에 숨어 있고 싶다는 소망이고 다른 하나는 하느님의 도움 없이는 연약하고 불완전하다는 자기 인식이다.

먼저, 숨어 있고 싶다는 데레사의 소원이 어떻게 실현되고 발전했는가를 간단히 살펴보자. 1883년 5월 13일, 성모님 덕택으로 신경쇠약이 치유된 후 데레사에게 처음 떠오른 생각은 이제 막 받은 은총을 은밀히 간직하겠다는 것이었다.

성모님께서 나를 보고 웃으셨다. 나는 얼마나 행복한 사람인가. 그러나 이것을 아무에게도 말하지 않으리라. 그렇게 하면 내 행복이 사라져 버릴 테니까.[5]

하느님의 은총은 감춰져 있어야 한다는 것을 데레사는 본능적으로 알고 있었다. 그러나 불행히도 이 기적을 눈치 챈 큰언니 마리아가 끈질기게 물어 왔을 때, 그녀는 도저히 숨길 수가 없어서 비밀을 털어놓고 말았다. 곧 가르멜수녀원의 모든 수녀가 이 사실을 알게 되었고, 그것은 데레사에게 불안의 씨앗이 되었다. 이 불안은 1887년 11월, 파리 승리의 성모 성당 안에서 비로소 사라지게 된다.

이 사실을 이야기한 후 그녀는 매우 고통스러워했다. 특히 그녀는 자기 자신을 살펴볼 때 큰 공포심을 지니게 되었다. 왜냐하면 하느님께서 베풀어 주신 은총은 유한한 인간의 눈에 철저히 감춰져 있어야 한다는 신념이 그녀의 마음속에 깊이 뿌리를 내리고 있었기 때문이다. 그 이듬해 마리아는 데레사에게 첫영성체를 준비시키면서 성녀가 되는 방법을 일깨워 준다. 그것은 '좀 더 작은 일에 대해 충실하는 것'이다. 그러나 데레사는 예수님만이 아시는 작은 희생을 이미 수없이 바치고 있었다.

3) 데레사가 더욱 겸손해질 수 있게 한 상황들

모욕을 당함

데레사의 유년기는 그녀가 겸손의 덕을 발전시키는 시기였다. 예를 들면, 게랭 아저씨의 태도가 그랬다. 데레사가 학교에서 좋은 성적을 받았는데도 아저씨의 눈에 그녀는 순진하고 착하기만 한 어린것, 올바른 판단력을 지니긴 했지만 무능력하고 재치 없는 소녀로만 보였다. 왜 그랬을까? 그녀는 수줍음이 너무 많았고 고양이 같은 필체에 철자법은 불완전했다. 또 일을 처리하는 방법도 서툴렀다. 간단히 말해서 그녀에게는 호감을 살 만한 외적 자질이 다소 결여되어 있었다. 그러나 데레사는 이러한 타고난 '불운' 가운데서 그녀의 마음이 오직 당신께만 쏠리기를 바라시는 하느님의 '은총'을 본다. 그녀는 가끔 감사기도를 드리는 동안 『준주성범』의 다음 구절을 되뇌인 것에 대한 하느님의 응답을 듣기도 했다.

오, 예수님이여! 비할 바 없는 감미로움이여! 세상의 온갖 위로를 제게는 쓴맛으로 바꾸어 주소서.

데레사는 자기에게 인간적인 굴욕이 필요했었다고 고백한다.

내적 시련

데레사는 1년 반가량 세심증으로 고생했지만, 그것이 이웃 앞에서 자신을 낮추는 기회가 되지는 않았다. 자신의 온갖 고민을 다 털어놓을 수 있었던 마리아 언니가 있어서였다. 그렇지만, 이 증상은 확실히 데레사로 하여금 영적 가난을 체험하게 해 주었다. 이러한 내적 시련은 외적인 굴욕과는 비교할 수 없을 정도로 그녀를 겸손해지도록 단련시켜 주었다.

영적 독서

데레사는 『준주성범』을 거의 다 외울 정도로 탐독했고 이 책에서 많은 영적 양식을 얻었다. 이 독서는 특히 그녀에게 끊임없이 겸손의 중요성을 일깨워 주었다.

> 여러분은 무엇인가 영혼에 도움이 될 만한 것을 배우거나 알고 싶습니까? 그러면 무시당하고 아무것도 아닌 것처럼 여겨지는 것을 사랑하십시오.[6]

또 데레사는 1887년, 아르맹종 신부의 강론집을 읽고 영원에 대한 큰 갈망이 일어났으며, 영생에 비해 이 세상의 기쁨이나 칭찬 따위는 참으로 하잘것없다는 신념을 굳히게 되었다. 데레사는 셀리나 언니와 함께 벨베데르의 창가에서 "주님, 당신을 위해서 고통을 겪고 무시를 당하게 해 주소서!"라고 한 십자가의 요한 성인의 탄원을 즐겨 되뇌었다.

데레사는 아홉 살 때 사람의 눈에 띄지 않는 위대한 성녀가 되고 싶다는 열망을 갖게 되었고, 2년 후에는 예수님께서 불어넣어 주신 고통에 대한 갈망을 느꼈으며, 1887년 7월부터는 많은 영혼들을 구하여 예수님께 바치고 싶다는 열망을 지니게 되었다. 데레사의 이러한 갈망과 열망은 점점 그녀를 가르멜수녀원으로 가겠다는 생각이 확고해지도록 이끌었다. 데레사는 하늘의 어머니이신 동정 마리아의 순결한 망토 자락에 싸여 가르멜수녀원에 숨어 살면서, 침묵 가운데, 사제들과 죄인들을 위해 기도하고 싶었다. 데레사가 가르멜수녀원에 들어가고 싶다는 소망을 말할 때 사용했던 단어인 '숨다.' 라는 동사의 의미를 살펴보자.

1882년 가르멜 수녀로서 소명을 처음 느낀 때부터 가르멜수녀원은 데레사에게 침묵과 고독 안에서 하느님께 기도를 드리는 사막이었다. 데레사가 가르멜수녀원을 동경한 이유는 교만과 허영이 지닌 위험을 피하기 위해서라기보다 사람들의 눈에 띄지 않는 위대한 성녀가 되고 싶어서였다. 하느님께서만 알아주시는 작은 덕행이 얼마나 가치 있는 일인지를 사람들에게 일깨우고 "이 세상에서 우리가 해야 할 일은 단 한 가지, 즉 작은 희생의 꽃송이를 예수님께 바치는 것" 외에는 아무 것도 없다는 것을 온 세상에 알릴 수 있도록 데레사를 가르멜수녀원에서 숨어 살도록 해 주신 분은 바로 하느님이시다.

2. 가르멜수녀원에서의 초기 생활

깊이 숨어서 살겠다는 소망을 품고 가르멜수녀원에 간 데레사가 그곳에서 이 소망을 어떻게 이루어 갔으며, 이를 발전시키고 실현할 수 있도록 도와준 주변 상황은 어떠했는지, 또 이를 표현하기 위해 그녀가 즐겨 사용한 상징들은 어떤 것이 있었는지 살펴보자.

1) 주님의 거룩한 얼굴에 대한 흠숭

데레사가 청원 수녀로 있을 때, 아녜스 수녀(폴리나)는 그녀에게 '주님의 거룩한 얼굴[성면(聖面)]에 숨겨져 있는 보화의 깊이'를 파헤쳐 보였다. 투르 가르멜수녀원의 베드로 수녀에게 그랬던 것처럼, 아녜스 수녀에게도 주님의 거룩하신 얼굴은 인간에 대한 그분의 사랑을 뚜렷이 보여 주었으며, 주님이 수난 중에 받으신 온갖 치욕을 보상해 드릴 의무가 우리에게 있음을 상기시켜 주었다.

데레사도 이런 면에서 주님의 거룩한 얼굴을 흠숭해야 한다고 생각했다. 1889년 4월 4일, 데레사가 셀리나 언니에게 보낸 편지의 마지막 구절이 여기에 대해 말하고 있다.

예수님께서는 우리에 대한 사랑으로 불타고 계십니다. 경애하올 그분의 얼굴을 좀 보세요. 눈꺼풀은 풀어지고, 아래로 내려 뜨신 두 눈, 저 두 뺨! 예수님의 거룩한 얼굴을 뵈오면 언니는 그분이 얼마나 우리를 사랑하고 계신지 알 수 있을 거예요.[7]

그로부터 몇 달 후, 예수님의 거룩한 얼굴을 그려 셀리나에게 보내면서 데레사는 우리에게 예수님을 위로해 드리고 그분에게 영혼을 구해 바쳐야 하는 의무가 있음을 상기시킨다.

그런데 데레사를 특별히 예수님의 거룩한 얼굴로 이끄는 것은 구세주가 거기에서 우리에게 보여 주고 있는 겸손, 그것이다.

저는 '참된 영광'이란 어떤 것인지를 깨달았습니다. '남이 저를 알아주지 않고 아무것도 아닌 것으로 여기기를 원하며'(준주성범, 1편 2,3) '자기 자신을 업신여기기를 좋아하는 것'(준주성범, 3편 159,7)만이 가장 현명하다는 것을 이 세상 것이 아닌 왕국을 가지신 분이 제게 가르쳐 주셨습니다……. 아! 예수님 얼굴과 같이 '제 얼굴도 모든 사람의 눈에 가려지고, 이 세상 사람은 아무도 저를 몰라보는'(이사 53,3 참조) 것이 제 소원이었습니다. 저는 괴로움을 당하고 잊히기를 간절히 원했습니다.[8]

1888년 구세주의 겸손된 얼굴 앞에서 데레사가 이해한 것은 이미 6년 전에 기사들의 무용담을 읽고 깨달았던 것이다. 즉 그것은 참된 영광이란 영원한 것으로, 여기에 이르기 위해 필요한 것은 위대한 업적이 아니고 자신의 모습을 감추어야 한다는 것이었다.

고통에 대한 열망과 잊히기를 바라는 소망이 한층 심화됨에 따라, 예수님의 거룩한 얼굴에 대한 흠숭은 이 열망에 구체적인 표상이며 심원한 동기를 부여했다. 그 후 데레사는 기도할 때마다, 주님의 거룩한 얼굴이 그려진 상본을 흘깃 보기만 해도 자기는 예수님을 본받아 숨어 살아야 한다는 것을 충분히 상기할 수 있었다. 예수님의 거룩한 얼굴이 그려진 상본은 데레사에게 지극한 수난을 겪으신 예수님을 본받기 위해 무시받기를 원하고, 아무것도 아닌 것으로 취급받기를 원해야 한다는 것을 상기시켜 주었다.

2) 멸시에서 잊히길 바라는 욕망으로

1888년이 데레사가 예수님의 거룩한 얼굴 안에 감추어 있는 천상의 교훈과 사랑의 신비를 발견한 해라면, 1889년은 예수님의 거룩한 얼굴에 대한 그녀의 불타는 열정이 꽃핀 해이다. 굴욕당하는 예수님의 얼굴을 바라보면서 데레사는 아버지의 병이 하늘의 저주를 받은 표지가 아니라, 아버지야말로 '예수님의 지극한 사랑을 받은 이'라는 것을 알게 되었다. 아버지가 겪은 혹독한 시련이 예수님께서 베푸신 커다란 특전임을 충분히 깨닫게 된 것이다. 1889년 한 해 동안 그녀는 '바늘로 찌르는 것' 같은 아픔을 느꼈는데, 그것을 견디게 한 것은 분명 예수님의 거룩한 얼굴 때문이라고 생각된다.

1890년 7월, 데레사는 자신이 즉시 서원할 수 없다는 사실을 알고 한순간 슬퍼한다. 그 후 데레사는 이 유예 기간을 이용해서 자신의 영적 혼인을 더 잘 준비해야겠다고 생각한다. 그래서 예수님만 아시는 고행과 애덕을 실천한다. 잊히고 싶다는 바람이 그녀 안에서 더욱 발전하게 된 것이 바로 이 시기다. 이제 데레사를 매혹시키는 것은 사람들에게 경멸받는 것이 아니고 잊히는 일이었다.

이 시기에 데레사는 빈번히 행인들의 발길에 짓밟히는 작고 보잘것없는 모래알을 상징으로 사용했다. 데레사는 피정 중에 언니 아녜스 수녀에게 다음과 같은 편지를 썼다.

> 높이 오를수록 언니는 짐이 무거워 질질 끌어야만 하겠지요. 그렇지만 모래알은 무겁지 않아요. 그렇게 되기를 예수님께 청하면 가벼워질 거예요. 아, 저는 정말 아무것도 아닌 것이 되고 싶고 그 어떤 피조물에게도 알려지고 싶지 않아요. 저는 이제 아무것도 원하지 않아요. 오직 잊히는 것 외에는 경멸도 욕설도 원치 않아요. 모래알에게 그건 지나친 영광이니까요.[9]

계속되는 본문의 내용은 매우 흥미롭다. 즉 '겸손은 우리로 하여금 남들에게서 잊히기를 바라게 하고, 더 나아가 자기 망각에까지 이끈다.'라고 데레사는 말한다. 겸손의 덕은 우리를 사랑으로 섬기게 한다. 모래알이 이웃에게서 잊히고 자신마저 잊으려고 하는 것은 하느님께 보다 잘 헌신하기 위해서다.

저는 정말 이웃에게서뿐만 아니라 제 자신에게서도 잊히기를 원합니다. 진정 무(無)로 돌아가고 싶어요. 저는 아무것도 원치 않아요. 예수님, 그분의 영광, 그것이 전부예요.[10]

며칠 후, 아녜스 수녀에게 보낸 또 다른 쪽지에서도 데레사의 생각은 같았다. 이 작은 모래알은 '오직 잊히는 것, 아무것도 아닌 것으로 취급되는 것'을 원했다.

모래알에 대한 묵상이나 예수님의 거룩한 얼굴에서 데레사가 느끼는 것은 늘 같은 욕망이었다. 즉, 하느님 사랑 안에서 좀 더 잘 살아가기 위해 예수님이 수난 동안에 그러하셨듯이 자기도 사람들에게서 잊히는 것이었다. 하나의 모래알로서 잊힌 채 살아가는 최선의 방법은 예수님의 거룩한 얼굴 속에 숨는 것이라고 데레사는 말했다.

예수님께서는 부디 이 가련한 모래알을 거두시어 당신 거룩한 얼굴 안에 숨겨 주시옵기를……. 거기에서라면 이 조그만 모래알은 아무런 두려움도 없을 터이고 더 이상 죄짓지 않으리라 확신합니다.[11]

데레사는 서원식 날(1890년 9월 8일)에 쓴 짧은 글에서 잊히려는 열망을 다시 표현한다.

> 예수님! 저를 절대로 공동체에 짐이 되지 않게 해 주시고, 그 누구도 제게 마음 쓰지 않게 하시며, 작은 모래알처럼 짓밟히고 잊히게 하소서.[12]

끊임없이 겸손의 표양을 바라봄으로써 데레사의 마음은 잊힌 채 살고 싶다는 원의가 점점 강해 갔다. 그래서 데레사는 평범하면서도 숨은 덕으로 성화된 즈느비에브 원장 수녀 곁에서 살게 된 것을 다시 없는 은총으로 여겼다. 데레사는 그녀와 함께 생활하면서 철저히 숨어 있는 거룩한 삶을 살고 싶다는 원의가 더욱 커졌다.

데레사는 천상에 있는 겸손의 모범자들에 대해 말하기 좋아했는데, 그중에서도 체칠리아 성녀를 꼽을 수 있다. 로마 시민이었던 이 동정녀는 데레사에게 신뢰의 표양이었을 뿐 아니라 숨어 있는 덕의 상징이기도 했다. 체칠리아 성녀는 지극히 허심탄회하게 동정녀들의 정배께 자신의 순결을 보호해 주시도록 의탁했을 뿐 아니라, 오직 그분만을 위해 사랑의 찬가를 불렀다. 데레사는 1889년 4월 4일 셀리나에게 '바빌론에서 유배살이하던 유다인들처럼, 또 체칠리아 성녀처럼, 오직 마음속에서 지극히 사랑하는 임께 고통의 찬가를 불러야 한다.'라고 하였다.

3) 굴욕을 받아들임

데레사는 자신의 덕행을 감추는 데 특별히 조심하면서 공동체 앞에서 모욕당하는 일은 기쁘게 받아들였다. 데레사는 어렸을 때부터 부당하게 책망을 받았을 때도 변명하지 않았다. 다른 이들에게 오해를 받게 되었을 때 그녀는 오히려 다행스럽게 여겼으며 그때야말로 자신을 하느님께 바칠 수 있다고 생각했다.

데레사가 변명 한마디 없이 굴욕을 받아들인 건 결코 아무런 노력 없이 된 것이 아니었다. 1890년 서원을 준비하기 위해 행했던 희생에 대해 그녀는 이같이 쓰고 있다.

> 저는 변명하지 않으려고 무던히 애썼어요. 그렇게 하기가 무척 어려웠는데, 특히 아무것도 감추고 싶지 않았던 수련장 수녀님께는 더욱 그렇게 하기가 힘들었어요.[13]

데레사는 자기가 거둔 첫 번째 승리에 대해 다음과 같이 회상했다.

> 꽃병을 깨지기 쉬운 곳에 방치해 두었다고 수련장 수녀님에게서 꾸지람을 받았습니다. 그때 마지막 심판 때 모든 것이 밝혀지리라 생각하며 부당한 꾸지람을 참을 수 있었습니다.

서원식을 한 지 며칠이 지난 후, 데레사는 공동체 앞에서 겸손을 실천할 좋은 기회를 만났다. 아버지 마르탱 씨는 자신이 예상했던 대로 딸의 수건(베일) 받는 예식에 참석할 수가 없었다. 데레사는 눈물을 억제할 수가 없었고 이 눈물은 이해받지 못했다. 그러나 그녀는 이 시련이 예수님께서 손수 마련해 주신 것이라는 생각에 깊은 평화를 느꼈을 뿐 아니라, 이러한 굴욕을 통해 자신의 나약함을 깊이 느낄 수 있어서 다행으로 여겼다. 즉 예수님께서는 데레사에게 자기 자신의 힘에 모든 것을 내맡길 때, 자기 자신이 얼마나 약한가를 몸소 느낄 수 있게 해 주셨다. 데레사를 기쁘게 한 것은 그와 같은 굴욕을 희생으로 예수님께 바친 것보다 자신의 나약함을 체험할 수 있었다는 사실이었다.

날이 갈수록 데레사는 자신의 굴욕은 영적 가난을 더욱 생생히 의식할 수 있도록 한 하느님의 섭리로 여겼다. 중요한 것은 하느님의 도움 없이는 아무것도 할 수 없다는 것이다. 이러한 느낌은 우리가 하느님의 자비 앞에 마음을 열도록 해 주며, 영적으로 가난한 마음을 갖도록 도와준다.

4) 영원한 수련자

1890년 9월 8일, 데레사는 첫 서원을 했다. 정상적으로는 3년 후에 수련소를 떠나 서원 수녀들의 공동체로 가야 했다. 그러나 리지외 가르멜수녀원에는 이미 데레사의 언니들인 예수의 아녜스 원장 수녀(폴리나)와 성심의 마리아 수녀(큰언니 마리아)가 있었다. 당시 수도회에서는 동일한 수도 공동체에 가족을 두 사람 이상 두지 않는 관습이 있었기에, 데레사는 그대로 수련소에 남게 되었다. 계속하여 수련소에 머무는 동안, 데레사는 언제까지나 작은 영(靈)으로 겸손 안에 머물고 싶은 소망이 확고해졌다.

한편 데레사는 자신이 아직도 완전히 '겸손의 골짜기'에 이르지 못했음을 발견한다. 1892년 10월 19일 데레사는 연중 피정을 마친 후, 셀리나에게 다음과 같은 편지를 쓴다.

> 예수님께서는 우리가 당신을 우리 마음속에 모셔 들이기를 원하셔요. 물론 그때 우리 마음에서 피조물은 모두 사라져 버리지요. 오! 어쩌면 좋아요, 그런데 제 마음엔 아직도 자아가 남아 있어서 완전히 비웠다고 느껴지지 않아요. 그래서 예수님께서는 저보고 자꾸 내려오라고 말씀하고 계셔요……. 왕 중의 왕이신 그분은 그토록 당신 자신을 낮추셔서 그분의 얼굴은 가려지고 아무도 그분을 알아보는 이가 없어요. 저도 제 얼굴을 숨기고 싶어요.[14]

데레사는 우리가 자신을 비워 가난하게 될수록, 예수님께서 우리에게 당신 자신을 더 많이 주신다는 것을 알고 있었다. 더욱 자신을 철저히 비우고 싶다는 것과 이웃의 눈에서 더 깊이 숨어 버리고 싶다는 이 이중적인 소망은 데레사를 더욱 사랑으로 고무시켰다.

데레사가 이토록 이웃에게서 숨어 버리고 싶은 욕망을 느낀 것은, 하느님 앞에서 자기희생의 가치를 보다 완벽하게 보존하려는 것이긴 하지만, 보이지 않으신 그분을 닮으려는 의도보다도, 진정 가난한 영혼 안에 즐겨 거처하시는 그분을 자신 안에 모시기 위함이었다. 데레사가 마음에서 자아를 완전히 비우고 싶어 한 것은 좀 더 완전하게 예수님과 함께하고 싶어서였다.

3. 겸손의 대가인 수련장

1893년 2월, 갓 스무 살이 된 데레사는 어둠으로부터 벗어나온 듯하다. 원장이 된 아녜스 수녀는 데레사에게 정식으로 곤자가의 마리아 전 원장을 도와 수련자들을 지도할 책임을 맡긴다. 그러나 데레사는 이웃의 눈에서 벗어나 숨은 채 살아가겠다는 소망을 계속 지닌다. 물론 데레사는 자기가 수련자들에게 좋은 표양이 되고 빛이 되어야 한다는 것은 잘 알고 있었지만, 자신이 아무것도 아닌 존재 혹은 무시당하는 존재가 되려는 원의까지 사라진 것은 아니었다. 충고보다는 좋은 표양을 보임으로써 데레사는 수련자들에게 진정한 겸손을 가르쳐 주었다.

1) 변명하지 않음

과거에도 그랬듯이 데레사는 언제나 겸손하려고 노력했다. 또한 변명하지 않기로 한 원칙을 그녀는 여전히 지키려고 했다.
이에 대해서 즈느비에브 수녀(셀리나)는 다음과 같이 증언하고 있다.

데레사는 자기에 대해서 남들이 어떻게 생각하든 별로 개의치 않았습니다. 이런 태도는 남들이 자신을 오해하는 경우에도 마찬가지였습니다. 데레사가 폐병을 앓던 초기에도 그런 일이 있었습니다. 그때 식사 전에 어떤 약을 먹어야 했었는데, 어느 연세가 많은 한 수녀님이 데레사가 규칙적으로 약을 복용하지 않는다는 것을 알고, 놀라 꾸짖었습니다. 데레사는 분명 그럴 만한 이유가 있었을 텐데도 한마디 변명도 하지 않았습니다. 데레사는 거룩한 동정 마리아를 본받아, 즉 그분이 남편인 요셉에게 변명하지 않은 것처럼 자신도 변명하지 않으려고 무척 애를 썼고 이를 잘 지켰습니다. 데레사는 극히 단순하면서도 또 참으로 영웅적인 이 행동에 대해 가끔 제게 말했습니다.[15]

일반적으로 이 같은 태도가 정당한지에 대해 이의가 있을 수 있다. 왜냐하면 변명하지 않는 것은 자기를 부당하게 비난하는 인물에 대한 일종의 우월감이라 여길 수 있기 때문이고, 또한 이것이 일련의 오만함으로 생각될 수 있기 때문이다.

그러나 데레사의 경우, 부당하게 자기를 비난한 자매들에 대해 이런 감정을 품지 않았다. 오히려 데레사는 자매들의 경솔한 판단이나 그들의 결점에 대해서는 언제나 너그러웠다.[16] 데레사는 자매들 안에서 예수님의 손길을 보았고 예수님은 그들을 통해 데레사에게 겸손이라는 보약을 주셨다.

부당한 비난을 받았을 때 무관심하려고 노력한 데레사는 이웃을 도와준 사실에 대해 비난받을 때 역시 그러했다. 데레사는 모든 사람을 다 만족시켜 주지 못했다고 해서 걱정하지 않았다. 이러한 비난들이 그녀의 마음 깊숙이 내재한 평화를 어지럽히지는 못했다. "좋으신 하느님을 위해 일하게 될 때 이웃으로부터 어떠한 칭찬도 기대하지 않는다. 만약 비난을 받더라도 우리에게서 평화를 거두어 갈 수 없다."라고 그녀는 말한다.

어떠한 비난에도 무관심하려고 노력했던 데레사는 깊숙하게 내재된 평화를 수련자들에게 전해 주려고 애썼다. 그녀는 아래의 권고를 가끔 되풀이하였다.

우리가 이해받지 못하고 또 불리한 판단을 받았을 때 변명한들 무슨 소용이 있겠습니까? 내버려 둡시다. 아무 말도 하지 맙시다. 어떻게 판단하든지 간에 내버려 둡시다. 마리아가 아무것도 안 하고 예수님의 발치에 앉아 그분의 말씀만을 듣고 있다고 언니 마르타가 비난했을 때, 마리아가 이해를 받았다는 말이 복음서에 전혀 언급되어 있지 않습니다. 마리아는 기꺼이 침묵을 택했습니다. 오, 영혼에 넘치는 평화를 주는 복된 침묵이여![17]

영성 생활에 변명하지 않는 것이 얼마나 필요한지를 강조하면서 데레사는 가르멜수녀원의 개혁자인 예수의 데레사(대데레사) 성녀의 가르침을 되풀이했다.

꼭 해야 할 중대한 이유가 없다면 결코 변명 따위는 하지 마십시오.[18]

예수의 데레사 성녀는 변명해서는 안 되는 까닭을 설명하기 위해 『완덕의 길』에서 한 장(章)을 온전히 할애했다. 성녀는 그것을 다음 네 가지로 구분하고 있다.

첫째, 우리는 부당한 비난을 그냥 지나침으로써 부당하게 유죄 판결을 받은 그리스도를 본받는다.

둘째, 우리가 만일 죄가 없다고 단언한다면 이것은 거짓말이다. 비록 비난당하는 그 일에 있어서는 잘못이 없다고 해도 다른 일에는 죄가 있기 때문이다.

셋째, 우리의 착한 행위는 언제나 부당하게 비난하는 그 사람을 감화시킬 수 있다. 단 한 번의 착한 행동이 열 번의 설교보다 설득력이 있다.

넷째, 변명하지 않음으로써 사람은 놀라울 정도의 정신적 자유를 얻을 수 있다. 아울러 어떠한 부정적인 말들을 들어도 이에 개의치 않고 초월할 수 있다.

소화 데레사의 가르침 속에는 그 이상의 것들이 발견된다. '숨어 계신' 주님을 닮기 위해 우리는 멸시와 망각을 원해야 한다. 그러기 위해 우리는 이웃의 부정적인 판단에 어느 정도 무관심할 줄 알아야 한다는 것이다.

이런 덕행에 나아갈수록 싸움은 적어질 것입니다. 그뿐만 아니라 당신은 훨씬 쉽게 승리할 것입니다. 이것은 당신으로 하여금 사물의 좋은 면만을 보게 할 것입니다. 그때 당신은, 모든 피조물들을 초월할 것입니다. 이제 사람들이 저를 가리켜 무관심하다고 (사랑이 아니라 부정적인 것들에 무관심하다고) 말할 수 있는 것은, 제가 인간의 판단들이 얼마나 부정확한지를 조금 깨달았기 때문입니다.[19]

『완덕의 길』에 나오는 세 번째 이유도 이와 비슷하지만, 이 방법은 데레사만의 것이다. 그녀는 부당한 비난을 받았을 때 만약 하느님의 은총으로 보호되어 있지 않았더라면 범했을지도 모르는 잘못을 생각하는 것이다. 그래서 어느 날 즈느비에브 수녀가 자기는 정당하게 주의를 받는 것보다 부당하게 비난당하는 것이 훨씬 더 감당하기 어렵다고 말했을 때, 데레사는 다음과 같이 대답하였다.

저는 정반대예요. 저는 부당하게 비난을 받는 편이 더 좋아요. 왜냐하면, 자신을 책망할 이유가 전혀 없고 그것을 기쁘게 하느님께 봉헌할 수 있으니까요. 그리고 저 역시 비난받은 그 잘못을 범할 수도 있기 때문에 겸손해질 수 있으니까요.[20]

우리는 여기에서 데레사 성녀가 한결같이 주장하는 바를 알 수 있다. 즉 하느님이 우리를 보호하시기 위해 미리 주신 이 은총은, 나중에 우리의 잘못을 고쳐 주기 위해 주시는 은총보다 더 큰 감사와 겸손의 정을 우리 안에 불러일으킨다는 것이다. 우리를 '미리' 죄에서 보호함으로써 예수님은 우리를 '더욱 깊이' 용서하고 계시다는 것이다.

2) 자신의 불완전함을 기뻐함

앞에서 데레사는 정당하게 주의를 받는 것보다 부당하게 비난받는 편이 더 좋다고 했다. 그래서 데레사는 자신의 불완전함이 남들에게 드러났을 때 더욱 기뻐했을지도 모른다. 왜냐하면 "참된 기쁨이란 자아를 경멸하는 데서 얻는 것이기 때문"이다.[21] 사실 데레사는 굴욕을 당함으로써 자신의 연약함을 아는 것이 더 중요하다고 했다. 이웃이 나의 불완전함과 실패를 목격함으로써 내 자신이 '작은 허무' 덩어리임을 더욱 생생하게 의식하도록 나를 돕는다는 것이다.

최근 저는 어떤 자매와 친해지고 싶은 욕망이 들었는데, 이에 대해 내적 갈등을 겪었던 것을 그 자매는 눈치를 채지 못했다고 생각했습니다. 저는 그녀가 저를 부덕하다고 여길 것이라는 생각으로 가득 차 있었으며, 이렇게 느끼게 되는 것이 제겐 참으로 기뻤습니다.[22]

데레사가 그처럼 흔연히 굴욕을 받아들인 것은, 그녀가 지니고 있는 덕을 감추기 위해서라기보다는 이러한 굴욕은 그녀의 영혼에게, 또 자신의 영적 가난에 매우 유익하다는 생각을 늘 지니고 있었기 때문이었다.

3) 잊히기를 소망함

데레사에게 있어서 겸손의 기쁨이 굴욕을 통해서 나타난다면, 그녀의 겸손은 끊임없이 무시당하고 아무것도 아닌 것으로 여기는 데서 드러난다.

데레사는 자기의 소망을 거의 완벽할 정도로 실천했다. 프티토 신부가 지적한 것처럼, '데레사는 처음에는 규칙을 엄수하고, 끊임없이 충실함으로써 다른 수녀들을 놀라게 했지만 점점 눈에 띄지 않게 되었다. 그녀가 수녀원에 온 지 5년이 되었고, 20세가 된 그때에는 모든 수녀들은 그녀의 겸허함과 침묵과 평화와 은총에 넘친 미소에 익숙해졌다.'[23]

수련원을 맡고 나서도 데레사는 여전히 남의 눈에 띄지 않으려고 노력했다. 삼위일체의 마리아 수녀가 말했듯이 '다른 수녀들이 데레사의 처신을 유의해서 지켜보았다면 데레사의 덕행이 완성되어 감을 느꼈을 것이다.'[24] 정확히 말해서 데레사가 지닌 단순성은 남의 시선을 끌 만한 것이 아무것도 없었고 많은 사람들이 그녀를 잊었다.

공동체 안에서 남의 눈에 띄지 않게 지내고 싶다는 이 소원을 데레사는 그리스도와 동정 마리아의 숨은 생활을 묵상하는 가운데 계속 키워 나갔다.

데레사는 보쉬에의 저서 『하느님 안에 숨어 사는 삶에 대한 강론』을 매우 좋아했으며 이것을 수련자들에게도 보게 하였다. 동정 마리아에 대해 데레사가 본받고자 했던 것은 그분의 단순성과 겸손이었다.

> 언제나 지극히 겸손하신 덕을 실천하심으로써
> 당신은 하늘에 이르는 좁은 길을 보여 주셨습니다.
> 성모 마리아님, 작은 아이로 당신 곁에 있고 싶습니다.
> 세상의 영화가 공허하다는 것을 저는 압니다.[25]

예수님의 거룩한 얼굴은 데레사에게 예수님을 위로하기 위해 '잊히고 고독하게' 살아야 한다는 것을 끊임없이 상기시켰다. 그녀는 예수님의 거룩한 얼굴에 바치는 봉헌문을 다음과 같이 끝맺는다.

예수님의 귀하신 얼굴이여, 끝없는 당신의 영광을 뵙게 될 영원한 그날을 기다리면서, 저희는 오직 거룩하신 당신 눈에 기쁨이 되기만을 원합니다. 이 세상 사람이 아무도 저희를 알아볼 수 없도록 저희도 얼굴을 감추고서…… 가려진 당신의 눈길, 이는 바로 저희의 천국입니다. 오, 예수님![26]

1897년 8월 5일, 데레사는 아녜스 원장 수녀에게 다음과 같이 말했다.

예수님의 거룩한 얼굴에 바치는 제 흠숭과 제 모든 신심은 이사야 예언자의 다음 말씀에 바탕을 두고 있습니다. '우러러볼 만한 풍채도 위엄도 없었으며 우리가 바랄 만한 모습도 없었다. 사람들에게 멸시받고 배척당한 그는 고통의 사람, 병고에 익숙한 이였다. 남들이 그를 보고 얼굴을 가릴 만큼 그는 멸시만 받았으며 우리도 그를 대수롭지 않게 여겼다.' (이사 53,2-3) 이와 같이 저도 고움도 빛남도 없이 모든 피조물에게 오로지 잊힌 채 '혼자서 확을 밟기' (이사 63,3)를 바라고 있었습니다.[27]

뤼시앵 신부는 『마지막 남긴 말씀』이란 책에서 인용된 구절들에 대해 다음과 같이 결론짓는다.

예수님의 거룩한 얼굴에 대한 흠숭은 성녀의 영성 생활에서 볼 수 있는 하나의 에피소드가 아니라, 성녀가 한결같이 주장하는 예수님과의 영적 친교를 생생히 보여 주는 단면이다.[28]

4) 자신의 행동에 자만하지 않음

마지막으로 언급하는 이 특징은 데레사가 보인 겸손이 어떤 성격을 띠고 있는지에 관한 것이다. 데레사는 자신을 하느님께서 위탁하신 수련자들의 영적 진보를 위해 쓰시는 하나의 도구일 뿐이라고 생각했다. 그래서 데레사는 그들의 영적 진보를 보고 자만하지 않으려 노력했다. 그녀는 예수님만이 당신의 영광을 위해 영혼들 안에 위대한 일을 행하는 분이심을 무척 잘 알고 있었다.

> 붓은 자신이 창작한 걸작품에 대해 자랑을 늘어놓지 않습니다. 약하고 불완전한 도구를 예술가들이 즐겨 골라 쓴다는 것을 붓은 잘 알고 있습니다.[29]

한편 데레사는, 어떤 수련자가 이룬 영적 진보는 아마도 어느 작은 영혼이 바친 기도와 희생으로 된 것이며, 이 사실을 천국에 가서야 알게 될 거라는 사실을 명심했다. 이러한 상황에서 볼 때 우리는 어떻게 그녀가 이 영적 진보의 공적이 자기에게 있다고 생각할 수 있겠는가.

이런 성인들의 통공 교리와 자신은 예수님의 손에 쥐어진 도구일 뿐이라는 신념 때문에 데레사는 수련자들의 영적 진보를 확인하면서도 조금도 자만심을 느끼지 않았다. 우리 행동의 직접적인 결과에 대해 무관심한 것은 다행이지만, 그것이 결코 우리 이웃의 영적 진보에 대해 무관심한 것을 의미하지는 않는다. 이러한 무관심은 '진리 안에 기뻐하는' 참된 애덕과는 전혀 반대일 것이다. 또 이것은 예수의 데레사 성녀의 교훈과도 반대되는 것이다.

동료를 사랑한다는 가장 뚜렷한 증거 중의 하나는, 그들이 덕에 진보하는 것을 보고서 이를 크게 기뻐하고, 또 이에 대해 진정으로 감사에 넘쳐 주님을 찬양하는 것입니다.[30]

데레사는 자매들의 영적 진보를 보고 기뻐하지 않은 적이 없었다. 1896년 4월 30일, 그녀에게 여러 가지 어려움을 안겨 주었던 수련자인 삼위일체의 마리아 수녀가 서원할 때, 데레사가 얼마나 기뻐했는지를 생각하면 충분히 알 수 있다. 반면에 데레사는 수련자들이 절대로 자신을 어떤 특별한 존재라고 느끼게 하지는 않았다. 수련자들의 어머니로서 지극한 정성을 기울였지만, 명령적이거나 간섭적인 언행은 언제나 피하였다.

4. 제2장의 결론

　결론적으로, 잊히고 비하를 당하는 존재가 되기를 갈망한 소망에서 데레사의 생각이 어떻게 변해 갔는가를 요약해 보자.
　데레사는 변함없이 잊히고 싶다는 소망, 숨어 살겠다는 소망을 가지고 있었지만 그 실천 방법이 항상 동일하지는 않았다.
　영성 생활 초기에 있어서 데레사의 이 소망은 하느님을 위해서만 살겠다는 소망과 동일한 것으로서, 그분만을 위해서 자기에게 주어진 모든 희생과 노력을 다하리라는 것이었다. 데레사가 이웃에게 드러나지 않기를 바란다는 것은 하느님만을 섬기고 싶었기 때문이었고, 자신의 덕행을 이웃에게 숨기고 싶어 한 것도 하느님의 눈에만 고스란히 드러내고 싶었기 때문이었다.
　데레사의 마음속에 망덕과 애덕이 점점 깊어져 감에 따라 그녀는 자신을 점점 작은 영혼으로 여겨, 하느님 앞에서 자신은 아무것도 아니며, 그분 없이는 아무것도 할 수 없다고 여기게 되었다. 다른 이들에게 잊히고 싶다는 그녀의 소망은 자기 자신을 잊으려는 소망으로 발전되어 갔다. 좀 더 쉽게 하느님 안으로 사라지고 하느님의 자비를 더욱 많이 받아들이기 위해, 데레사는 언제나 어린아이로 남아 있고 싶어 했다. 데레사는 여기에서 가끔 하느님의 '완전'과 피조물의 '무(無)'를 대조하여 생각했다. 무한한 사랑과 자비를 베푸는 유일한 실재이신 하느님만을 생각하기 위해 그녀는 없는 존재, 즉 '무(無)'와도 같은 자기 자신을 잊고 싶어 했다. 이웃의 평가와 시선을 받게 되면, 자기가 한 사랑의 행동이 가치롭다고 스스로 인정하게 될 위험이 있다고 생각했다.

비하를 당하고 싶다는 소망은 데레사의 마음을 크게 넓혀 주었다.

데레사가 굴욕을 원했던 것은 무엇보다도 자신의 이러한 희생을 예수님께 드리기 위해서였다. 그녀는 부당하게 비난을 받았을 때 오히려 기뻐했는데, 그것은 그녀가 침묵을 지킴으로써 주님에 대한 자신의 사랑이 얼마나 충실한지를 증명할 수 있기 때문이었다. 데레사는 이와 같이 자애심을 억제한 것에 대해서도 흐뭇하게 여겼다.

데레사가 자신의 영적 가난에 대해 점점 더 예민하게 의식하면서 굴욕은 자신의 불완전과 약함을 자각하도록 특별히 마련된 수단으로 여기게 되었다. 그래서 데레사는 주위로부터 불완전하다고 비판받는 것을 진정으로 좋아했다. 그런 일이 있을 때마다 그녀는 이를 받아들였다. 왜냐하면 그녀가 매우 강렬한 기쁨을 체험하는 것은 불완전하다고 비판을 받을 때만이 아니라 그렇다고 자신이 느낄 때이기도 하기 때문이다. 굴욕 앞에서 데레사의 이 반응은 이제 자아를 주님께 희생으로 바치는 것만이 아니라 자신의 왜소함을 긍정하는 것이다.

겸손과 굴욕을 대하는 이 두 번째의 방법은 첫 번째의 것을 완전히 없애는 것이 아니다. 데레사가 말년까지, 모든 피조물에게 알려지지 않은 채 살고 싶다는 소망을 지니고 있었다면, 또 많은 굴욕을 기뻐했다면 그것은 하느님만을 위해 살고 가능한 한 많은 희생을 그분께 바치고 싶다는 소망을 지닌 까닭이다.

제3장 | 호기심이 지닌 위험

　사람들이 지닌 매력에 찬사를 보낼 때 우리는 가끔 무한히 선하시고 사랑이신 하느님을 잊게 된다. 또 이웃은 가끔 하느님의 현존을 잊게 하는 위험을 초래하기도 한다.
　앞에서 우리는 어떻게 해서 데레사가 교만과 무질서한 사랑이 지닌 위험을 피할 수 있었는지를 고찰하였다. 이제 우리는 데레사가 이웃들을 단순히 '호기심의 대상'이라는 유혹에 어떻게 대항했는지를 살펴보려고 한다. 데레사는 수련장으로서의 소임을 관상 생활이 지닌 엄격함과 고독을 다소나마 완화하려는 기회로 삼지 않고, 오히려 수련자들 앞에서 조용하고 명상적인 자세를 지켜왔다. 이에 대해 살펴보겠다.
　호기심의 유혹에 떨어진다는 것은 하느님과 인간의 사랑 앞에 죄를 짓는 것이다.
　하느님의 사랑에 반대되는 것은, 침묵과 고독 안에서 오직 그분만을 찾는 대신, 이웃들과의 그릇된 대화를 통해서 자신의 관상 생활을 자신이 방해하는 것이다.

이웃 사랑에 반대되는 것은, 이웃을 사랑해야 할 존재로 여기지 않고 자기 만족을 위한 수단으로 여길 때이다.

1. 침묵에로의 부르심

데레사는 일찍이 관상 생활의 고독에 대해 대단한 매력을 느꼈다. 어렸을 때, 낚시하러 가는 아버지를 따라갈 때마다 그녀는 언제나 홀로 풀밭에 앉아 기도했다.

데레사가 처음 바다를 본 것은 다섯 살 되던 해의 투르빌에서였다. 그녀는 (완전히 매혹되어) 오랫동안 바다를 바라보았다.

> ……포효하는 파도 소리는 좋으신 하느님의 능력과 위대하심을 들려주는 것만 같았어요.

저녁이면 데레사는 폴리나 언니와 단둘이서 바위 위에 앉아 오랫동안 바다를 바라보았다. 목요일 오후에 데레사가 즐겨 했던 놀이는 마리아 언니와 함께 은수자 흉내를 내는 것이었다. 둘의 마음은 일치했고 서로 침묵하면서 완벽할 정도로 수도자다운 태도를 보였다.

데레사는 언젠가 폴리나 언니에게 자신은 나중에 고독 안에서 살고 싶으며, 폴리나 언니와 함께 멀리 사막으로 가고 싶다는 소망을 말했다. 그리고 얼마 후, 큰언니 마리아가 이제 곧 가르멜수녀원로 간다고 하자, 데레사는 하느님께서 자신도 가르멜 사막으로 부르신다는 것을 깨달았다.

소녀 시절 내내, 데레사는 고독을 특별히 사랑했다. 그녀가 좀 더 깊이 기도를 드렸을 때는 혼자 침대에 있었을 때였고, 휴가 동안 혼자 있을 때에는 침대 휘장 뒤로 가서 생각에 잠기기도 했다. 그녀는 자신도 모르는 사이에 기도를 하고 있었던 것이다. 기숙사에서 가장 좋았던 것은 침묵과 고독 속에서 피정을 했던 때였다. 첫영성체 준비 피정, 견진 피정 등은 다른 피정보다 하루를 더 연장하여 진행되었기에 그녀의 기쁨은 더 컸다. 데레사는 "주교님께서 지정된 날에 오실 수 없었으므로 나는 고독한 이틀을 보낼 수 있는 위안을 가졌습니다."라고 말했다.

휴식 시간 동안 그녀는 친구들과 어울려 유희를 즐기는 대신, 주로 그들과 떨어져 묵상에 잠겨 있고 진지한 성찰에 몰두했다. 1886년 그녀는 '마리아의 소녀회'라는 신심회에 참석하기 위해 일주일에 두 번 기숙 학교로 돌아왔을 때도 자유 시간이면 언제나 성당에서 예수님과 홀로 시간을 보냈다. 뷔소네 집에서 데레사는 '눈앞에 펼쳐진 아름다운 광경을 마주하여 이를 관찰하고 묵상하면서' 몇 시간 동안 줄곧 자기 방에 있기를 좋아했다.

2. 가르멜수녀원에서의 침묵

데레사가 가르멜수녀원에 들어왔을 때, 봉쇄수도원에서의 침묵은 보다 심오한 그녀의 열망을 채워 주었다. 입회 당시부터 데레사의 몸에 밴 조용한 태도를 보고 다른 수녀들은 놀라워했다.

어린 데레사는 이미 가르멜 수녀로서 자신의 이상을 조금씩 구현하며 살았다. '성모 마리아처럼' 그녀의 가장 큰 수단은 침묵이었다. 데레사는 모든 것을, 고통뿐 아니라 기쁨도, 언제나 가슴속에 간직했다. 이렇게 모든 것을 마음에 간직하고 하느님만을 바라보는 것이 그녀에게 큰 힘이었고, 완덕의 출발점이 되었다. 데레사는 눈에 띄게 외적, 내적인 균형을 조금씩 잡아 갔다.

휴식방이나 면회실에서 시간을 보낼 때도 데레사는 하느님과 일치하는 시간을 적절히 가짐으로써 헛되이 시간을 보내거나 개인적인 호기심을 채우려 하지 않았다. 데레사는 이웃과의 대화 중에도 철저히 자기의 영역을 지키려고 노력했다. 데레사는 자신의 기분 전환을 위해서나 혹은 어떤 재미있는 이야기를 들으려 해서가 아니라, 동료들의 기운을 북돋아 주기 위해 공동 휴식에 임했다. 이 점에 대해서 그녀가 즈느비에브 수녀(셀리나)에게 한 충고는, 그녀 자신이 어떤 방법을 쓰고 있었는지를 잘 보여 준다.

그 어디에서보다 공동 휴식에서 당신의 덕을 닦을 기회를 찾으십시오. 휴식 시간 동안 많은 것을 얻고 싶다면, 자신의 기분 때문에 가지 말고 남의 기분을 살려 주려는 마음으로 휴식방에 가십시오. 휴식방에서 당신은 완전히 자아 이탈을 실천하십시오. 예를 들면 가령 당신이 흥미 있어 하는 것을 어느 자매에게 얘기하고 있는데, 그 자매가 다른 이야기를 하려고 당신의 말을 중단시키거든, 그녀가 하는 이야기가 당신에겐 전혀 흥미 없는 주제라 하더라도 재미있게 이야기를 들어주려고 노력하며, 처음에 당신이 하던 화제로 되돌아가려고 하지 마십시오.[1]

면회실에서도 데레사는 같은 방법을 적용했다. 면회실에서 그녀는 침묵 중에 다른 이의 이야기를 듣길 좋아했고 질문을 받았을 때만 말을 했다. 가족끼리 있는 자리에서도 그녀는 무척 조심했으며 그래서 개성이 없다는 말을 들었다. 그들은 데레사의 이런 태도가 너무 일찍 수녀원에 들어 갔기 때문이며 그 영향이 생활 전체에 미치고 있다고도 했다. 보통은 면회실에서 즐거우리라고 예견하는 데 비해, 데레사는 언제나 눈에 띄지 않으려고 했으며, 그 반대로 누군가가 희생해야 하는 경우에는 마다하지 않고 받아들였다.

데레사는 일반적으로 외부 소식을 알고 싶어 하는 호기심을 완전히 억제하면서, 하느님의 말씀과 사랑에 대한 영원한 기쁜 소식에만 귀를 기울였다. 이 점에 있어서 데레사는 십자가의 요한 성인의 권고를 따랐다.

적게 말하세요. 어떤 문제에 있어서 당신의 의견이 요구되지 않을 때는 절대로 그 일에 관여하지 마세요. 사랑 어린 마음을 하느님께 모으고, 언제나 내적인 평화를 간직하세요. 말할 필요가 있을 때도, 똑같은 마음의 자세와 평화를 지니도록 하세요. 정말 필요 이상으로, 또 이성이 요구하는 것 이상으로 이웃과 이야기하는 것은 어떤 사람에게도 (설령 성인이라 해도) 선익을 끼치지 못합니다. 성급히 말하고 외부로 발산하는 영혼은 하느님께는 거의 관심이 없다는 것입니다. 그러나 하느님께 관심을 두는 영혼은, 쓸데없는 담화를 피하고, 침묵하고 싶어질 것입니다.[2]

1893년 데레사는 수련소를 책임 맡게 되었을 때도 이 직책이 무익한 수다를 늘어놓는 계기가 되거나, 수련자들에게 자신의 호기심을 채울 만한 질문을 할 수 있는 기회가 되지 않도록 무척 조심하였다. 데레사가 편지를 쓰는 것은 언제나 그들을 기쁘게 해 주기 위해서였다. 영혼의 형제인 두 선교사와의 이러한 서신 교환에 대해 데레사는 특히 심사숙고했다. 가르멜 수녀가 이러한 연락을 하는 것은 원장 수녀의 허락이 있어야 한다고 그녀는 생각했다. 만일 그렇지 않으면, 그녀는 선교사에게 일련의 생각들을 떠벌리면서 열성이라는 빛깔로 채색된 무익한 소일거리를 얻었을 뿐, 이것은 마치 자기가 산을 움직이는 기적을 행하는 듯한 엉뚱한 상상에 빠질 수 있기 때문이다.

다른 모든 일과 마찬가지로, 제 편지가 유익한 것이 되기 위해서는 순명에 의해 쓰여야 한다고 생각합니다.

데레사는 자기 영혼의 이야기를 엮는 것마저 순명에 따른 것이었음을 명심할 필요가 있다.

데레사는 기도 생활에서 침묵이 얼마나 필요한지를, 또 침묵은 하느님께서 우리 영혼 안에서 역사하실 때 바로 법규가 된다는 것을 완벽할 만큼 깊이 깨닫고 있었다. 예수의 데레사(대데레사) 성녀처럼 소화 데레사는 예수 그리스도와 완전한 내적 일치 안에 살기 위해 침묵과 고독을 목말라했으며, 가르멜수녀원의 봉쇄 구역 안에서 행해야 했던 활동들은 그녀에게 결코 불안의 요인이 되거나 마음을 흐트러지게 하는 요인이 되지는 않았다.

관상 생활을 하는 사람에게도, 어떤 외적인 활동을 통해 가끔 기분을 전환할 필요가 있다는 것을 데레사가 모르는 바는 아니었다. 왜냐하면, 영혼은 항상 고독을 지킨다는 핑계로 자기 자신 안에 갇혀 지내서는 안 되기 때문이다.

즈느비에브 수녀는 다음과 같이 증언한다.

제가 제 자신 안에 웅크리고 있다고 여겼을 때 그녀는 제게 이렇게 말했어요. 자기 자신 안에 폐쇄되어 있다는 것은 영혼을 불모지로 만드는 거예요. 부지런히 사랑을 실천하도록 노력해야 합니다. 이따금 자신이 지극히 못마땅할 때는, 서둘러서 자신의 내면으로부터 떠나야만 합니다. 하느님께서는 우리가 언제나 자신의 동료가 되라고만 명하시지 않고, 자신이 못마땅할 때는 자신을 떠나도 좋다고 하십니다. 이럴 땐, 자신을 잊고 애덕 행위에 몰두하면서, 예수님과 마리아를 만나러 가는 방법이 좋다고 생각합니다.³

내적인 고뇌에 빠져 묵상에 전념할 수 없는 영혼들에게 아빌라의 데레사(대데레사) 성녀는 이와 비슷한 충고를 하기도 했다. 이런 영혼들에게 고독은 오히려 해롭고 이웃들과의 대화도 어렵다. 그러면 이들은 자신의 고통을 이겨 내기 위해 무엇을 할 수 있겠는가?

고통을 없앨 방법은 저도 모르니, 그걸 없애는 방법을 말하는 것이 아니라, 참을 수 있는 가장 좋은 방법은 이웃을 사랑하는 일입니다, 그것도 하느님의 자비에 희망을 두어야 한다고 생각합니다. 하느님은 당신께 희망을 거는 사람들을 결코 저버리지 않으십니다.⁴

데레사는 아빌라의 성녀가 이룬 가르멜수녀원의 개혁의 삶을 온전히 자신의 삶에 적용하였다. 가르멜수녀원의 침묵과 고독 안에서 데레사는 하느님을 추구하는 데 전념할 수 있었다. 데레사의 가장 큰 소원과 기쁨은 살아 계신 하느님과의 일치에 있었다.

제1부의 결론

제1부에서는 데레사가 대인 관계에서 비롯되는 본질적인 위험들을 어떻게 피하고 헤쳐 나갔는지 그 방법을 전적으로 다루었다. 이제 마지막으로, 데레사가 이 모든 어려움을 이겨 낼 수 있었던 그녀의 침착성을 강조하고자 한다. 데레사가 자기를 둘러싸고 있는 모든 어려움에서 완전히 이탈할 수 있었던 것은 좀 더 깊이 하느님 안에 숨어 그분과 내적으로 일치하여 살아가려고 항상 애쓴 결과이다.

데레사는 초기에 기도 안에서 발견할 수 없었던 위로를, 이웃과의 관계 안에서 찾지 않으려고 무척 애썼다. 이러한 노력도 언제나 자기 안에서 역사하시는 분은 하느님이시라는 확신에서 나온 것이었다.

또한 데레사는 이 세상이 완전히 죄에 물든 것으로 보고, 세상과의 관계는 자신을 더럽힐 뿐이라고 여겼다. 하지만 세상과 완전히 단절을 감행한 얀선주의[1]는 아니었다. 리지외의 데레사 성녀는 이런 유의 정신을 갖고 봉쇄수도원 뒤에 은거해 있었던 것은 아니다. 오히려 그녀는 이웃들에 대한 자신의 본분을 매우 잘 알고 있었다.

   제2부에서는 데레사의 이러한 점을 충분히 제시할 것이다. 데레사는 자신이 세상에서 물러난 것은 세상에 봉사를 더 잘하기 위해서라는 것을 잊지 않았다. 제3부에서는 데레사가 이웃을 사랑하고 이웃을 위한 자신의 의무를 어떻게 이해했는지 그 방법을 상세히 분석할 것이다.

제2부

이웃을 통해 오는 은혜

가르멜수녀회의 모습(20세기 초에 촬영된 사진)
병에 걸린 수녀를 위해 성체를 모시는 행렬에 참여하는 가르멜회 수녀들.

앞면 사진: 〈잔 다르크〉 연극을 공연하는 데레사 수녀와 즈느비에브 수녀.
가르멜수녀원에서 공연된 연극 〈잔 다르크〉에서 잔다르크 역을 맡은 데레사 수녀와 카타리나 성녀 역을 맡은 즈느비에브 수녀.

우리는 제1부에서 데레사가 이웃과의 관계에서 첫째 계명을 어떻게 실천했는지를 살펴보았다. 이제 우리는 '이웃을 네 자신처럼 사랑하라."는 둘째 계명을 어떻게 준수했는지를 볼 것이다. 그 누구보다도 그 무엇보다도 하느님을 사랑하려고 했던 데레사가 이웃을 어떻게 사랑했는지 이제 살펴보고자 한다.

데레사의 생애와 가르침 안에 있는 형제(자매)애에 대한 연구를 제3부로 미루는 이유는 데레사가 이웃에게서 받은 은혜에 대한 분석을 먼저 해야 하기 때문이다. 데레사에게 이웃은 사랑과 봉사의 대상만이 아닌, 하느님께서 그녀에게 자비를 베푸시기 위해 사용하신 도구였다는 점이다. 우리가 만일 이러한 사실을 잊는다면, 그녀의 정신에 깊이 파고들어 갈 수가 없을 것이다.

데레사의 『자서전』에서 하느님의 자비를 주제로 다룬 곳을 상기해 보자. 어린 시절과 수도 생활 초기의 몇 년에 얽힌 추억을 이야기하도록 명령받은 데레사는 기꺼이 그 일을 시작했다. 이 명령은 데레사에게 하느님께서 어린 시절부터 지금까지 줄곧 자기에게 베풀어 주신 모든 은혜를 되새겨 볼 수 있는 기회가 되었기 때문이다. 그녀가 말하고자 한 것도 무엇보다 '주님의 자비'였다.

그러므로 엄밀한 의미에서 제가 쓰려고 하는 것은 제 생애가 아니며, 황송하게도 하느님께서 저에게 베풀어 주신 은총에 대한 제 생각입니다.

이 구절을 쓰면서 데레사는 자신이 이웃에게서 받은 모든 것에 대해 생각하고, 하느님께서 이웃을 중개자로 삼아 자기에게 베풀어 주신 모든 은혜도 생각했다. 이것은 데레사와 이웃의 관계에서 볼 수 있는 근본적인 양상이다. 데레사는 하느님께서 자신을 미리 악에서 보호해 주셨고, 여러 가지 은총으로 채워 주신, 특은을 입은 작은 꽃이라고 여겼다. 데레사는 자기 얘기의 중심을 자기 자신으로 삼지 않고, 하느님께서 자신에게 해 주신 모든 것을 다 밝히려 했다.

이런 점에서 볼 때, 데레사에게 이웃이란 우선 하느님께서 그녀의 영적 진보를 위해 사용하신 도구로 나타난다. 이웃의 가르침이나 좋은 표양은 물론 심지어 그들의 불쾌한 태도까지도 그녀에게 좋은 영향을 끼쳤다.

그러면서 데레사는 이들의 영적 보화를 소중히 여겼고 이 보화가 성인들의 통공이라는 신비 덕택에, 어떤 방법으로든 자기에게도 속해 있다는 생각에 흐뭇해 하기도 했다. 이 경우 이웃은 하느님께서 그녀를 도야(陶冶)시키려고 사용하신 도구로 여기는 대신, 그러한 그들의 공적을 그녀가 하느님께 봉헌할 수 있는, 또 마땅히 그래야 하는 부(富)로 여겼다.

제2부에서 3장에 걸쳐 살펴보게 될 데레사의 대인 관계에서 우리가 얻어 낼 수 있는 이점이란 바로 이런 것들이다. 이웃들은, 자기네의 영적 발전으로(4장), 또 그들의 선업으로(5장), 또 '못으로 찌르는 고통'이라고 부른 그들의 행동으로(6장)까지, 우리에게 도움을 준다는 것이다.

7장은 우리가 데레사의 영혼 안에 내재된 영적 가난이 어떤 것인지에 대한 개념을 정확히 하고자 할 때, 반드시 해결해야 할 문제에 대해 답을 줄 것이다. 그렇다면 이웃은, 과연 데레사가 자신의 영적 가난을 더욱 생생히 느낄 수 있는 지표의 구실을 하였는가. 데레사가 남긴 문헌이 이 질문에 대해 만일 부정적인 답을 하고 있다면 데레사에게 영적 가난이란 다른 사람들 앞에서 느끼는 열등감이라고밖에 말할 수 없을 것이다.

제4장 | 자매들의 영성

데레사가 그녀를 둘러싸고 있는 자매들과 독서를 통해서 얻은 빛을 우리가 일일이 열거할 수는 없다.

여기서 우리는 데레사 성녀를 통해 자매들이 받은 영성의 빛을 어떠한 태도로 받아들여야 하는지를 연구해 보려고 한다. 이것은 우리가 스승과 제자 관계에서, 데레사가 어떻게 생활화했느냐보다, 여기에 대한 그녀의 생각이 어떠했느냐를 더욱 강조하겠다는 것을 의미한다.

특별히 우리의 주의를 끄는 점은 그녀가 수련자들을 지도하는 데, 자매가 어떤 영적 빛을 받아들이는 일로, 열등감이나 질투심이 일어나서는 안 된다는 점일 것이다. 데레사는 가끔 수련자들에게 영적 생활을 위해 필요한 양식을 다른 자매에게서 받는다는 사실을 열등감으로 느끼지 말라고 했다. 또한 데레사는 우리보다 많은 은총을 받고 있는 사람을 질투하는 대신, 그를 우리에게 필요한 진리를 전달하는 은총의 전달자로 여겨야 한다고 말했다.

그러나 데레사는 같은 공동체에 속한 자매의 입에서 나온 영적 진리를 받아들이는 일이 어렵다는 것을 잘 알고 있었다.

데레사가 수련자들에게 초자연적 빛을 받은 자매들을 질투해서는 안 된다고 내세운 주요 원칙들이 무엇이었는지 살펴보자.

1. 영적 빛의 가치

우리 각자는 마치 이 세상에서 유일한 존재인 것처럼 하느님에게 특별히 사랑을 받고 있다. 즉, 하느님은 우리 개개인에게 특별한 사랑을 지니고 계신다. 데레사는 복음의 한 구절을 들어 비교하면서 『자서전』 시작에 다음과 같이 쓰고 있다.

> 마치 태양이 삼나무나 작은 꽃 하나하나를 이 세상에 유일한 것인 양 한결같이 비추는 것처럼, 우리 주님께서도 영혼 하나하나를 특별히 여겨 일일이 돌보고 계십니다.[1]

그러므로 우리는, 향기 짙은 장미나 순결한 백합과는 경쟁할 수 없는, 들판의 이름 모를 꽃들 속에 끼어 있다는 느낌이 들어도, 마음 아파하지 말아야 한다. 하느님은 우리를 있는 그대로 사랑하신다.

완덕이란 하느님의 성의(聖意)를 따르는 것으로 그분이 원하시는 상태가 되는 것에 있다.²

이 말대로 우리는 그분이 우리에게 뜻하신 바를 사랑해야만 한다. 하느님께서 우리를 놓아 주신 그 위치에서 우리는 그분의 뜻을 수행함으로써 그분을 기쁘게 해 드려야 한다. 이를 확신하는 이상, 우리가 어떻게 우리보다 빛나는 위치에 있는 사람들을 질투할 수 있겠는가? 그렇다고 하느님이 우리보다 그들을 더 많이 사랑하시는 것도 아니다. 신앙인의 근본적인 삶의 가치는 영적 발견을 얼마나 했고 또 얼마나 독창적인가 하는 데 있지 않고, 얼마 만한 사랑으로 주님의 뜻을 실천했느냐에 달려 있다. 영혼이 받은 영적 빛은 성성에 이르는 데 꼭 있어야 할 표지는 아니다. 모든 부(富)가 그렇듯이 이것 역시 위험할 수 있다. 왜냐하면 사람은 그것에 만족해서 자만심에 빠질 수 있기 때문이다.

가장 훌륭한 생각도 결과가 없다면 아무 소용이 없다. 만일, 하느님께서 당신의 은혜로 한 사람을 부유하게 했을 때, 그 사람이 참되이 하느님께 감사를 드리고 겸손되이 자신을 낮춘다면 그 사람 안에서 많은 이익을 끌어낼 수 있다. 그러나 이때 그 사람이 자신에게 도취되어 바리사이와 같은 기도를 한다면, 그 사람은 잘 차려진 식탁에서 중요한 음식을 마음껏 즐기기보다는 굶주림으로 죽어 가면서 많은 보화를 차지한 사람들을 선망의 눈길로 바라보게 될 것이다.³

2. 공동체를 위한 영적 선물

하느님이 주시는 영적 빛을 우리의 이웃이 받는 것에 대해 우리가 질투해서는 안 되는 이유는 그것이 지닌 공동체적인 용도 때문이다. 주님이 당신의 빛을 여러 사람에게 보내시는 것은 전체의 유익을 위해서다.

> 대자연 속에는 아무리 보잘것없는 들국화라도 그 꽃을 활짝 피우게 하는 계절이 있듯이, 모든 것은 각 사람 하나하나의 선익에 부응하는 것입니다.[4]

데레사는 가끔 이 원칙으로 되돌아온다. 하느님은 우리를 위해서 어떤 영혼들에게 초자연적 빛을 주신다는 것이다. 이러한 영혼들은, 하느님께서 우리에게 선익을 베푸시기 위해 사용하시는 도구일 뿐이다. 하지만 하느님의 도구로 선택되었다는 사실이 언제나 차원 높은 완덕에 이르렀다는 표시는 아니다.

만일, 화가에 의해 물감이 칠해진 천이 생각을 할 수 있다면, 분명 그 천은 자기 위에 끊임없이 붓이 와 닿는 것에 불평을 하지 않을 것이고, 또 붓의 운명을 부러워하지도 않을 것이다. 왜냐하면 천은 자기의 아름다움을 창조하는 것은 붓이 아니라, 그 붓을 움직이는 화가

라는 것을 알기 때문이다.[5]

우리보다 많은 빛을 받고 있는 자매들을 시새워하는 것은 붓의 운명을 부러워하는 천 조각처럼 행동하는 것이 될 것이다. 1893년 수련자들을 책임 맡은 지 얼마 안 되어 데레사는 셀리나에게 이 원칙에 대해 설명했다.

피조물은 모두가 그분을 섬기고 있어요. (……) 저는 가끔 그분이 귀양살이하는 당신의 작은 비둘기, 사랑하는 당신의 약혼녀인 제게 빛을 주시는데 이 때문에 매우 기분이 좋아요.[6]

데레사는 수련자들에 대한 자신의 직분을 잘 이행할 수 있도록 하느님이 자기에게 베푸신 은총으로 우쭐해서는 안 된다는 사실을 잘 알고 있었다.

자신들이 대단히 초라하다는 것을 알고는, 작고 가난한 영혼들은 가끔 겁에 질립니다. 그들은 남들에게서 받고 줄 수 있는 것은 아무것도 없다고 느끼고, 자기들은 아무 쓸모가 없다고 여기지만 사실은 그렇지 않습니다. 예수님께서는 그들 안에 저 세상에서 자라게 될 싹을 키우고 계십니다. 제가 이처럼 험난해 보이는 길(영예의 길)을 통과해서 가야만 하는 것은, 나를 위해서가 아니라 다른 사람들을 위해서라고 생각합니다. 만일 제가 공동체의 눈에 결점투성이이고 무능력하고 판단력 없는 수녀로 비쳐졌다면, 원장 수녀님이 저에게 당신을 도우라고 하시지 않았을 것입니다. 이것이 바로 선하신 하느님께서 저의 내적, 외적 모든 결점들을 가려 놓으신 연유입니다.[7]

데레사는 자신의 직책이 하느님의 커다란 사랑을 위한 표시임을 셀리나에게 설명했다.

이 직책은 제 모습이 아니며, 하느님께서 저에 대해 생각하시는 것이 실제 제 모습이에요. 그분이 저를 당신의 대리자가 되라고 하셨다 해서, 저를 더 사랑하신다고 생각하지 않아요. 저는 오히려 그 반대라고 생각해요. 그분은 저를 그들의 작은 종이 되게 하셨어요. 선하신 하느님께서 제게 외적으로 드러나는 덕의 매력을 주신 것은, 저를 위해서가 아니라 바로 여러 자매들을 위해서예요. 이것은 저에 대한 편애의 표시가 아니라 도구로 사용하시기 위함이지요. 우리 주님께서는 저를 당신의 종으로 삼으셨어요. 그분이 제게 일러 주시는 것들은, 여러 자매들을 위해서 그렇게 하시는 거예요. 이런 상황에서는 오히려 제가 열등감을 가져야 해요. 하느님께서는 때로는 책이나 사물을 통해, 우리에게 일러 주시는데, 어떤 때는 물질적인 질료를 사용하시기도 하지요. 참으로 이 모든 것은, 다 우리에게 도움이 되도록 마련되어 있어요. 마찬가지로, 성인들을 통해 우리에게 전달되는 것은 더더욱 우리에게 도움이 되고요. 그들 역시 우리의 종이지요. 진정 모든 것은 우리에게 속해 있고, 모든 것은 우리를 위해 있어요.[8]

데레사는 바오로 사도의 가르침에 충실했다. 우리에게 필요한 영적 양식을 전달케 하시려고, 하느님께서 뽑으신 사람들을 우리는 우리를 도와주는 도구로 여겨야 한다는 것이다. 그러므로 우리는 그들을 시기하거나 질투해서는 안 된다. 오히려 이들을 통해서 하느님이 당신 교회에 은총을 주신다는 것을 깨달아야 한다. 이 은총은 신비체인 우리의 일치를 위해서 어떤 사람들이 받게 되는 것이다. 이들에게 사랑이 없으면 은총은 아무것도 아닌 것이다.

제5장 | 이웃의 선행

데레사는 이웃의 말이나 글, 또는 표양을 통해서 많은 점을 본받았다. 데레사가 이런 표양들에서 얻어 낸 유익한 방법들을 여기서 간단히 살펴본 다음, 앞 장에서 말한 이웃에게 질투의 유혹을 느낄 때 이를 어떻게 극복할 것인지, 데레사가 수련자들에게 제시해 준 방법을 살펴보기로 하자.

인간은, 이웃이 받은 초자연적 빛의 가치를 인정하면서도 질투를 느끼게 되고, 그들의 훌륭한 덕을 목격하게 될 때도 질투를 느끼게 된다. 이웃의 성덕 앞에서 본능적으로 느끼게 되는 이 '거룩한 질투'를 우리는 어떻게 초월할 수 있으며 그 방법은 무엇일까?

1. 이웃의 표양을 통해서 받는 두 가지 선익

이웃의 표양은 우리에게 무엇을 해야 할 것인가를 보여 주는 것만이 아니라, 우리가 하느님께 속해 있음을 알려 주는 징표이기도 하다. 이 점은 데레사에게 있어서 더욱 그러했다.

1) 우리 의무에 대한 계시

데레사가 걸어온 삶을 볼 때, 그녀 주위의 좋은 표양이 그녀에게 많은 영향을 끼쳤다. 어려서부터 데레사는 가족의 좋은 표양을 보아 왔으며, 이것들은 그녀 자신이 하느님을 기쁘게 해 드리기 위해 무엇을 어떻게 해야 할지를 제시해 주었다.

『어느 가정의 이야기』란 책에서 피앗 신부는 데레사가 가족에게서 많은 영향을 받았다고 명백히 밝힌다. 무엇보다도 양친에게서, 또 자신의 이상이었던 폴리나 언니에게서 데레사는 많은 영향을 받았다.

물론 데레사가 부모와 언니들 또 게랭 씨 부부에 대해 극진히 존경을 하게 된 것은, 그들의 좋은 표양 때문만이 아니라 무엇보다 그들의 지극한 사랑이 그녀를 감싸주었기 때문이기도 했다. 어머니가 죽은 이후에 데레사는 이러한 사랑이 특히 더 필요했었다. 그러한 상황에서 가족들은 데레사에게 깊은 사랑을 주었고, 데레사가 이웃과의 관계에서 세심하게 된 결정적인 역할을 했다.

데레사에게 영향을 준 표양을 일일이 열거하기보다는, 그녀가 자기 주위에서 보고 느낀 모든 것을, 어떻게 자기를 위한 교훈이 되도록 처신했는지를 제시하는 것이 바람직할 것이다. 좀 더 정확히 말해서, 성령은 그녀 주위에서 일어나는 것을 통해 데레사가 하느님과 언니들에게 해야 할 바가 무엇인지 계시하였다는 것이다.

어느 날, 갓 결혼한 사촌 잔느 게랭이 자기 남편 프랑수아 라 넬르에게 한 모든 것을 수녀원 면회실에서 이야기하고 돌아간 후, 데레사는 그녀가 예수님보다 자기 남편에게 더 잘할 거라고 생각했다. 데레사가 예수님과의 신비적 결혼을 알리는 청첩장을 작성했던 것이 바로 이때였다. 프랑수아에 대한 잔느의 사랑을 보면서 데레사는 이것이 예수님께 지녀야 할 사랑의 징표라고 느꼈다. 나중에 그녀가 병상에서 간호를 받게 되었을 때도 데레사는 얼마나 섬세한 사랑으로 영혼들에게 접근해야 하는지를 깨달을 수 있었다.

아! 어머님, 제가 아프고 나서부터 당신이 제게 쏟아 준, 이 아낌없는 정성은 저에게 애덕에 대해 많은 것을 가르쳐 주었어요. 어머님이 큰 사랑으로 저를 돌봐 주신 대로 저도 자매들의 영적 결함에 깊은 이해심을 지녀야 함을 깨달았습니다.[1]

2) 하느님의 계시

　데레사는 하느님을 기쁘게 해 드리기 위해 이웃의 표양에서 자신이 무엇을 해야할지를 배웠을 뿐 아니라, 하느님이 어떠한 분이신지도 알게 되었다. 그래서 이웃은 데레사에게 있어서 하느님 현존의 표징이 되었다. 데레사가 선하신 하느님의 품성을 발견한 것은 성경을 통해서라기보다는 오히려 자기의 주위 사람들에게서였다. 예를 들면, 데레사의 아버지가 자애 깊은 사랑으로 그녀를 감싸 준 것은 하느님께서 어떻게 우리를 사랑하시는지에 대한 하나의 표상이었다. 하늘에 계신 성부에 대한 데레사의 효경(孝敬)은 무엇보다 성령의 은혜였고, 그녀가 체험한 부성애 역시 이 효경의 마음을 갖는 데 큰 몫을 담당했다.
　아녜스 원장 수녀(폴리나)가 데레사에게 준 사랑은, 우리가 지은 죄를 언제라도 용서해 주시는 하느님의 자비로우신 사랑을 깨닫게 해 주었다고 데레사는 분명히 말했다.

　　하느님께서는 어머니보다 더 인자하십니다. 사랑하는 원장 수녀님, 제가 모르고 한 작은 잘못은 당신도 언제나 용서해 줄 마음을 가지고 계시지 않습니까? 저는 그런 따뜻한 경험을 얼마나 자주 했는지 모릅니다.[2]

　극진한 사랑에 둘러싸인 데레사는, 자기의 전 생애가 자신을 지극히 아끼시는 하느님의 무한한 사랑을 보여 주는 아주 작은 한 부분이라고 여겼다. 교구 주교의 넘치는 부성애는 바로 선하신 하느님의 영원한 사랑을 나타내는 한 표상이라고 느꼈다. 그리고 데레사의 마지막 병상을 돌보아 주던 스타니슬라스 수녀 역시 그녀로 하여금 우리의 영혼을 치유하시는 하느님의 무한한 사랑을 생각하게 했다.

그러므로 이웃의 선함은 하느님을 비추어 주는 거울로서, 데레사는 그 안에서 하느님의 사랑을 발견하려고 노력했다. 즉 이웃 안에 나타나는 하느님의 자비를 관조하고 찬미하려고 했다. 하느님의 아름다움과 선하심을 자연 안에서만 찾는 것이 아니라, 이웃 안에서도 찾아야 한다는 것을 깨달은 것이다.

우리는 여기서 데레사가 주위에서 받았던 사랑에 애착하지 않고, 어떻게 그 위험을 피할 수 있었는지 조금 이해할 수 있을 것이다. 데레사에게 이웃 사랑은 하느님께서 그녀에게 베푸신 무한한 사랑의 반영이었다. 데레사는 바로 이러한 사랑을 토대로 선하시고 끝없는 하느님의 사랑을 향해 쉬지 않고 나아갔다고 말할 수 있다. 그래서 데레사는 언제나 하느님의 무한한 사랑을 찬미하면서 시편을 읊었다.

너희는 맛보고 눈여겨보아라. 주님께서 얼마나 좋으신지![3]

2. 이웃의 공로에 참여함

이웃의 선행 앞에서 데레사가 어떠한 태도를 보였는지 잘 이해하려면 먼저, 성인들의 통공에 대한 교의를 그녀가 어떻게 생각했는지 알아야 한다.

수련자들이 질투하는 것을 본 데레사는 그들에게 성인들의 통공에 대한 교의와 이웃이 지닌 덕스런 표양 앞에서, '모든 것은 우리의 것'이라는 마음 자세를 가져야 한다고 강조했다. '모든 것이 우리의 것'이라는 명제는 우리로 하여금 이웃이 지닌 초자연적 빛을 질투하게 되는 것을 막는다. 즉 하느님께서 우리를 위해 이웃에게 그런 덕을 주셨다는 것이다.

데레사는 이웃의 덕행에 질투하는 것을 막으려고 어떤 방법을 제시하지는 않았다. 그녀는 다만 남을 단죄하려는 유혹에 대항하려고 이렇게 생각하였다.

> 내게 결점으로 보이는 것이 보는 의도에 따라 훌륭한 덕행이 될 수도 있다.[4]

이웃의 선행 안에 나쁜 의도가 있다고 가정하는 것은 사랑에 어긋나는 것이다. 사랑은 악을 생각하지 않기 때문이다. 하느님은 각각의 영혼에게 그 나름대로의 성덕을 일정하게 주시므로, 각 영혼들 사이에 있는 이 차이점은 받아들여야 한다는 것이다. 우리가 만일 예수님의 정원에 핀 작은 방울꽃이나 오랑캐꽃이라면 그것에 만족하고, 장미나 백합의 처지를 부러워하지 말아야 한다.

사람들 사이에 존재하는 이 불균형한 모습을 우리는 미학적인 해결점이라고도 말할 수 있을 것이다. 이는 하나의 세계엔 모든 것이 있어야 한다는 사실이다. 이것은 물질계에서처럼 영성계에서도 마찬가지다.

> 만일 작은 꽃들이 모두가 다 장미가 되기를 원한다면, 자연은 그 봄단장을 잃어버릴 것이고, 들판은 다시는 작은 꽃들로 단장되지 못하리라는 것을 깨달았습니다. 예수님의 정원인 영혼의 세계도 이와 같지 않겠습니까? 그분은 큰 성인들을 창조하신 한편, 작은 성인들도 창조하셨습니다.[5]

성인들의 통공이라는 교의대로 영혼들은 신비체 전체의 부(富)에 참여하고 있다. 이 신비체의 각 지체는 각양각색이지만 전체를 조화롭게 할 뿐만 아니라, 조직 전체의 기능 안에서 어느 한 역할만을 담당하는 것이 아니라, 다른 모든 지체들의 공로에도 참여하는 것이다.

그러므로 우리가 이웃의 영적인 부유함을 질투하게 될 때는, 우리도 이웃의 부유함에 동참할 수 있다는 것을 상기해야 한다. 이 말은 우리가 이 부유함을 함께 누리고, 또 그것을 하느님께 바칠 만한 충분한 사랑을 지니고 있을 때, 우리는 "모든 것은 우리의 것이다."라고 말할 수 있다는 뜻이다. 신비체의 모든 것은 바로 우리의 것이다. 이 길만이 우리 마음에서 이웃들의 선업에 대한 질투의 유혹을 근본적으로 제거할 수 있다.

즈느비에브 수녀(셀리나)는 여러 번 데레사에게 질투의 유혹을 느꼈다고 밝혔다. 이에 대해 데레사는 영적인 작품을 쓰는 것이 더 위대한 성성의 표징이 아니라고 강조한다. 하느님의 빛을 전달하기 위한 도구로 자신이 선택받았다고 해서 하느님에게서 더 큰 사랑을 받고 있다는 표징이 아니라는 것이다.

오! 아닙니다. 우리의 무능 속에서 오히려 이웃들의 업적을 그분께 바쳐야만 합니다. 거기에 성인들의 통공이 주는 이점이 있습니다. 이러한 무능으로 우리는 결코 괴로워해서는 안 되며, 다만 사랑에만 전념해야 합니다.

그리고 데레사는 이 길에서 자기를 가장 격려해 준 영성가인 톨레르의 말을 좋아했다.

만일 내가 내 이웃의 선을 그 자신 이상으로 더 사랑한다면 이 선은 그에게보다는 나에게 속할 것이다. 만일 내가 하느님께서 사도 바오로에게 주신 모든 은총을 사랑한다면, 그 모든 것은 그와 동일한 자격으로 내게 속한다. 이러한 통공을 통하여, 나는 천사들과 성인들

과 하느님을 사랑하는 모든 이들 가운데서, 하늘과 땅에 있는 온갖 선으로 부유해질 수 있다.[6]

하느님을 향한 자신의 사랑이 데레사처럼 섬세하지 못하다고 말하는 즈느비에브 수녀에게 한 다른 말에서도 같은 생각이 발견된다.

하느님을 향한 사랑이 섬세하지 못함은 겸손치 못해서이지요. 우리가 겸손을 실천한다면 섬세함이 결여될 수 없으며 그것은 예수님을 기쁘게 해 드리는 일입니다. 이렇게 말씀하세요. '하느님, 제가 섬세하지 못한 것을 당신께 감사드리며 다른 이들이 그 섬세함을 지녔음을 기뻐합니다……. 주님, 당신은 당신이 하신 모든 것으로써 저를 기쁨으로 채워 주십시오.' 라고.[7]

데레사는 즈느비에브 수녀에게 말한 것을 잘 실천하고 있었다. 그녀는 자매들의 기도를 하느님께 봉헌했다. "그때 나는 자매들의 열성이 나의 부족함을 채워 준다는 것을 느꼈다."라고 말했다. 데레사가 신비체의 공로를 우리의 것으로 하여 하느님께 바칠 수 있다는 것을 말년에 가서야 깨달은 것은 아니었다. 데레사는 1895년 6월 9일 봉헌식 때 이미 이렇게 말했다.

당신께서는 저를 사랑하시어 외아드님을 저의 구세주로, 또 저의 신랑으로 주셨고, 그분이 이루신 공로의 무한한 보물까지 주셨기에 저는 당신의 거룩한 얼굴을 통해서, 또 사랑에 불타는 당신의 마음속에서만 저를 보시도록 간청하면서, 기쁘게 저를 당신께 봉헌합니다. 저는 또 '하늘과 땅에 있는' 성인들의 모든 공로와 '사랑'의 행동과 그리고 동정 성모의 사랑과 공로를 복된 성삼이신 당신께 드립니다.[8]

데레사는 자신이 영성체 중에 거룩한 동정 마리아와 천사들과 성인들의 공로와 사랑을 예수님께 꾸준히 봉헌해 왔다고 『자서전』의 말미에 기록한 바 있다. 그리고 데레사는 죽기 전 마지막 몇 달 동안, 자신이 자매들과 영적 형제들의 공로에 참여하고 있음을 자주 표명했다. 그녀는 1896년 11월 16일, 숙모에게 보내는 편지에서 이렇게 쓰고 있다.

제가 주님의 집에서 산 지도 9년째가 되어 갑니다. 그러니 저는 이미 완덕의 길에 웬만큼 진보해 있어야 할 텐데도 여태껏 맨 아래 단계에 있을 뿐입니다. 그러나 이것이 저를 기죽게 하지는 않습니다. 저도 매미(성체의 마리아 수녀)만큼 명랑하고, 또 제 생의 끝에 가서는 매미보다 훨씬 관대한 자매들의 영적 부유함을 함께 나눌 수 있으리라고 희망하면서 항상 노래를 부릅니다.[9]

이 글에서 데레사는, 자매들의 공로에 내적으로 공감하며 이에 동참해 왔음을 우리에게 보여 준다.

그녀가 벨리에르 신부에게 그를 통하여 순교자의 영광에 참여하리라는 자신의 신뢰를 나타낸 표현에서 이런 면이 가장 잘 드러난다.

주님께서는 제게 사랑의 순교를 허락하지 않으시려는 것 같습니다. 저는 그분께서 당신을 통하여 우리가 열망하는 또 다른 영광을 제게 바라시는 것 같습니다.[10]

어느 주일 날, 병상에서 데레사는 또다시 아녜스 원장 수녀에게 성인들의 통공에 대해 말한다.

마치 어머니가 자녀들을 자랑하듯이 우리도 서로 아무런 시새움이 없이 자랑합니다.[11]

3. 제5장의 결론

데레사가 신뢰한 통공으로써 천사들과 성인들, 하느님을 사랑하는 모든 사람들 안에서 그녀의 명성은 하늘과 땅에 있는 선으로 풍요해질 수 있었다. 그래서 데레사는 하느님의 사랑에 사로잡힌 영혼의 기도를 생각했다.

하늘은 제 것이며 천사들도 제 것입니다. 하느님의 모후도, 창조된 모든 것도 다 제 것입니다.

실제로 이러한 기도 양식은 우리가 동정 성모 마리아와 천사들과 성인들의 공로를 나누어 받기 위한 표현일 수 있다.

또 한편으로, 신비체가 지닌 온갖 풍요로움에 참여한다는 데 대해 데레사가 지닌 신뢰는, 우리로 하여금 그녀가 영적인 가난을 진정으로 귀중하게 생각했다는 것을 이해하게 해 준다.

그래서 데레사는 겁 없이 하느님 앞에 빈손을 내밀 수 있었다. 이것은 우리의 온갖 정의가 그분의 눈에는 허물이라는 것을 상기한 때문만은 아니고, 그녀를 정화해 주시는 선하신 하느님의 자비로운 사랑을 믿었기 때문이다. 동시에 데레사는 그리스도와 성모님과 천사들과 성인들의 공로로 얻은 무한한 보물을 지니고 하느님 앞에 나선다는 것에 대해 확신을 지녔기 때문이다.

이웃들이 지닌 온갖 영적 부유함을 공감할 수 있을 때, 사람들은 그 자신의 가난을 훨씬 쉽게 깨닫게 된다. 또한 이웃의 공로나 가치가 '공동체의 선'이라고 여길 때, 훨씬 쉽게 우리는 그 진가를 알 수 있다. 그러므로 우리가 성인들의 공로에 참여한다는 확신을 함으로써 우리는 영적 가난을 느끼며, 동시에 이웃에게 무엇이 필요한지 올바르게 인식하게 된다. 또한 이웃 사랑에 충실하게 된다. 신앙 안에서 성인들의 통공은 우리에게 많은 이익을 준다. 우리가 이웃의 공로에 실제로 참여한다면 우리 마음에서 질투는 사라지고 진정한 기쁨을 느끼게 된다.

> 자신은 불완전하고 남들은 완전하다는 것을 발견하는 것은 행복한 일입니다……. 이웃의 선에 대해 생각한다는 것은 감미로운 일입니다.[12]

여기서 구태여 그리스도의 신비체에 속한 모든 지체들의 공로에 우리가 모두 동참한다는 것이, 전통적으로 이어 내려온 교리라는 것을 다시 말할 필요가 있을까? 아우구스티노 성인은 가끔 신앙인들에게 다른 그리스도인들이 이룩한 온갖 훌륭한 일들을 함께 즐기라고 격려했다. "착한 일을 하는 곳 어디서든지 우리가 그것을 즐길 줄 안다면, 그것은 우리의 것이다."라고 말했다.[13] 특히 우리는 순교자의 영광을 함께 누려야 한다고 말하면서, 만일 우리가 행동으로 그들을 따를 수 없다면 마음으로나마 따라야 한다고 강조했다. 그리스도의 몸의 각 지체들은 서로 깊이 일치해 있기에, 한 지체는 그 자신만일 수 없고 다른 지체 안에서 완전한 것이 된다.

제6장 | 이웃이 주는 모욕

　만일 '이웃'이 하느님의 자비를 드러내기 위한 도구라면, 그들이 우리의 지성을 비춰 주거나 또 그들의 가르침과 표양만이 우리의 의지를 고무시켜 주는 것은 아니다. 데레사가 '바늘로 찌르는 고통'이라고 말한 것은 의식적이든 무의식적이든 간에 그들이 우리에게 상처를 입혀도 그들은 하느님의 자비를 드러내는 도구라는 점이다.

　데레사는 이웃에게서 받아야만 했던 모든 시련 뒤에, 그녀를 정화하고자 하시는 하느님의 손길을 보았기에, 그처럼 인내를 가지고 주위의 모순을 견디어 낼 수 있었던 것이다.

　인내란 사랑이 지닌 근본적 모습의 하나다. "사랑은 참고 기다립니다. …… 사랑은 모든 것을 견디어 냅니다."[1] 이 두 가지 표현은 아가페에 대한 바오로의 서술에서 볼 때, 인내는 사랑이란 어휘의 처음이자 끝이라고 생각된다. 그렇지만 이 두 표현이 동의어는 아니다. 처음의 표현이 기다릴 줄 아는 사람의 인내와 결점을 고친다는 것에 대한 어려움을 충분히 알고, 남에게 엄격하게 대하기보다는 너그러운 태도를 지녀야 함을 시사하고 있는 반면, 둘째 것은 우리로 하여금 모든 것을 견디게 하는 덕성, 이웃의 우둔함과 또 박해까지도 잘 참는 덕을 묘사하고 있다.

데레사가 지닌 인내에 대한 분석은 제3부에서 다룰 것이다. 인내란 사실, 데레사가 이웃을 사랑했던 바로 그 자비로운 사랑의 한 측면이기도 하다. 반대로 데레사가 자기 주위에서 오는 고통을 견디어 낸 그 방법은 여기 제2부에서 볼 수 있다. 실제로 데레사는 하느님에 대해, 자신의 의무에 대해 자매들이 일깨워 줄 때, 그들에게 존경심을 갖는 것처럼, 데레사는 그들이 자신의 자존심을 상하게 하는 것도 받아들이려고 노력했다. 이럴 때마다 데레사는 이웃을 자기의 영혼과 주님의 끝없는 자비 사이에 섭리적으로 마련된 중개자로 여겼다.

우리는 데레사가 이웃 때문에 고통을 당할 때 다음과 같은 두 가지 태도를 인식한다면, 좀 더 쉽게 그녀의 인내심을 이해할 수 있다.

첫째, 데레사는 이웃을, 하느님께서 영혼들의 정화를 위해 용광로를 거치게 하는 도구로 사용했다고 생각했다.

둘째, 데레사는 이웃을, 주님께서 우리를 사랑하시는 것과 같이 우리가 사랑해야 할 불쌍한 죄인으로 여겼다.

그래서 데레사는 이웃에게 모욕을 당해도 그들을 용서해 주었고 기회가 있을 때마다 그들을 위해서 희생을 바쳤다. 우리는 여기에서 데레사가 겪은 육체적인 고통, 즉 소녀 시절에 겪은 고통(끊임없는 두통)과 수도 생활에서 겪은 고통(복통, 병상에서 불로 지지는 것……)에 대해서는 이야기하지 않겠다. 다만 공동생활에서 오는 고통을 어떻게 인내롭게 감당했는지에 대해 간단히 살펴보겠다. 데레사는 커다란 시련(병, 죽음……)보다 사소한 작은 것들이 좀 더 견디기 쉬운 고통이라고 생각했다.

데레사는 즈느비에브 수녀(셀리나)에게 다음과 같이 말했다.

일반적으로 세상 사람들은 우리 수도자들을 보고 특별한 고통이 없으며, 있다 해도 사소한 것들이라고 말하지요. 그리고 그들은 참된 십자가는 수도원보다 세속에 있으며, 또한 그들은 이 세속의 십자가를 매우 일찍 만난다고 말합니다. 세속의 십자가가 크고 무거운 것도 사실이지요……. 그러나 수도원의 십자가는 매일 매일 바늘에 찔리는 것들이지요. 그러나 자신을 상대로 전개되는 싸움에서의 승리가 진정한 승리입니다. 부모와 형제들을 버리고 봉쇄 수도원 안에 들어온 많은 영혼들의 용기와 그들이 지닌 힘으로, 많은 사람들로부터 경탄의 대상이 되었던 그들이, 수도 생활의 십자가 앞에서 흔히 용기를 잃고 서 있는 경우를 봅니다. 이 속에 있는 제 자신도, 굳셀 거라는 생각과 달리 사소한 경우에도 쉽게 쓰러지는 영혼임을 확인했습니다. 그래서 자기 자신을 이겨 내는 것이 가장 위대한 승리이며 진실한 것입니다.[2]

실제로 우리는 우리 앞에 나타나는 사건들보다 우리의 변덕과 우리의 약한 의지 때문에 하느님의 뜻을 발견하기가 더 힘들다. 완전에 가까운 데레사의 인내와 체험을 통한 그녀의 가르침은 깊은 신앙에서 비롯된 것이다.

1. 데레사의 인내

1) 학교에서 받은 조롱

어릴 때부터 데레사는 그녀를 질투하는 나이 많은 친구들에게 조롱을 받았다. 그녀는 아무 불평 없이 이를 받아들이기 위해 많은 인내심이 필요했다. 자신을 변호하기에 너무나 수줍었던 데레사는 이에 대해 셀리나에게도 말하지 못하고 그저 우는 게 고작이었다. 이때부터 그녀는 변명을 하지 않는 원칙을 실천했지만, 아직 인생의 비참함을 초월할 만큼 충분한 덕을 갖추고 있지는 않았다.

훨씬 뒤, 데레사는 여기에 대해 아네스 원장 수녀(폴리나)에게 말했다.

저는 첫영성체 이후, 이 세상의 모든 위로를 제게는 모두 쓴맛으로 바꾸어 주십사고 예수님께 청을 드린 다음부터 고통에 대한 끊임없는 열망을 느꼈습니다. 그렇지만, 그것을 제 기쁨으로 삼을 생각을 하지 않았습니다. 이건 훨씬 나중에야 얻은 은총이었습니다.³

어린 시절의 데레사는 열렬하게 시련을 원했지만, 정작 고통에 부딪혔을 때 그녀는 울게 된다. 운 뒤에는 스스로 우롱당했음을 알고 비탄에 젖었으며, 울었다는 사실 때문에 그녀는 또다시 울었다. 그런데 1886년 성탄절에 참된 은혜를 받은 이후로는 이러한 일이 없어졌고, 시련이 올 때마다 웃으며 이를 받아들이게 된다. 그러나 학생 시절의 데레사는 자신을 괴롭히는 친구들을 예수님께서 자신의 영혼을 단련하기 위한 도구로 사용하셨다고는 생각하지 않았다. 데레사가 이러한 것을 깨닫고 실천할 수 있는 은총을 받게 된 것은 훨씬 나중의 일이다.

2) 수녀원 입회를 수위에서 반대함

1887년, 데레사는 15세의 나이로 가르멜수녀원에 입회 허락을 받기 위해 여러 차례 수녀원의 문을 두드린다. 그러나 번번이 거절을 당한 데레사는 무척 괴로워했다.

차라리 어떤 불가항력적인 장애(예컨대, 병 같은) 때문에 거절당하고 지연되었더라면 데레사는 하느님의 손길을 발견하고, 오히려 웃으면서 잘 참아 냈을지도 모른다. 그러나 데레사의 입회를 방해한 것은 바로 사람들이었다는 데 그 괴로움은 더 컸다. 먼저 게랭 씨, 그 다음엔 가르멜수녀원의 장상, 그녀의 주교, 마침내는 교황마저도 이를 반대했던 것이다.

1887년 11월 20일 두 명의 근위병에 이끌려 교황 레오 13세 앞에 나온 데레사는 눈물을 펑펑 흘렸다. 하지만 눈물을 흘리면서도 데레사는 마음 깊이 커다란 평화를 느꼈다. 그것은 그녀가 하느님께 응답하기 위해 힘이 닿는 한 최선을 다했다고 생각한 때문만이 아니라, 속마음을 알아보려고 당신의 작은 공을 꿰뚫고 싶어 하신 예수님의 손길을 느꼈기 때문이다.

사람들의 반대 뒷면에서 데레사는 바로 예수님의 손길을 발견했다. 그것이 바로 그녀를 그토록 인내 안에서 평화롭게 했던 것이다.

3) 엄격했던 곤자가의 마리아 원장 수녀

데레사는 가르멜수녀원에서 무엇이 그녀를 기다리고 있는지 잘 알고 있었다. 데레사는 인간의 공동생활은 온갖 불쾌한 충돌과 거절을 내포할 수밖에 없다는 것을 이미 파악하고 있었다. 그래서 그녀는 수도 생활에 대한 환상을 품지 않았다. 이것을 데레사는 자신의 첫 번째 『자서전』에서 가르멜수녀원의 초기 생활을 이야기하면서 밝히고 있다.

항상, 선하신 하느님께서는 제가 가르멜수녀원에 들어갈 때 아무런 환상도 품지 않는 은총을 허락하셨습니다. 저는 수도 생활이 제가 생각했던 바 그대로인 것을 발견했고, 어떠한 희생이 요구되어도 놀랍지 않았습니다. 그렇지만 사랑하는 어머니, 아시다시피 제 첫걸음은 장미보다는 가시를 더 많이 만났습니다.[4]

사실상 곤자가의 마리아 원장 수녀는 이 어린 청원자를 상냥하게 다루지 않았다. 원장 수녀의 엄격함이 데레사로 하여금 '지극히 인간적인 방법'으로 원장 수녀에게 애착하지 못하게 하였다는 사실을 우리는 이미 앞에서 살펴보았다. 다만 여기서 우리의 관심을 끄는 것은 곤자가의 마리아 원장 수녀가 데레사에게 모욕을 주었을 때, 데레사가 보인 태도다. 데레사는 예수님께서 자신의 원장 수녀를 '공동체의 장난감'이 되지 않게 하시려고 사용하신 도구로 여겼다. 선하신 하느님은 당신을 대신하는 원장 수녀 안에서 드러나게 활동하셨던 것이다.

그래서 데레사는 수도 생활 초기 몇 년 동안 자신을 엄격하게 대해 준 원장 수녀에 대해 열렬한 존경과 특별한 사랑을 평생 간직했다. 1897년 6월, 곤자가의 마리아 원장 수녀에게 쓴 데레사의 편지는 이것을 잘 보여 준다.

원장 수녀님, 원장 수녀님께서는 당신께 받은 강하고도 자애로운 교육에 대해 제가 어떻게 생각하고 있는지 제 어린 시절의 추억이 담긴 노트를 보시면 아시게 될 것입니다. 저를 응석받이로 키우지 않은 것에 대해 깊이 감사드립니다. 예수님께서는 당신의 작은 꽃(小花)에 겸손이라는 생명의 물이 필요하다는 것을 잘 알고 계셨습니다. 이런 도움 없이 뿌리내리기에 이 작은 꽃은 너무 약했습니다. 바로 이 은혜를 받게 해 주신 분이 원장 수녀님이십니다.[5]

데레사가 지극한 인내와 순명으로 원장 수녀의 질책을 감수했다면, 그것은 그녀가 원장 수녀를 예수님께서 겸손의 은혜를 주시려고 택한 중개자로 여겼기 때문이다. 수도회의 규칙을 실천하면서 원장 수녀나 수련장 수녀가 한 모든 충고에 철저히 따랐던 데레사의 영웅적인 순명을 이해하려면, 희생의 기회를 단 한 번도 흘려버리지 않으려 했던 그녀의 소망을 언제나 잊지 말아야 한다. 데레사는 이 점을 아주 명백히 즈느비에브 수녀에게 말했다.

> 우리는 무엇보다도 안이한 삶을 우리 자신에게 허락해서는 안 됩니다. 순교자가 되기를 원하는 그만큼 우리는 수도 생활을 함으로써 순교를 하고, 또 순교를 하게 하는 도구로 쓰여야만 합니다.[6]

이런 이유에서 데레사는 장상의 명령뿐 아니라 공동체 자매의 가장 사소한 지시에까지 순명했다. 어느 날 공동체가 은둔소에서 찬미가를 부르려고 모였을 때, 병으로 기진해 있던 그녀도 그곳에 앉아 있었다.

그때 어느 자매가 데레사에게 일어나라는 표시를 하자 그녀는 상냥하게 웃으며 즉시 그대로 했다. 모임이 끝난 후 어떤 이가 데레사에게 어째서 맹목적으로 순명을 하는가 하고 묻자 데레사는 다만 "사소한 것에서도 마치 하느님께서 당신 뜻을 나타내신 듯해서 순명하는 데 습관이 되어 있다."라고 대답했다.[7]

데레사는 원장 수녀뿐 아니라 수녀원의 모든 자매들에게서 하느님의 목소리를 들었다. 데레사에게 모든 수녀들은 하느님께서 당신의 뜻을 전하시려고 사용하신 대변자였던 것이다. 이 뜻이 고통스러운 것이었어도 데레사는 무척 행복해 했을 것이다.

4) 바늘에 찔린 듯한 고통

데레사보다 몇 달 앞서, 1887년 12월 23일에 수녀원에 들어온 예수의 마르타 수녀는 데레사의 수련 동료였으며, 데레사에게 많은 희생의 기회를 제공한 수녀다. 맡은 일에 지극히 헌신적이었던 마르타 수녀는 다소 부족한 지성과 반항심으로 다른 수녀들에게 어려움을 안겼다. 데레사는 그 수녀가 놀리는 주요 대상이었다. 청원기 동안 마르타 수녀는 남을 조롱하고 괴롭혔지만, 데레사는 휴식 시간이 되면 언제나 그 수녀 옆에 앉아 있었다. 다른 수녀들이 그 수녀를 피할 때, 데레사는 그녀의 옆에서 그녀의 어리석은 말을 겸손하게 들었다.

데레사가 마르타 수녀의 조롱에 무심했던 것은 결코 아니었다. 다만 데레사는 그녀의 말들을 조롱으로 여기지 않으려고 노력했다. 1889년 1월, 데레사가 아녜스 수녀에게 고백한 것처럼, 마르타 수녀의 말은 사실 착복 피정 동안에 데레사에게 바늘로 찌르는 고통이었다. 그렇지만 데레사는 이러한 아픔 속에서도 하느님의 손길을 놓치지 않으려고 했으며, 사랑과 인내로써 그것들을 견디어 냈다.

제가 피정을 하는 동안 정말 너그러울 수 있도록 예수님께 빌어 주십시오. 그분은 저를 핀으로 찔러 구멍을 뚫으시고, 가엾은 작은 공은 더 구멍 낼 자리가 없습니다. 예수님 곁에는 아무것도 없습니다. 무미건조…… 그렇지만 적어도 침묵이 있습니다. 침묵은 영혼에게 유익함을 줍니다. 그렇지만 피조물들은…… 오, 피조물들……, 작은 공은 그들에게서 전율을 느낍니다. 다정한 친구이신 예수님께서 당신의 공에 구멍을 뚫으실 때의 고통은 오직 감미로울 뿐이며 그분의 손은 지극히 부드럽습니다……. 그렇지만 피조물들은…… 저를 둘러싸고 있는 그들은 지극히 선량하나 무엇인지 모르지만 저를 억압합니다. 그래서 저는 행복합니다. 예수님께서 제가 괴로워하기를 원하시고 그것으로 제가 고통을 당하는 것이 다행스럽습니다. 그분이 직접 당신의 작은 공을 찌르지 않으신다면 그를 찌르는 손길을 인도하시는 이는 바로 그분이십니다.[8]

한 달 후, 데레사의 아버지 마르탱 씨의 병이 매우 악화되어 결국 그는 2월 1일 캉에 있는 요양소로 옮기게 되었다. 데레사에게 이 날은 '주님께서 당신의 어린 약혼녀에게 주신 은총의 날'이 되었다. 데레사는 이 시련을 예수님께서 당신의 '충실한 종'과 '지극히 사랑하는 신부들'에게 주시는 특별한 사랑의 지표로 보았다. 그렇다고 인간적으로 덜 괴로운 것은 아니지만……. 데레사가 너무 일찍 수녀원에 입회한 것이 아버지의 건강을 해친 원인이 되었다고 주위에서 말을 들은 만큼 그녀의 괴로움은 컸다.

예수님께서 우리에게 가장 소중한 것을 모두 거두어 가시도록 그냥 두세요. 그분께는 어떤 것도 거절하지 마세요. 칼에 맞아 죽기 전에 바늘에 찔려 죽어 가도록 합시다.[9]

네, 진정 저는 이러한 마음의 번민, 바늘에 찔린 듯한 고통을 갈망합니다. 작은 갈대가 고개를 숙인들 무슨 소용이 있겠어요. 그는 자기에게서 무엇이 부서져 나가고 있는지도 모를 것이고 다만 예수님의 부드러운 손길만을 보고자 하니까요.[10]

정말 데레사가 주위에서 들은 불쾌한 비난을 잘 참아 낼 수 있었던 것은 그녀가 자기를 비난한 자매들을 용서했기 때문만이 아니라, 그들이 준 고통 안에서 그리스도의 손길을 보았기 때문이다. 이것은 그리스도께서 데레사를 자애심에서 완전히 벗어나게 하시고 영혼들을 구해 내는 방법을 그녀에게 주시기 위해 허락하신 시련이었다. 데레사는 만일 순교하고 싶은 자신의 뜻을 예수님께서 거절하신다면 매 순간의 고통을 통한 마음의 순교를 함으로써 그분이 주시는 기회를 놓쳐서는 안 된다고 생각했다. "칼에 찔려 죽기 전에 바늘에 찔려 죽자."라고 그녀가 셀리나에게 말했던 것도 이런 까닭에서였다.

5) 게랭 아저씨의 결정

아버지의 발병 이후 데레사는 게랭 아저씨가 자기 아버지와 셀리나 그리고 레오니아를 세심하게 잘 보살펴 준 것에 대해 여러 번 감사를 드렸다. 그런데 병환 중에 있는 아버지가 데레사의 수건(베일)을 받는 예식에 참석하느냐 않느냐 하는 결정이 그녀에게는 큰 관건이었다. 게랭 아저씨가 아버지께서 이 예식에 참석하지 못할 거라고 하자 데레사는 받아들이기 힘들었지만 이런 현실을 감당하기 위해 노력했으며, 이 결정에서 데레사는 주님의 뜻을 찾으려 했다.

1890년 9월, 데레사는 아버지의 건강이 좀 나았기에 아버지가 자신의 수건 받는 예식에 꼭 참석할 거라고 기대하고 있었다. 그런데 게랭 아저씨는 아버지의 건강이 악화될까 봐 걱정이 되어서 아버지의 참석을 단호히 반대한 것이다. 이 결정에 데레사는 깊은 충격을 받아 울기까지 했다. 3주일 전에 있었던 서원식 때 보였던 의젓한 모습과 다른 그녀의 이런 태도에 자매들은 놀랐다. 데레사는 서원식 때는 아버지의 참석이 어려울 거라고 예상했지만 수건 받는 예식만큼은 아버지가 오시리라 기대하고 있었던 것이다. 9월 23일에 그녀가 받은 실망의 고통은 컸다. 아버지를 뵙는다는 생각에 뛸듯이 기뻐했던 데레사는 갑자기 아버지가 못 오신다는 소식에 큰 충격을 받았고, 그것도 아저씨의 아버지에 대한 지나친 걱정 때문에 그렇게 된 것이었다. 데레사는 이러한 상황에서도 하느님의 뜻을 발견했다. 그래서 데레사는 이 일에 대해 셀리나에게 다음과 같은 글을 써 보냈다.

오늘은 정말 참아 내기 힘들 정도로 고통스러워요. 하지만 일을 이렇게 만든 분은 바로 예수님이에요. 저는 또 한 번 그분의 사랑 어린 손길을 느낄 수 있어요……. 이것을 행한 것은 손이 아니라 예수님이에요. 우리 눈에는 보이지 않지만 그분은 우리를 보고 계셨던 거예요.[11]

고통을 주는 사람들마저 데레사의 눈에는 모두 주님의 섭리에 따라 사용된 도구로 보였다.

6) 피송 신부의 계획

1894년, 데레사의 아버지 마르탱 씨의 병은 점점 악화되었다. 다가

오는 아버지의 종말을 예견한 셀리나는 수도 생활을 하기 위해 떠날 준비를 했다. 셀리나는 자기의 영적 지도자인 피숑 신부에게 이 사실을 이야기했고, 피숑 신부는 자신이 계획한 일을 착수하기 위해 그녀에게 캐나다로 오라고 하면서, 이 일에 대해서 가르멜수녀원에는 말하지 말라고 했다. 셀리나는 자매들과의 결정적인 이별을 생각하면서 몹시 괴로워했다.

마르탱 씨가 별세한 후 셀리나는 자신의 장래 계획을 가르멜 수녀인 자기 자매들에게 완전히 털어놓고 피숑 신부에게서 자유로워지는 것이 자신의 의무라고 생각했다. 이 소식을 접한 세 자매는 놀라움을 감추지 않았다. 데레사는 직접 자기 언니에게 편지를 써서 이 일로 마음이 아프다고 했다. 그러면서 데레사는 즉시 이 시련이 하느님에게서 온 것임을 셀리나에게 환기시킨다.

> 만일 언니가 성심의 마리아 수녀님의 말을 들었더라면, 분명히 놀랐을 거라고 장담해요……. 그 수녀님은 서슴없이 이렇게 말씀하실 거예요. 지극히 사랑하올 그 신부님이 스스로 속고 계시다고 말이에요. 하지만 그분은 예수님의 유순한 도구였을 뿐이니까. 저도 그분을 원망하고 싶지는 않아요…….[12]

1890년, 예수님의 손길이 게랭 씨의 지나치리만큼 인간적인 신중함을 이용해서, 데레사가 아버지에 대한 사랑을 정화하고 그녀를 하늘에 계신 성부께로 더욱 강력히 이끌어 가셨던 것처럼, 또한 예수님의 손길이 피숑 신부의 계획을 이용해서 셀리나와 데레사와의 결합된 자매간의 사랑을 정화하려고 하신 것이다. 이런 이유 때문에 데레사는 피숑 신부를 원망하지 않았다. 데레사는 피숑 신부가 왜 그렇게 행동했는지 그 동기를 애써 찾으려 하지 않았고 그 신부가 다만 '예수님의 유순한 도구'라는 점만을 생각했다.

데레사가 완전하게 인내할 수 있었던 것은 지극히 맑고 순수한 그녀의 신앙 덕분이다. 데레사는 자기에 대한 예수님의 사랑을 믿었으며, 그녀에게 인내를 요구하는 사람들은 모두 다 그녀에게는 이 무한한 사랑의 완성을 위한 도구들이라고 생각했다.

2. 인내의 대가(大家) 데레사

데레사는 인내를 통해서 수련자들의 영성적인 삶을 격려했다. 데레사는 또한 인내와 함께 좋은 표양을 보임으로써 그들을 가르쳤다. 수련자들은 자신들이 젊은 수련장인 데레사를 모욕했을 때 그 책임이 자신들에게 있는데도 수련장이 이를 기쁘게 받아들이는 것을 보고 탄복하지 않을 수 없었다. 데레사는 수련자들에게 인내를 권하기 위해 언제나 같은 진리를 계속해서 반복한다.

당신들에게 상처를 입히는 사람들을 하느님의 도구로 여기고 존경하십시오. 그리고 겸손하십시오. 여러분을 수련시키시는 분은 하느님이십니다.

데레사는 어느 날, 즈느비에브 수녀에게 이렇게 말했다.

수녀님이 누군가에게 몹시 화가 나 흥분해 있을 때, 평화를 되찾는 방법은 그 사람을 위해 기도하고 수녀님에게 고통의 기회를 준 그 자매에게 보상해 주시기를 선하신 하느님께 간청하는 것입니다.[13]

여기서 잠깐, 데레사의 심리 상태를 살펴보자. 가끔 수련자들이 이러저러한 자매와는 잘 지내기가 어렵다고 말해 올 때 그녀는 어렵고 호감이 잘 안 가는 자매 하나하나에 대해서 그들의 장점을 열심히 찾아보도록 노력하고, 아울러 외적인 노력도 멈추지 말라고 충고했다. 하지만 데레사도 이 방법이 불가능한 경우가 있다는 것을 체험으로 잘 알고 있었다. 즉 정확히 말해서 우리가 누군가에게 매우 격분해 있는 경우에 그러하다. 이웃이 지닌 그릇된 고집과 불의함 같은 것에 너무 정신이 집중되어 있을 때, 그의 장점에 대해 생각한다는 것은 불가능하다. 이런 경우에는 지나가는 폭우 아래 고개를 숙이는 것처럼 자신을 받아들이고, 이처럼 고통당하도록 우리에게 기회를 마련해 준 그 사람을 위해 조용히 하느님께 기도하는 것으로 만족해야 한다. 달리 말해서 그 사람을 그 사람 자체로서, 우리에 대한 하느님의 자비심을 드러내기 위한 도구로서 사랑해야 한다는 것이다. 부정적인 유혹을 이겨 내기 위해, 형제(자매)애에 호소할 것이 아니라, 먼저 하느님의 사랑 안에서 신앙에 호소해야 한다는 것이다.

데레사는 내적으로 인내와 고통을 받아들일 자세가 되어 있어야만, 우리를 괴롭히는 이웃들의 진가를 찬찬히 살펴볼 여유가 생긴다고 생각했다.

현실적인 삶 안에서 데레사는 이러한 방법을 포기하지 않았다. 그래서 데레사는 수련장의 소임을 맡고 있을 때, 수련자들이 겪는 내적 갈증을 무마하려고 애를 썼으며, 이 유혹을 극복하는 최상의 방법은 무엇보다도 먼저 자신을 하느님의 손에 완전히 맡기고 자신을 그분의 인간적인 수단으로 여기는 데 있음을 재빨리 간파했다.

우리를 괴롭히거나 칭찬하는 사람들을 어떻게 대해야 하는지 가르멜수녀원에서는 이에 대해 어떻게 가르치는지 예수의 데레사(대데레사) 성녀의 자서전인 『영혼의 성』에서 찾아볼 수 있다.

우리를 참으로 고통스럽게 하는 일은 아무 이유도 없이 드러난 자리에서 남에게 칭찬을 받는 일입니다. 이 칭찬을 대단한 것으로 생각하지 않는 사람은 누가 욕설을 해도 무관심합니다. 무관심할 뿐만 아니라 오히려 욕을 듣는 것을 흐뭇해 하고, 마치 구성진 음악처럼 듣습니다. 이때 영혼은 기가 꺾이기는커녕, 되레 생기가 솟습니다. 그는 이런 일(남의 욕)을 통하여 얻은 이익이 막대하다는 것을 이미 경험을 통해 배웠습니다. 그래서 그는 사람들이 자기를 박해할망정 하느님께 죄 되는 짓은 하지 않는다고 믿습니다. 무엇보다도 그는 하느님께서 자기를 크게 해 주실 것이라고 믿기 때문입니다. 이러한 확신으로 자기를 괴롭히는 이들에게 매우 상냥한 사랑을 품게 되고, 자기를 치켜세우는 그들보다 더욱 가까운 형제들처럼 느끼게 되는 것입니다.[14]

데레사는 하느님께서 자신을 더 풍요롭게 하시려고 자매들이 자신을 부당하게 대했다고 생각했다. 그러기에 데레사는 그러한 자매들에게 한층 더 특별한 사랑을 품었다. 그 가운데 곤자가의 마리아 원장 수녀에 대해서는 언제나 이러한 사랑을 되새기게 해 주었기에 감사한 마음이 들었다.

가르멜수녀원의 개혁자인 아빌라의 데레사(대데레사) 성녀가 충고한 대로 소화 데레사는 별로 중요하지 않은 일에까지도 수녀원의 모든 자매들에게 순명하려고 노력했다.

집안(수녀원)에서 당신 자매들이 당신에게 청하는 것에 부당한 점이 없다면 언제나 순명해 주십시오. 그리고 겸손하고 온유하게 그들에게 답하십시오.[15]

그리고 이 개혁자 성녀는 우리의 잘못을 지적하거나 모욕을 주는 사람들을 위해서 기도해 주라고 권고했다.

어떤 점에 대해 야단이나 지적을 받았을 때, 참된 겸손을 지니고 충고해 주는 것을 받아들이십시오. 그리고 당신에게 그렇게 해 준 그 사람을 위해서 하느님께 기도하십시오.[16]

십자가의 요한 성인도 수도자의 완덕에 대한 원리를 요약한 가운데 다음과 같은 말을 쓰고 있다.

공동생활에서, 또 이웃과의 관계에서 부딪힐 수 있는 모든 불완전함과 불화를 피하기 위해 첫째로 주의해야 할 점은(자기 자신을 이기고 감성적인 본성을 이탈하기 위해) 본인이 이 수도 단체에 들어온 이유가 공동생활에서 생기는 모든 일에서 영적 이익을 얻기 위한 것과 같이, 또한 본인은 형제에게서 시험과 단련을 받기 위함이라는 것을 분명히 인식해야 하는 것입니다. 수도원의 모든 형제들은 바로 당신을 양성할 책임을 맡은 사람들이라고 확신할 필요가 있다는 것입니다. 이것은 현실적인 진리입니다. 어떤 형제는 말로 또는 행동으로, 또 다른 형제는 당신에게 부정적인 비판을 가할지도 모릅니다. 당신은 언제나 모든 사건 앞에서 조각가나 화가나 장식 미술가의 손에 있는 초상처럼 순명하도록 하십시오. 만일 그렇게 하지 않는다면 당신은 주위의 형제들과 조화를 이루지 못하고, 결국 참된 내적 평화도 얻지

못할 뿐더러 이 어려움을 피하지 못할 것입니다.[17]

  십자가의 요한 성인에 따르면 함께 수도 생활을 하는 모든 형제(자매)들은 바로 우리의 인내를 단련하게 해 주는 존재들이라는 것이다. 이웃은 하느님께서 우리를 수련시키기 위해 사용하시는 도구들이다. 그러므로 우리는 이웃을 통해 단련되도록 현명하게 처신해야 할 것이다.
  자신을 괴롭히던 자매들을 데레사는 '예수님의 양순한 도구'들로 여겼다. 그리고 데레사는 그들로부터 받았던 '바늘로 찌르는 듯한 고통' 뒤에 숨어 계신 예수님의 부드러운 손길만을 보려고 노력했다. 역시 이런 표양을 보여 줌으로써 그녀는 수련자들에게 인내를 북돋아 주려고 했다. 자매들에게 비난을 받거나 억울하게 야단맞는 것을 참고 이를 받아들이려고 노력하고 더 나아가 우리에게 고통받는 기회를 준 그들을 위해 하느님께서 후하게 보상해 주시도록 기도해야 한다.
  이웃에게 받는 상처와 부당함 앞에서 데레사가 권하는 이 수동적인 태도에 반론을 제기할 수도 있을 것이다. 인내와 순명이라는 구실 아래 어쩌면 우리는 게으름과 비겁함의 유혹에 지극히 간단하게 굴복해 버리고, 세상에 있는 악의 존재를 근절시킬 방법을 모색하는 대신 그것에 자신을 맡겨 버리는지도 모른다.
  제3부에서 우리는 데레사가 수련자들에 대해서 자매적 충고의 의무를 얼마나 인내를 가지고 실천했는가를 살펴볼 것이다. 우리는 성녀가 싸움을 겁내지 않았고, 또 그녀를 둘러싸고 있는 악의 존재에 대

해 결코 체념하지 않았음을 깨닫게 될 것이다.

데레사는 이웃의 행동에 어떤 변화를 일으키기 위해서는 "부드러움이 격함보다 훨씬 가치가 있다."는 사실을 잘 알고 있었으며, 단지 자애심의 충동에 따라 이들에게 관심을 보이는 행동 따위는 하지 않겠다는 것을 원칙으로 삼고 있었다. 왜냐하면, 이런 식은 아무런 선행이 될 수 없다고 생각했기 때문이다.

끝으로 데레사는 자기 주위에서 주는 고통들을 자기 성화와 예수님께 자신의 사랑을 증거하는 수단으로 이용하면서도, 주위에서 범하는 모든 잘못들을 다 정당하다고 생각하지 않았다.

이웃의 심술이 우리에게 인내심을 발휘하도록 하는 한 그것은 악이 아닐 것이다. 다만 "사랑이신 그분께서 사랑받지 못한다."는 생각이 그녀를 괴롭혔다.

바오로 사도가 우리에게 가르쳐 주듯 데레사는 자기 앞에 일어나는 악을 이용해서 선을 이끌어 낼 줄 알았다.[18] 말하자면 인간 사이에서 일어나는 고통 위에 있는 하느님의 사랑의 뜻을 알았다. 그리스도인의 전통에 따라 데레사는 인간들의 나쁜 의향 뒤에 숨어 있는 하느님의 사랑을 경탄했던 것이다.

제7장 | 이웃과 자신의 비교

소화 데레사의 영성에서 영적 가난에 대해 많은 연구가 있었다. 영적 가난이란 이웃 앞에서 갖는 영혼의 태도가 아니라 창조주 앞에 선 피조물이 지녀야 할 기본적인 태도이며, 이것은 하느님의 도움 없이는 근본적으로 무능력함을 느끼는 것이다.

여기서 우리는 데레사가 지닌 영적 가난에 대해 이웃이 차지하고 있는 위치를 고찰해 볼 것이다. 데레사가 자신의 연약함을 의식하는 데 이웃들이 정말 도움이 되었을까? 데레사의 겸손을 살피면서 우리는 이미 그녀가 다른 자매들에게서 자신이 불완전하다고 평가받는 것을 다행으로 여겼음을 알 수 있었다. 이러한 이웃의 판단은 그녀가 아직도 끊임없이 하느님의 자비가 필요한 작은 영혼임을 강하게 의식하도록 했다. 그러므로 데레사에게 보내는 시선과 판단은 그녀가 자신의 연약함을 의식하는 데 도움이 되었다.

몇몇 문헌들은 데레사가 진정으로 남들에 대한 열등함을 느꼈다고 쓰고 있다. 그녀는 "나는 작은 영혼일 뿐입니다."라고 수없이 말했다. 이 말 속에는 데레사가 이웃과 자신을 비교한 듯한 인상을 강하게 풍기고 있다. 데레사는 자신보다 더 작은 영혼을 이 세상에서 찾을 수 없다고 썼다. 그래서 데레사는 여러 전기에 나오는 성인들처럼 굉장한 고행을 하는 대신에 그녀가 할 수 있는 모든 작은 일들 안에서 사랑을 키우려고 노력했다.

이 장에서 우리는 데레사가 자신을 남들과 비교해 본 여러 면을 살피면서 이러한 비교가 그녀의 영적 가난에 대한 감수성에 어떤 역할을 했는지를 보겠다.

1. 선천적 자질의 비교

데레사는 어릴 때부터 자신과 이웃을 비교했었다. 특히 학교에서는 기숙사 생활을 시작하자마자 자신이 다른 이보다 우월하다는 것을 의식했다. 데레사는 그 당시 학급에서 가장 어렸지만 늘 '일등'이었다. 그녀는 과히 나쁘지 않은 자신의 기억력에 만족했다. 교리 문답을 외운다는 것이 확실히 어려웠는데도 그녀는 이 과목에서 언제나 일등을 했다. 그뿐 아니라 『준주성범』의 모든 장을 거의 외울 정도였다. 그리고 자신의 표현력이 나쁘지 않음도 알고 있었다. 어렸을 때부터, 남들이 그녀에게 우화를 낭독시키면 그에 꼭 알맞은 음성과 표현을 찾아내서 읽었고, 좀 커서는 기숙사에서 친구들에게 얘기를 들려 주기를 좋아했는데 그 내용들은 대부분은 그녀가 창작한 것들이었다.

아저씨 댁에서는 반대로, 데레사는 '무능하고 서툴기만 한' 순진한 어린애로 통했다. 그녀는 수줍어 했고 고양이 같은 필체와 철자법의 실수는 환영을 받지 못했으며, 서투르고 어색한 바느질은 남들의 웃음을 샀다. 하지만 나중에 데레사는 이런 것들을 하나의 은총으로 여겼다. 선하신 하느님은 그녀가 겸손해질 수 있도록 그녀를 보호해 주셨던 것이다. 그러나 그 당시 아저씨의 별 유익하지도 않은 견해, 또 친구들의 조롱이 데레사에게 일종의 열등감을 느끼게 했다.

데레사는 사람들의 칭찬을 별로 듣지 못했기 때문에 자신은 전혀 재능이 없는 줄 알았다고까지 말했다. 아마 데레사도 그 당시에는 남들에게 칭찬받기를 바랐을 것이다.

데레사가 14세까지 자신이 친구들에 비해 열등하다고 여겼다면, 그것은 그녀가 지나치게 감수성이 예민하기 때문이기도 하지만 그녀가 매우 수줍음을 탔기 때문이었다. 1887년 성탄 전날 밤에 그것도 '일순간에' 그녀가 지나치게 예민한 감수성에서 풀려났을 때, 이미 영적 가난에 대한 의식은 그녀의 영혼 속에서 깊어 갈 때였다. 그러므로 이것은 데레사가 어린 시절부터 고통을 당해 온 지나치게 예민한 감수성과 연결되어 있는 것은 아니었다.

1887년 14세가 되던 해, 데레사는 '지식에 대한 욕망'에 사로잡혔다. 데레사는 특히 역사와 과학 분야에 매우 관심이 많았다. 하지만 이 학문에 대한 데레사의 애착은 열등감에서 나온 것은 아니었다.

가르멜수녀원에서 데레사는 역시 자신이 판단이나 지적인 면에서 결코 부족하지 않다는 것을 깨닫게 된다. 하느님께서는 데레사에게 사랑하는 폴리나처럼 그림을 그릴 수 있게 하시고, 또 그녀처럼 자신의 내적인 생각들을 시로 표현하도록 해 주셨다. 그러므로 데레사가 자신을 지극히 작은 영혼으로 여길 수 있었던 것은 타고난 자질에 대해 자신을 남과 비교한 데서 나온 것은 아니다. 영적 가난은 열등감이나 남들보다 은총을 덜 받았다는 느낌과는 아무런 관계가 없는 것이다. 오히려 영적 가난은 하느님의 도움 없이는 아무것도 할 수 없다는 느낌인 것이다.

2. 고행의 비교

수도 생활 처음부터 데레사는 위대한 성인들이 열성적으로 행한 어려운 고행들을 수행할 준비가 아직 되어 있지 않았다고 생각했다. (그녀는 여러 성인들의 큰 고행에 비해 작은 희생으로 만족해야 했다.) 이러한 생각이 그녀로 하여금 '작은 이'의 의식을 갖게 한 요인인 듯 싶다. 데레사가 '작은 희생의 고행'을 결정적으로 택하게 된 이유를 우리는 프

티토 신부의 저서에서 볼 수 있다.[1]

가르멜 수녀로서 지낸 처음 몇 개월간 데레사는 특별한 고행이 자기에게 맞지 않는다는 것을 체험을 통해 깨달았다. 즉, 이런 고행을 하기에는 데레사의 건강이 너무 약했다. 데레사는 침이 달린 철사로 만든 허리띠를 너무 오래 착용해서 병에 걸리고 말았던 것이다.

이로써 데레사는 의무 이상의 육체적 고행을 지나치게 추구할 때, 거기에는 많은 위험이 있다는 것을 깨달았다. 즈느비에브 원장 수녀와는 달리, 곤자가의 마리아 원장 수녀는 격렬한 고행에 대해 많은 매력을 느꼈다. 그래서 그녀는 쐐기풀로 엮은 채찍으로 자신을 때리기도 했다. 데레사는 피가 맺히도록 험한 고행을 하는 수녀들이 곧 완전한 수녀인 것은 아니라는 사실을 알았고, 과도한 육체적 고행에는 자애심을 키우는 부정적인 요소도 있음을 알았다. 설령 모든 수녀들이 자애심에 빠질 위험은 피한다 하더라도 지나친 고행은 건강을 해치고, 나아가서는 그들의 신분이 명하는 의무를 정상적으로 수행할 수 없는 위험이 있었다. 그러나 아주 어려서부터 매일 매일 작은 희생을 통해 습관이 된 작은 고행은 이런 위험을 안고 있지는 않았다. 그래서 데레사는 격렬한 고행을 실천하는 것보다 매일 매일의 작은 고행을 실천하는 것이 가치 면에서 결코 뒤지지 않는다고 생각했다.

데레사는 자신이 옳다는 것을 천사가 복자 쉬소에게 들려준 말에서 찾아냈다. 쉬소는 매일 아주 고통스러운 육체적 고행에 전념하고 있었는데, 어느 날 천사가 "너는 이제까지 일개 사병과 싸웠다. 이제 내가 너를 참된 기사로 무장해 주겠다."라고 말했다는 것이다. 천사는 쉬소에게 육체적 고행보다 영적 투쟁이 더 우월하다는 것을 깨닫게 해 주고 싶었던 것이다.²

그래서 데레사는 자기가 격렬하고 또 의무 이상의 육체적 고행을 행하지 않았다고 해서, 다른 성인들에 비해 열등하다고는 생각하지 않았다. 그녀는 하느님께서 친절하시게도 자신을 '단순한 일개 병사'로 두시 않으시고 단숨에 기사로 무장해 주셨다고 생각했다. 데레사는 가르멜수녀원의 규칙과 회헌에 있는 사소한 점 하나하나를 성실하게 지켜나갔다. 또한 성령의 감도하심에 완전히 순명하려면 얼마만한 영웅적인 용기가 요구되는지도 알고 있었다. 데레사는 이러한 '사소한 것'들이 성인들의 엄청난 고행에 못지않게 예수님을 기쁘게 해 드린다는 것을 잘 알고 있었다.

데레사는 '작은 고행들'을 잘 실천함으로써 나중에 하느님께서 '평범한 길'을 걷도록 불러 주시는 작은 영혼들에게 자신이 길잡이와 모범이 될 수 있으리라 생각했다. 사람들은 데레사의 삶에 특별한 것이 아무것도 없기 때문에 결국 그들은 그녀의 모범적인 마음의 성향에 관심이 쏠린 것이다. 데레사는 차츰 자신의 사명은 철저히 숨어 있는 '작은' 덕행의 가치와 '하찮은' 일에 성실하게 임하는 것이 얼마나 중요한 것인가를 세상에 알리는 데 있음을 깨달아 갔다. 바로 이것이 데레사가 '작은 일'의 고행에 몰두하게 된 큰 이유이기도 했다.

데레사는 이러한 고행의 관점에서 자신을 이웃과 비교했으며, 자신을 지극히 하찮고 사소한 일을 행하는 데 만족하는 작은 영혼들의 대열에 기꺼이 놓았다. 그럼, 이런 비교가 그녀의 영적 가난에 대한 생각을 좀 더 강화하는 데 도움이 되었을까?

이 질문에 적절히 대답하기 위해 '작은 길'에 대해 잘 알아 두는 것이 중요하다. 데레사가 자신을 작은 영혼의 하나로 여겼다면, 그것은 우선 그녀와 또 그녀가 책임지고 이끌 작은 영혼들이 해야 하는 '작은 고행' 때문이기도 하다. 작은 영혼들은 평범하고 단순한 행동을 할 수밖에 없으며, 이런 사실은 바로 그들이 어린이를 닮았다는 것이다. 데레사가 스스로 작은 영혼임을 자처하는 이유는 하느님의 도움 없이는 아무것도 할 수 없다는 의식을 지녔기 때문이기도 하다. 이런 의미에서 모든 그리스도인은 '작은 영혼'이 되어야 하고 어린아이가 아버지께 모든 것을 기대하듯, 하늘에 계신 아버지께 모든 것을 기대해야 한다.

1897년 7월 17일, '작은 길'에 대한 정의를 말해 달라는 아녜스 원장 수녀(폴리나)의 청에 데레사는 다음과 같이 대답했다.

> 어머니, 그것은 영적인 어린이의 길로서 전적인 포기와 신뢰(영적 가난의 요소)의 길입니다. 저는 이 작은 길의 방법을 사람들에게 가르쳐 주고 싶습니다. 이 세상에서 해야 할 일은 한 가지밖에 없습니다. 언제나 예수님께 작은 희생의 꽃송이를 바치되 미소 지으며 하라는 것입니다.[3]

신뢰를 바탕으로 한 영적 가난에 대한 의식과 작은 고행의 실천은 데레사가 말한 '작음'의 서로 다른 두 가지 요소다. 그런데 첫째 것이 둘째 것보다 훨씬 기본적인 것이다. 데레사가 영혼들을 이 '작은 길'로 이끌고 싶은 이유는 이 길이 작은 희생의 길이기 때문만이 아니라, 신뢰를 바탕으로 한 전적인 포기의 길이기 때문이다. 이런 점에서 이 작은 길은 영성적인 많은 길 가운데 하나가 아니라, 그리스도인이 받아들여야 하는 유일한 길이기도 한 것이다.

확실히 작은 고행의 실천은, 심한 고행의 실천 뒤에 따라오는 자기 만족의 유혹에 떨어질 위험이 적다. 한 영혼이 고행 안에서 이러저러한 성과를 이루는 것이 아니라, 하느님 안에서, 겸손하고 신뢰하는 그 속에서 어떠한 유혹도 받지 않고 성과를 이룬다. 데레사가 아녜스 원장 수녀에게 고행의 도구가 자칫 잘못하면 위험을 초래할 수 있다는 것과 육체적 고행보다 정신적 투쟁이 더 우월하다고 얘기하던 그날, 성성에 이르는 마음은 '영적 가난 – 신뢰'라는 복합적인 것에서 형성된다고 밝힌 것은 매우 주목할 만한 일이다.

> 성성은 이러저러한 실천에 있는 것이 아니라 주님의 손 안에서 작고 겸손한 어린이처럼 되려는 마음에 있습니다. 즉 우리의 약함을 인정하면서 아버지의 인자하심에 대담할 정도로 신뢰를 두는 마음에 달려 있습니다.[4]

끝으로 작은 희생으로 하는 고행은 분명히 영적 가난함을 준다고 말할 수 있다. 그런데 우리는 이것이 다른 원천에서 양육되고 있음을 볼 수 있을 것이다.

3. 불완전함의 비교

데레사에 관한 문헌들을 읽어 보면, 그녀는 사실 진심으로 자신이 남보다 불완전하고 연약하다고 여겼음을 엿볼 수 있다. 그 예로 데레사가 1897년 6월 7일 즈느비에브 수녀(셀리나)에게 다음과 같이 쓰고 있다.

우리는 이따금 자신이 빛나는 그 무엇을 갈망하고 있다는 것에 자신이 스스로 놀랄 때가 있습니다. 그럴 때일수록 우리는 자신을 불완전한 사람들 가운데 하나라는 것을 겸손되이 인정하고, 매 순간 선하신 하느님께서 지켜 주셔야만 되는 작은 영혼임을 생각합니다.[5]

데레사는 『자서전』 첫머리에서 자신의 자애심에서 벗어나야 한다고 예를 들어 설명하고 있다. 청원기 시작 총고백을 했을 때, 피숑 신부의 권고에 그녀는 놀라지 않았다.

'선하신 하느님께서 당신에게 해 주시는 일에 감사하시오. 만일 그분께서 당신을 돌보지 않으셨다면 작은 천사가 되는 대신 작은 악마가 되었을 것입니다.' 아! 저는 참으로 이 말을 쉽게 믿을 수 있었습니다. 제가 얼마나 연약하고 불완전한지를 깊이 느꼈습니다.[6]

데레사는 덕행으로 어려움을 초월한 영혼들과 자신을 비교해 볼 때, 그녀는 참으로 그들보다 열등하다고 느끼지 않았을까? 어려움을 뛰어넘어 극복하는 대신에, 그녀는 그 속을 통과하는 것으로 만족해야 했다. 그리고 현실적으로 데레사는 어려움을 이겨 내기 위해 자신의 비천함을 느끼는 방법이 탁월하다는 것을 알았다. 모든 영혼들은 예수님을 기쁘게 해 드리기 위해 자신들의 왜소함과 가난함을 사랑하면서 자신의 불완전성들을 걸러야만 한다는 것이다. 바로 여기에 우리의 성성이 있다. 덕행으로 어려움을 초월하려 애쓴 영혼들은 분명 자기들의 연약함을 온순히 잘 받아들이려 했을 것이다. 바로 이 점에서 데레사는 이들에게 크나큰 연민을 느꼈다. 그러기에 데레사는 '작은 길'의 현명함을 입증하려고 애썼다.

욕망도 덕도 없는 약한 사람일수록 하느님 사랑 안에 쉽게 타 버리고 변화됩니다. 오직 희생자가 되려는 원의가 가득 차야 합니다. 항상 가난하고 힘없는 자로 남아 있는 데 동의해야 합니다. 바로 여기에 우리의 어려움이 있으며, 진정한 마음의 가난이 있는 것입니다.[7]

데레사는 자신이 약하고 불완전한 영혼들 사이에서 생활한다는 것을 언제나 잊지 않았다. 그리고 그녀는 자신에게 자기의 작음과 무능력을 보여 주신 하느님께 감사를 드렸다. 전능하신 분께서 데레사에게 행하신 일 중에 이것이 가장 큰 일이었다. 또한 이것은 진정한 기쁨의 원천이기도 했다.

지칠 줄 모르는 참된 기쁨은 자신에 대한 경멸 안에서 길어 내는 기쁨이다.[8]

데레사는 수련자들을 돌보고 그들의 어려움에 대한 이야기를 들어주면서 그들이 이미 데레사 자신에게는 어느 정도의 정리가 된 자애심이나 질투에 대한 문제로 유혹당하고 있음을 알았다.

어머님(곤자가 마리아 원장 수녀), 만일 제가 이 감정들을 느껴 보지 못했더라면 우리 본성이 지닌 이 슬픈 감정들을 당신께 그렇게 잘 설명해 드릴 수 없었을 것이며, 또 만일 당신께서 당신의 귀여운 어린 수련자들이 받는 유혹에 대해 알아보라고 명하지 않으셨다면 그런 유혹이 제게만 찾아온 것이라는 환상에 젖어 있었을 것입니다.[9]

이런 면에서 볼 때, 데레사는 자신이 느끼는 유혹과 불완전함을 자매들의 것과 비교하는 가운데서 자신의 영적 가난에 대한 근거를 발견한 것은 아니었다. 그러면 데레사의 영적 바탕이 된 것은 무엇이었는가? 그것은 데레사가 인간의 자유가 얼마나 깨지기 쉬운지를 생생하게 의식하는 것이었다. 그녀는 자신에게 참된 것이 남들에게도 역시 참되다는 것을 알고 있었다.

매우 일찍부터 데레사는 인간의 자유가 얼마나 깨지기 쉽고 약한 것인가에 대해서 지극히 예리한 감각을 지니고 있었는데, 그렇다고 그것이 그녀에게 고통을 준 것은 아니다. 그것은 데레사가 언제나 자신의 자유를 전능하신 분의 손에 맡겨 놓고 있었기 때문이다.

> 완덕이 제 앞에 나타났을 때, 저는 성녀가 되려면 많은 고통을 당해야 하고, 언제나 가장 완전한 것을 추구하고 자신을 잊어야 한다는 것을 알았습니다. 완덕에는 여러 단계가 있으며 영혼은 각자 자유롭게 주님의 말씀에 응답할 수 있고, 그분을 위해 적게 일할 수도, 또 많이 일할 수도 있다는 것, 즉 한마디로 그분이 요구하시는 희생 중에서 선택할 수 있다는 것을 알았습니다. 그런데 아주 어린 시절, 저는 이렇게 외쳤습니다.
>
> '하느님, 저는 모든 것을 선택합니다. (……) 저는 단 한 가지, 제 의지를 지키려는 것, 그것만이 두렵사오니 제 의지를 가지십시오. 왜냐하면 저는 당신이 원하시는 모두를 택했으니까요.' [10]

데레사는 이 기도를 하느님과 자신이 일치하게 된 1884년 5월 8일,

첫영성체 때 다시 하게 된다.

데레사는 주인이고 임금이신 하느님께 자신의 자유를 앗아가 달라고 청했다. 데레사는 자신의 자유가 위험스러웠고, 영원히 하느님의 힘에 결합해 있기에는 자신이 너무나 약하고 깨어지기 쉽다고 느꼈기 때문이었다.

하느님의 빛이 그녀의 영혼 안에 깊이 스며들고, 망덕이 그 영혼 안에 깊어질수록 데레사는 자신의 연약함과 불완전함을 더욱 깨달아 갔다. 그러나 이러한 체험이 절대로 그녀에게 씁쓸한 맛을 일깨우지는 않았다.

자신이 연약하고 매우 작다는 것을 느끼는 것은 얼마나 달콤한지 모릅니다.[11]

4. 하느님의 특은의 비교

만일 데레사가 자신의 타고난 자질이나 결점, 고행 등에 대해 이웃과 비교하는 영적 가난을 자신이 스스로 길러 내려고 노력하지 않았더라면, 그녀는 자신만이 하느님의 특별한 은총을 받아 하느님에게 보호를 받았다고 여겼을 것이다. 데레사는 이 점에 대해 가끔 셀리나 언니와 자신을 견주어 보았다. 선하신 하느님께서는 셀리나에게는 가끔 어려운 시련을 주시는 반면, 어린 데레사 자신은 그것으로부터 지켜 주셨다는 것이다. 어린 데레사가 이러한 것을 견디어 내기에는 너무 약하다는 것을 그분은 알고 계셨다고 생각했다.

만일 제가 덕이 없는 부모에게 양육되었더라면, 또 셀리나 언니처럼 루이즈(마르탱 씨의 하녀)가 응석을 받아 주었더라면, 저는 분명히 나쁜 아이가 되었을 것이며 영원히 멸망의 길로 빠졌을지도 모릅니다.[12]

데레사는 1883년 여행 때, 알랑송에 보름 이상 체류하지 않았던 것을 매우 큰 은총으로 여겼다. 데레사는 사교계의 처녀들을 많이 알고 있었다. 하느님은 어린 데레사가 얼마나 연약한지를 잘 알고 계셨기에 그것으로부터 그녀를 지켜 주셨다. 데레사가 기숙사에서 자기 또래의 두 소녀와 친해지지 못했던 것도 바로 이와 같은 이유에서다.

아! 저는 알고 있어요. 예수님께서는 제가 쉽게 유혹을 당할 만큼 약하다는 것을 알고 계셨던 것입니다. 제 눈앞에서 불붙는 것을 보았다면, 저는 아마 이 거짓 불빛에 타 버렸을 것입니다. 그 빛이 제 눈에는 찬란하지 않았습니다. 더 강한 영혼들이 기쁨을 만나고, 충실해야만 벗어날 수 있는 거기에서, 쓰라림밖에 찾아내지 못했습니다. 그러니까 하느님의 크신 자비로 그것을 면한 만큼, 사람의 사랑에 빠지지 않은 것은 제 공로가 아닙니다. 하느님의 도움이 없었더라면 저도 성녀 마리아 막달레나만큼이나 악에 깊이 떨어질 수 있었을 것입니다.[13]

이와 같은 정신으로 데레사는 가르멜수녀원에 입회하는 것을 서둘렀다. 어린 나이에 가르멜수녀원에 입회한 데레사는 (사실 14세에 가르멜수녀원에 들어간다는 것이 전대미문의 일이라는 사실을 그녀는 잘 알고 있었다) 가르멜수녀원에 들어가기 위해 스무 살이 되기를 기다리는 다른 소녀들보다 자기가 훨씬 낫다는 허영심 따위는 없었다. 데레사는 이런 빠른 입회가 주님께서 자신을 '세상의 해로운 입김'으로부터 보호하시고, 다치기 쉬운 작은 꽃으로 여기시는 징표일 뿐이라고 생각했던 것이다.

1883년 7월 23일, 즉 가르멜수녀원에 입회한 후 3개월이 되는 날 데레사는 가르멜수녀원에 함께 있을 수 없었던 셀리나에게, 어째서 자기가 그 어린 나이에 그곳에 들어왔는지에 대한 이유를 설명한다.

> 저는 가끔씩 어째서 예수님께서 저를 먼저 택하셨는가 생각해 보곤 했는데 이제 알았어요······. 백합 중에서 하나는 약했고 또 하나는 강했어요. 예수님께서는 약한 것을 먼저 꺾으셨고 나머지 한 송이는 새로운 광채로 예쁘게 단장하라고 남겨 두셨던 거예요.[14]

우리는 위와 같은 데레사의 표현이 오직 언니를 격려해 주기 위해 사랑이 넘친 과장이라고는 생각지 않는다. 사실 데레사는 모든 사건을, 그녀에 대한 선하신 하느님의 크신 자비를 드러냄과 동시에 자신의 연약함을 인식하는 기회로 삼았다. 데레사는 자신이 하느님에게서 특은을 입었음을 알고 있었다. 하느님은 사실 그녀의 많은 소원을 채워 주셨고, 그녀가 사후에 수행할 중요한 임무도 마련해 주셨다. 그러나 데레사는 이 특은으로 자기 자신을 작은 영혼으로 여기는 데 조금도 방해를 받지 않았다. 1896년 8월 9일, 데레사는 아녜스 원장 수녀에게 "저는 하느님의 은총으로 채워진 작은 영혼입니다."라고 말했다.[15]

데레사는 죽는 그 순간까지 그녀가 받은 모든 은총을 이용하여 하느님 앞에 더욱 겸손한 영혼이 되려고 했다.

이런 신념을 가진 데레사는 1896년 9월 17일에 대모(큰언니)에게 쓴 편지에서, 순교하고자 하는 원의는 예수님께서 가끔 나약한 영혼들에게 주시는 위로라고 설명한다. 데레사는 이 순교가 바로 예수님의 크나큰 사랑의 표시라고 생각한 것이다. 그러나 하느님은 당신의 자녀들을 가끔 가혹하게 다루시는데, 그 방법은 인간적인 위로를 거두시는 것이다. 데레사는 이 사실을 잘 알고 있었다. 그녀는 5개월 전부터 무섭도록 끔찍한 신앙의 시련을 겪고 있었다. 그럴 때일수록 데레사는 언제나 하느님 앞에 자기는 오직 '작은 영혼'일 뿐임을 밝혔다.

5. 제7장의 결론

데레사에게 영적 가난은 결코 열등감을 동반한 것이 아니었다. 그녀가 작고 초라하다고 느낀 것은 하느님 앞에서이지 이웃과의 관계에서가 아니었다. 데레사는 자기의 결점을 이웃의 것과 비교하면서 결코 괴로워하진 않았지만, 하느님께서 자신에게 채워 주신 은총을 이웃의 것과 비교하면서 그녀는 자기에게 걸려 넘어지지 않기 위해 은총의 손길이 있어야 한다고 결론을 내렸다.

그러면서도 데레사는 가끔 자신은 남보다 훨씬 약하고 작다고 말했다. 이러한 표현은 진정 무슨 가치를 지니고 있을까? 우리는 이런 표현이 윤리적인 가치보다 신학적 가치인 사랑과 희망의 표현이라고 생각한다. 진정으로 사랑하는 사람은 사랑하는 대상을 미치도록 사랑하기를 원하며, 그 누구도 결코 그토록 그를 사랑해 본 적이 없을 만큼 사랑하기를 원한다. 그러면서도 다른 사람들의 사랑에 비추어 자신은 충분히 사랑하고 있지 않다는 느낌, 전혀 사랑하고 있지 못하다는 느낌마저 들기도 한다. 아무것도 할 수 없다는 말은 바로 사랑 표현의 일부이기도 하다.

데레사가 자신을 맨 끝자리에 두려고 했다면 그것 역시 그녀가 모든 것을 하느님께만 의지할 뿐, 자신은 아무것도 아니라고 말씀드리고 싶은 생각 때문이었다. 하느님의 도움 없이는 아무것도 아니라는 확신 역시 희망에서 나온 것이다. 1895년에 쓴 『자서전』의 처음 몇 페이지는 자신이 맨 마지막 자리에 있다고 여기는 가난한 영혼의 모습을 잘 나타내고 있다. 『자서전』 첫머리에서 데레사는 자연의 여러 가지 꽃들을 비교한 다음 그녀 자신은 가장 작은 꽃인 방울꽃이나 오랑캐꽃으로 비유한다. 데레사는 이런 작은 꽃들도 백합이나 장미꽃처럼 역시 하느님의 눈길을 즐겁게 한다고 생각했다.

만일 사랑의 특성이 자신을 낮추는 것이라면, 영적 가난의 본질도 하느님 앞에서 자신을 더욱 낮추어 겸허해지는 것이라고 말할 수 있을 것이다. 데레사의 영혼 속에 깃들어 있는, 영적 가난에 대한 의식과 또 이웃과의 연관성은 영성적 관점에서 중요한 것이다.

이제 우리는 다음과 같은 질문의 해답을 간추려 보고자 한다. 데레사의 영성 생활에서 자신을 이웃과 비교할 필요가 있었는가? 이러한 비교가 과연 그녀의 삶에 유익한 것이었는가? 아니면 위험한 것이었는가?

첫째, 데레사가 자신 안에 영적 가난에 대한 의식을 개발하기 위해 이웃과 자신을 비교한 것은 필요 불가결한 것은 아니었다. 영적 가난에 대한 의식은 이웃보다 자신이 열등하는 것을 의식함으로써 갖게 되는 것이 아니라 하느님의 도우심이 없이 선을 행하기에는 자신이 근본적으로 무기력하다는 것을 의식함으로써 갖게 되는 것이기 때문이다.

둘째, 이러한 비교는 하느님께서 나를 이웃보다 더 혹은 덜 사랑하신다는 느낌을 받게 되는 정도에 따라 위험할 수도 있다. 또 이것은 반대로 우리 자신이 하느님을 남들보다 더 사랑한다거나 덜 사랑하고 있다는 느낌을 일으킬 때도 그러하다. 겸손의 대가인 데레사는 수련자들이 다른 이들보다 자신이 열등하다는 느낌을 없애 주려고 노력했다는 점에서도 이를 이해할 수 있다. 즉, 수련자들이 위대한 성인들이나 다른 수녀들보다 자신이 아무것도 한 것이 없다는 느낌이 들 때, 데레사는 그들의 열정과 공로에 일치하기를 권했다는 사실이다. 그래서 데레사는 수련자들에게 자신이 진정 남들보다 못하다고 여기지 않도록 했다. 어떤 감정은 때로, 사랑하는 데 질투의 충동이 불가피하게 일어난다는 사실을 데레사는 너무 잘 알고 있었다. 그러므로 영적 가난에 대한 의식은 하느님 앞에서 아무것도 아닌 존재임을 자각하는 일이지 결코 영성적 관점에서라도 이웃에 대해 자신이 열등하다고 느끼는 것이 아니다.

셋째, 이러한 비교가 한편으로는 무모하다. 왜냐하면, 우리는 각자의 결정적이고 진정한 가치를 하늘나라에 가서야 알게 되기 때문이다. 우리는 이웃을 이웃 사이에서 비교하지 않아야 하며, 더 나아가서 우리 자신들도 남들과 비교하지 않는 것이 좋다.

넷째, 이웃과의 비교는 하느님께서 우리에게 주신 은혜, 즉 남들에게는 주시지 않는 특은에 대해 그분께 감사드릴 때에만 유용한 것이다. 우리의 연약함 때문에 주님은 특은을 주신다. 특은은 주님의 자비심에서 나온 것으로, 우리는 이를 겸손되이 받아들여야 한다. 이때 이웃과의 비교는 하느님께 우리의 감사하는 마음을 뜨겁게 증가시키면서, 어쩌면 우리만큼 많은 은혜를 입지 못한 다른 사람들에게 관용을 베풀라고 우리에게 명하는 것임을 느낄 것이다.

제2부의 결론

　제2부를 읽는 동안, 어떤 이는 데레사가 이웃을 자기에게 하느님의 자비가 자기에게 내려지게 하기 위한 도구로 여기는 것을 보고 분개했을지도 모르겠다. 비록 영적이라 해도 우리 자신의 이익을 위해 다른 사람을 유익한 도구로 여긴다는 것은 그리스도인의 정신에 위배되는 것이 아닌가? 우리 이웃들은 그들 자신이 바로 자신의 목적인 것으로 여겨야 하지 않겠는가? 데레사의 표현들은 비난받을 만한 자기중심주의를 표현한 것이 아닌가?

　먼저 우리는 그리스도교적 전통 안에서 우리 주위에 있는 모든 영적 존재들은 자신의 완전한 개화와 자신의 행복을 위해 하느님에게서 사랑으로 창조되었을 뿐 아니라, 우리가 하느님께 올라가는 것을 도와주는 존재로 여긴다는 사실을 상기하면서 간단히 이 의문에 답하고자 한다. 이런 의미에서 우리를 둘러싸고 있는 천사들과 인간들은 그들 자신의 목적인 하느님을 우선적으로 보며 우리가 좀 더 완전하게 하느님을 섬길 수 있도록 우리를 도와준다. 이것을 바오로 사도는 코린토인들에게 이렇게 말했다.

모든 것이 다 여러분의 것입니다. (……) 여러분은 그리스도의 것이고 그리스도는 하느님의 것입니다.[1]

이어서 제3부에서는 과연 데레사가 주위의 이웃들을, 자신이 하느님의 사랑 안에 더욱 진보하는 수단으로만 여겼는지 아니면 하느님의 무한한 사랑을 받는 형제나 자매로 여겨 그들을 도우려고 생각했는지를 밝힐 것이다. 만일 데레사와 이웃과의 관계에서, '자기 사랑'이 자신의 정당한 위치를 지켰다면 이러한 형제(자매)애는 매우 중요한 역할을 했을 것이다.

제3부

이웃과의 형제(자매)적인 사랑

데레사 수녀의 유해를 가르멜회로 운반하는 행렬
시복식이 거행되기 한 달 전인 1923년 3월 26일에 데레사 수녀의 유해가 가르멜수녀회로 옮겨졌다.
그날 5만여 명의 순례객들이 소화 데레사의 유해 행렬을 뒤따랐다.

앞면 사진: 데레사 수녀와 가르멜회의 여러 수녀들이 함께 찍은 사진(1896년 4월 30일)
뒷줄 오른쪽 맨끝이 데레사 수녀이고 앞줄 맨 왼쪽이 즈느비에브 수녀.

데레사는 죽기 3개월 전 "선하신 하느님께서는 금년에 저에게 애덕이 무엇인지를 깨닫는 은총을 주셨다."라고 썼다. 그녀의 『자서전』을 읽는 독자는 누구나 데레사가 쓴 마지막 수기에서 형제(자매)애에 대해 밀도 있게 다룬 페이지를 감동 없이는 넘길 수 없을 것이다.

제3부에서 우리는 데레사가 이웃 사랑에 대한 계명을 어떻게 용감하게 실천했는지, 이를 좀 더 깊이 이해하기 위해, 그녀의 삶 전체를 다 훑어 볼 필요가 없다.

제8장에서 우리는 데레사가 영혼 깊이 이웃(자매)에 대해 키워 왔던 사랑을 밝혀 보겠다. 이는 결국 이웃을 향한 그녀의 내면적인 사랑에 대한 연구가 될 것이다. 제9장에서는 데레사가 이웃에게 행한 애덕의 중요한 면모를 분석하고 그녀로 하여금 애덕을 실천토록 자극했던 동기들이 무엇이었는지 분석해 볼 것이다. 제10장에서는 데레사가 형제

(자매)애의 중요성과 본질을 더욱 잘 이해하게 된 1897년에 받은 은총에 대해 자세히 다룰 것이다. 이 책을 읽는 독자들은 1897년에 받은 은총에 대한 분석을 왜 책의 마지막에 놓았는지 이해하게 될 것이다.

제3부의 결론으로, 이웃에 대한 데레사의 사랑이 어떻게 발전해 갔는지 그 발전 과정을 말할 수 있는 명확한 근거를 설정하고자 한다.

제8장 | 내적인 사랑

　데레사 수녀가 말하는 이웃 사랑을 이야기하기 위해 우리는 먼저 그녀의 내적 사랑을 분석해야 한다. 또한 관상적 기질을 지닌 그녀의 마음 안에 자리한 사랑이 무엇보다 이웃의 이익을 바라게 하고, 그들로 하여금 선을 행하게 하고, 또 그들을 위해 기도하게 한다는 것을 알아야 한다. 데레사에게 성덕이란, 먼저 '마음'이 '실천'[1]보다 선행해야 하는 것이며 그 만큼 마음이 더 중요하다는 것이다. 이 마음은 성덕에서뿐 아니라 사랑에 있어서도 마찬가지다. 물론 사랑은 행동을 통해 증명할 수 있지만, 데레사가 말하는 사랑은 실천에 앞서 영혼의 내적인 경향이나 자세가 중요하다는 것이다.
　먼저 우리는 데레사가 키워 온 이웃에 대한 사랑이 어떻게 하느님을 향한(향주적) 사랑이 되었는지를 살펴본 후, 그녀의 사랑이 본질적으로 관대했음을 볼 것이다. 데레사는 끊임없이 하느님 앞에 이웃을 위한 끝없는 욕망을 드러냈다. 끝으로 우리는 이웃에 대한 데레사의 사랑이 어떻게 하느님의 사랑(아가페)을 닮아 자비로운 사랑으로 변했는지를 보겠다. 바로 이 사랑이 그녀로 하여금 주위의 비참과 나약함들에 대해 너그러울 수 있게 하였다.

1. 주님을 향한 사랑

가톨릭 전통에서 형제(자매)적인 사랑은 모든 신앙인들로 하여금 이웃 안에서 하느님을 사랑하게 하고, 하느님 안에서 이웃을 사랑하게 하기 때문에 이것을 주님을 향한 사랑이라고 말한다.

데레사는 신학자가 아니었다. 만일 데레사가 자기 가족에 대해서 지극히 '인간적'인 사랑을 갖지 않은 것을 염려했었다면, 그녀는 자신의 형제(자매)애가 어떻게 '신학적'일 수 있는지 알려고 의문을 품지도 않았을 것이다.

1897년, 하느님이 데레사에게 참된 애덕이 무엇인지 깊이 이해할 수 있는 은총을 주셨을 때만 해도, 그녀는 수련자들에게 어째서 이웃에 대한 사랑을 하느님을 향한 명확한 목적으로 삼아야 하는지에 대해 아직 확실하게 설명할 능력이 없었던 듯 싶다. 하지만 여기서 그녀의 능력은 문제가 되지 않는다. 다만 우리의 관심을 끄는 것은, 신학적인 사랑의 개념에 대해서 무지했던 데레사가 이웃을 향해 신학적인 애덕을 구체적으로 생활에 옮긴 그 방법이다.

최근 신학자들은 형제(자매)애가 어떻게 신학적인 것이 될 수 있는지에 대해 많은 논문들을 발표했는데, 이는 축하할 만한 일이다. 그렇지만 하느님 안에서 이웃을, 또 이웃 안에서 하느님을 사랑하는 것이 구체적으로 무엇을 의미하는지를 알기 위해, 데레사의 삶과 저술에 관심을 쏟는다면 우리는 더욱 풍성한 수확을 얻을 것이다.

아기 예수의 데레사 성녀에게서 자매애의 신학적인 성격을 확인하기 위해, 그녀가 이웃 안에서 사랑했던 것은 예수님이었다는 말을 우리는 다음에서 볼 수 있다.

> 사랑받는 안내자, 애덕이 나를 재촉한다.
> 왜냐하면 나는 영혼들 안에서,
> 자매들 안에서 예수님을 보기 때문이다.[2]
> 아! 나를 잡아끄시는 분은 (아우구스티노의 데레사 수녀를 향해)
> 그 영혼 깊이 숨어 계신 예수님이셨다.[3]

그러나 데레사의 이러한 느낌이나 수동적인 방법에서, 우리가 추구하는 이웃 안에서의 하느님 발견은 좀 어려울 것 같다. 우리가 파악하려는 것은 데레사가 품고 있는 자매애의 신학적인 성격을 증명하려는 것이 아니라, 신학자들이 말하는 이웃 사랑의 동기를 데레사 안에서 찾아보려는 것이다.

이 목적을 위해 먼저 우리는 데레사와 자매들 간의 영적 우정을 연구해야 할 것이다. 얼핏 보기에 데레사에게서 신학적 사랑에 대한 연구를 먼저 한다는 것이 모순으로 보일 수 있다. 왜냐하면, 이 영적 우정은 본능적인 요소들이 섞여 있기 때문이다.

데레사와 언니들 간의 사랑은 우선 혈연에 바탕을 두고 있기 때문에 우리는 데레사가 자기에게 별로 우호적이지 못한 수녀에 대해 품고 있던 사랑을 살펴보는 것이 훨씬 나을 것이다. 순수하고도 영적인 데레사의 사랑에서 우리는 신학적인 동기를 있는 그대로 볼 수 있는 기회가 더 많이 있을 것이다. 그러나 다음과 같은 두 가지 이유 때문에 첫째 방법은 피하려고 한다.

첫째, 데레사가 자기 언니들 가운데 특히 셀리나에 대한 사랑은 '피보다도 훨씬 강한 유대'로 이루어졌다고 선언한 말이다. 이 말은 그들의 관계가 혈연을 뛰어넘어 예수님 안에서 형성된 관계임을 보여 준다.

둘째, 데레사와 언니들 사이에는 편지 교환이 많았는데, 이것은 데레사에게 '자매들 안에서 하느님을 사랑하고, 하느님 안에서 자매들을 사랑한다는 것'이 무엇을 의미하는지 잘 보여 주기 때문이다.

데레사는 언니들에 대한 모습을 두 가지로 구분할 수 있었다.

어떤 때 데레사는 언니들을 하느님의 사랑에 휩싸여 있는 것으로 보았다. 그들 안에서 데레사는 끝없이 너그러우신 하느님의 눈길을 바라보았다. 이때 데레사는 사랑하는 언니들 하나하나 안에 당신 자신을 주시는 사랑의 하느님이 계신다고 생각했다. 바로 이 순간에 데레사는 '이웃 안에 계신 하느님'을 사랑했다. 그와 반대로 어떤 때는 언니들을 자기처럼, 또 자기와 함께 하느님을 사랑하기에 여념이 없는 인간으로 보았다. 이때 데레사는 사랑 안에 언니들과 하나를 이루어야 한다는 의식 속에 그들과 함께 예수님의 사랑에 몰두하려고 했다. 이것이 '하느님 안에 있는 이웃'을 사랑하려는 데레사의 방법이었다.

주님을 향한 사랑으로 이웃을 더 사랑하기 위해서는 우리의 사랑이 필연적으로 하느님께 순종해야 한다는 것을 기억해야 한다.

첫째, 하느님은 우리가 사랑할 수 있는 능력을 주실 수 있는 유일한 분으로, 우리는 그분을 갈망한다. 이때 우리의 사랑은 당신 자신을 인간에게 주시고 인간이 되시기까지 하신 무한한 사랑이시자 선하신 하느님에 대한 희망과 영접으로 나타난다. 이때 인간은 하느님을 우리 안에 사시는 분으로 생각한다. 그래서 우리의 사랑은 우리의 거룩한 주인이신 분께 말을 건넨다. 이것을 소유적 사랑이라 한다.

둘째로, 우리는 하느님 안에 자신을 던져, 마치 한 방울의 물이 대양 속으로 흘러들 듯 그분 안에서 우리 자신을 잃어버린다. 즉 우리는 하느님의 무한하신 아름다움과 위대함에 대해서만 생각하려고 우리 자신을 잊는다. 이때 우리의 사랑은 황홀한 것이 되고, 우리 자신에게서 빠져 나와 하느님의 두 팔에 뛰어들어 그분 안에 머물 수 있게 된다.

우리는 우리가 숨을 쉴 때 들숨과 날숨을 분리할 수 없듯이, 사랑의 두 가지 동작도 분리할 수 없다. 영혼의 숨결인 사랑은 필연적으로 이 두 가지 동작을 내포하는데, 그중 하나는 우리로 하여금 하느님을 갈망하게 하는 것이고, 다른 하나는 우리 자신을 그분께로 완전히 내어 던지게 하는 것이다. 역시 이 두 가지는 분리할 수 없지만 분간할 수는 있다. 이것을 이해하기 위해서 우리는 두 가지 형태의 애덕을 통해 하느님의 사랑에 순명해야 한다.

우리가 갈망하는 하느님은, 우리가 이웃을 사랑할 수 있게 해 주시는 지극히 선한 분이시다. 그러기에 우리는 이웃 안에 계신 하느님을 사랑한다. 우리는 이웃과 함께 하느님의 사랑에 참여한다. 이때 우리는 마치 하느님 안에서 우리 자신을 사랑하듯, 하느님 안에서 이웃을 사랑한다.

1) 이웃 안에서 하느님을 사랑함

데레사가 언니인 셀리나를 사랑한다는 것은 셀리나 안에 계시는 예수님을 사랑한다는 말과 같다. 데레사가 마음속으로 끊임없이 셀리나에 대한 예수님의 사랑을 되새기고 있다는 사실을 데레사가 셀리나에게 보낸 편지에 잘 나타나 있다. 이 편지들은 가끔 셀리나에게 예수님의 사랑에 대한 믿음을 일깨워 주었다. 정확히 말해서 데레사는 셀리나에게 예수님께서는 셀리나를 당신 사랑 안에 간택된 이로 여기신다는 확신을 주려고 한 것이었다.

사랑하는 언니, 선하신 하느님께서는 얼마나 언니에게 친절하신지 몰라요. 만일 언니가 금요일에 받은 은총이 어떤 것인지 알 수 있다면!⁴

이듬해 아버지가 병환으로 쓰러지자 그 즈음해서 데레사는 아버지를 간병하던 셀리나에게 이 시련이 예수님께서 그녀를 선택하신 사랑의 징표임을 끊임없이 들려주었다.

사랑하는 언니, (……) 예수님은 당신 사랑에 선택된 언니를 당신과 닮게 만들고 싶으셔서 십자가를 지고 거기 계시는 거예요. (……) 언니를 이처럼 괴롭게 하시는 것을 보면 예수님께서는 언니를 특별히 사랑하시는 것이 분명해요.⁵

그 당시 셀리나는 아직 가르멜수녀원에 들어갈 수 없었다. 그렇지만 이것이 예수님께서 셀리나를 덜 사랑하신다는 표시는 아니었다. 오히려 그 반대였다.

예수님은 이루 말할 수 없는 사랑의 눈길로 언니를 보고 계셔요. 그분은 당신의 작은 불멸의 백합이 온전히 당신의 것이 되기를 바라시면서 언니에게 첫 수련을 시키시는 거예요.⁶

셀리나가 처한 유혹들은 그 자체가 예수님께서 그녀를 선택하신 사랑의 표시라고 말할 수 있다.

　언니, 마음이 깨끗한 영혼은 자주 시련에 부딪히고 어둠 속에 있게 돼요……. 가시덤불 속에 있는 백합은 예수님에게 가장 사랑받고 있는 거예요. 그리고 그분은 그들에게서 위안을 얻는 답니다. 유혹을 잘 견디는 이는 복된 사람이에요.[7]

　데레사가 셀리나를 사랑한 것은 인간적인 측면도 있었지만, 특히 그녀 안에 나타나는 예수님의 사랑 때문이었다. 즉 데레사의 마음을 기쁘게 해 주고 그녀의 감탄과 사랑의 대상이 되는 것은 바로 셀리나에 대한 예수님의 사랑이었다. 데레사는 이러한 편지를 통해, 예수님이 우리의 영혼을 차지하시려고 오시는 순간, 우리를 사랑하신다고 셀리나에게 분명하게 상기시키고 있다.

　예수님께서 우리를 사랑하시는 것은 그분 혼자서가 아니고, 그분과 더불어 우리의 영혼을 차지하러 오시는 거룩하신 삼위일체의 다른 두 위격과 함께입니다. 예수님께서는 이것을 예전에 약속하셨어요……. '누구든지 나를 사랑하면 내 말을 지킬 것이다. 그러면 내 아버지께서 그를 사랑하시고, 우리가 그에게 가서 그와 함께 살 것이다.' (……) 선하신 하느님, 삼위께서 다 같이 우리를 바라보신다는 것, 삼위일체께서 우리 안에 계시고 즐거워하신다는 것을 생각하는

것은 얼마나 행복한 일인가요.⁸

  가르멜수녀원에 들어온 셀리나는 자기의 성소에 충실하기 위해 치른 희생과 그녀가 감당했던 가족들의 온갖 시련을 예수님께서 기억해 주시도록 데레사에게 시를 한 편 지어 달라고 청했다.

  데레사는 언니의 청대로 시를 썼다. 그러나 시의 후렴에 나오는 '생각하소서.'라는 표현은 셀리나에게 한 말이었다. 이것은 예수님께서 셀리나에게 베푸신 모든 것을 셀리나가 기억하라는 뜻에서 한 말이다.⁹ 데레사는 셀리나를 생각할 때마다 언제나 셀리나에 대한 예수님의 사랑을 생각하지 않을 수 없었다.

  역시 데레사는 아버지를 생각할 때도 아버지가 그녀에게 해 주었던 것만을 생각하는 것이 아니라 예수님이 자신에게 베풀어 준 사랑에 대해서도 생각했다. 예를 들면, 데레사는 아버지의 발병 원인이 몇 달 전에 자신을 하느님께 봉헌한 데 대한 하느님의 응답으로 보는 것이다. 1889년 5월, 데레사는 그녀의 대모(큰언니 마리아)에게 다음과 같은 편지를 보냈다.

  제가 가르멜수녀원에 들어가기 전 아버지께서는 저를 하느님께 바치면서 이렇게 말씀하셨습니다. '저는 하느님께 더 좋은 것을 바쳐 드리고 싶습니다.' 예수님께서는 아버지의 소원을 들어주셨습니다. 더 좋은 것이란 다름 아닌 아버지 자신이었습니다. 이 일을 하신 분은 바로 주님이십니다. 주님께서는 우리가 아버지를 사랑하는 것과는 비교할 수 없을 만큼 사랑하셨습니다.[10]

데레사는 사랑하는 레오니아 언니를 생각할 때도 역시 레오니아가 하느님의 사랑에 감싸여 있다고 여기며 이 사랑에 대해서 기뻐하면서 이렇게 전달한다.

> 사랑하는 언니, 언니의 편지는 얼마나 저를 기쁘게 하고 특히 제 영혼에게 이익을 주었는지 몰라요. 선하신 하느님께서 언니를 그토록 사랑하시고 또 은총으로 채워 주신 것을 보고 저는 기뻤어요. 그분은 언니에게서 당신의 사랑을 위해 고통을 받을 만하다는 것을 발견하셨으니, 그것은 그분이 언니에게 주실 수 있는 가장 큰 사랑의 징표예요.[11]

데레사가 자신의 두 번째 엄마인 아녜스 수녀(폴리나)에게 쓴 편지들에는 언제나 자신의 감격과 감사를 표현했으며, 영혼의 성화를 위한 자신의 열망과 난관을 고백하는 경우도 많았다. 대모나 숙모에게 보낸 편지들도 모두가 감사하는 마음을 전달하기 위한 것이었다. 어쨌든 데레사는 그들에 대한 예수님의 사랑을 생각했다. 특히 데레사가 그들의 의도에 공감할 때는 더욱 그러했다. 한편, 데레사는 자신보다 먼저 가르멜수녀원에 들어간 두 언니를 향한 자매애를, 주님을 향한 그들의 사랑에 공감하기 위한 희망으로 표현했다.

우리는 데레사가 수련자들과 영적 형제들에 대해 갖고 있던 사랑을 후에 살펴볼 것이다. 데레사는 그들에게 너그러운 온정을 베풀었다. 데레사는 하느님이 그들에게 행하신 일들을 생각하면서 기뻐했다. 그래서 그녀는 영적 형제들에게 그들의 생애에서 가장 중요한 날들을 알려 달라고 청하기도 했다.[12] 데레사는 마음으로 주님이 그들에게 베푸신 온갖 자비를 더듬어 보고 싶었던 것이다.

앞서 본 내용을 통해서 우리는 '이웃 안에서 하느님을 사랑한다'는 것이 데레사에게 어떤 의미를 주었는지를 보았다. 그녀에게는 감실 안에 현존해 계시는 주님을 경배하는 것과, 이웃 안에 현존해 계시는 하느님을 사랑하는 것은 전혀 별개의 것이 아니었다. 하느님은 우리 안에 그냥 현존해 계실 뿐 아니라 나아가서 당신 자신을 우리에게 주신다는 것을 데레사는 잘 알고 있었다.

2) 하느님 안에서 이웃을 사랑함

만일 데레사가 주님을 향한 사랑으로 이웃을 사랑했다면, 이것은 하느님의 완전한 사랑에 공감해서만이 아니라, 이웃과 하나 되어 하느님 안에 자신을 내던지고 싶어서였다. 하느님 안에 자신을 던짐으로써 데레사는 그분 안에서 이웃을 발견했고, 그리고 참되이 주님을 향한 사랑으로 이웃을 사랑할 수 있었다. 이 점에 대한 주제들을 살펴본 후 그것에 대한 신학적 영역을 찾아보고자 한다.

참으로 데레사가 셀리나와 자신이 깊이 연결되어 있다고 느끼는 것은 예수님의 사랑 안에 일치되었다는 의식 때문이다. 그래서 데레사는 "예수님께서 우리를 영혼의 자매가 되게 하셨다."라고 설명한다. 이들이 서로 연결되어 있다고 느끼는 것은, 두 눈을 예수님께 고정시키고 그분이 가신 길을 둘이서 함께 걸어가기 때문이라는 것이다.

우리가 함께 나아가기를 원하신 예수님은 혈연보다도 강한 유대를 우리 마음속에 이루어 놓으셨습니다. (……) 십자가의 요한 성인이 아가에 대해 말한 것들이 우리 안에 실현되었습니다. (신랑에게 말하면서 신부는 이렇게 외친다) '당신의 발자취를 따라 많은 소녀들이 달려갑니다.'라고. 그렇습니다. 우리는 참으로 가볍게 예수님의 뒤를 따라 갔습니다."[13]

데레사는 가끔 밤에 셀리나와 함께 벨베데르의 창가에서 나누었던 대화를 떠올리면서, 그때 예수님을 향한 일치된 열망, 그분을 위해 고통받고 멸시당하기를 원했던 자기들의 동일한 소원을 토론했던 것을 회상했다.[14]

1887년 그들의 기도와 희생으로 프란지니가 회개를 함으로써 그들의 결속을 더욱 깊게 해 주었다. 처음 데레사는 이 죄인의 영혼을 구원하려는 자신의 계획을 셀리나에게 털어놓기를 주저했지만, 자기의 지향대로 미사 한 대를 바쳐 달라고 그녀에게 청하면서 이 사실을 고백했다. 이때 셀리나는 동생을 비웃기는커녕 오히려 이 죄인의 회개를 위해 함께 힘쓰자고 했다. 이때부터 두 자매의 유대는 날로 깊어만 갔다. 그들을 연결하고 있는 것은 이제 예수님을 사랑하겠다는 동일한 소원만이 아니고, 그분께 죄인의 영혼을 구하기 위해 자기 자신을 바치겠다는 소망까지 해당되었다. 예수님을 사랑하고 그분을 사랑하도록 하기 위해 서로 일치하는 것이 바로 가르멜수녀원의 이상이었다. 셀리나는 리지외에서처럼 로마에서도, 데레사의 이것을 위한 투쟁과 고통에 언제나 힘이 되었다. 특히 로마 여행은 무엇보다도 이들 자매를 더욱 가깝게 했다. 그들은 함께 자연의 아름다움을 관조하고, 이탈리아의 성역 안에서 함께 기도하고, 콜로세움의 흙 위에서 그들은 같은 기도와 순교자가 되려는 소망 속에서 하나가 되었다.

그 후 4개월 뒤 데레사가 가르멜수녀원으로 가면서 그들은 헤어지지만 여전히 깊이 일치했다.

내일이면 제가 언니를 떠난 지 한 달이 돼요. 그렇지만 저는 우리가 떨어져 있다고 생각하지 않아요. 우리가 어디 있든 장소가 무슨 문제겠어요? 바다가 우리를 갈라놓는다고 해도 우리는 여전히 하나로 결합해 있을 거예요. 왜냐하면 우리의 소원이 같고, 우리의 가슴이 함께 뛰고 있으니까요……[15]

데레사는 전에 벨베데르에서 나누었던 대화를 기억하면서 셀리나에게 그때 이후로 변한 것은 아무것도 없다고 다짐한다. 이에 대한 내용은 데레사가 셀리나에게 보낸 편지들 속에 빈번히 드러나 있다.

하느님은 위대하셔요. 우리는 그분을 사랑해야 해요. 그분이 원하시는 어떠한 고통이라도 겪을 수 있도록 그분을 사랑해야 해요. 그리고 시간을 허비하지 말고…… 많은 영혼들을 구해야 해요. 아! 우리의 심장은 똑같아요. 이것을 예수님께 온전히 드리기 위해 우리는 함께 가야만 해요. 언니의 데레사가 뒤로 처지지 않도록 기도해 주세요. 이 4년이라는 기간은 이렇게 우리를 깊이 묶어 준 끈이었어요. 우리는 살아갈수록 예수님을 더욱 사랑하고, 그분 안에서 우리는 서로 아껴야 해요. 이것이 바로 우리의 사랑을 그처럼 강하게 만들어 주었고 이것이 우리를 일치하게 해 주었어요. 당신의 보화가 있는 곳에 당신의 마음이 있다는데, 우리의 보화는 예수님이시고 그분 안에서 우리의 마음은 일치될 뿐이에요.[16]

데레사는 수도원에 함께 있는 마르타 수녀와도 이런 일치된 마음을 느꼈다. 그들 역시 예수님을 기쁘게 해 드리려고 함께 노력하며 영혼들을 구하기 위해 자기들의 희생을 그분께 바치려고 했기 때문이다.

데레사가 하느님 안에서 이웃을 사랑한다는 것은 한 분이신 하느님의 사랑 안에서 이웃과 하나가 된다는 것을 의미했다. 사랑은 우리를 자기 자신에게서 뛰쳐나오게 하여 하느님 안에 우리 자신을 송두리째 던질 수 있게 하며, 또 우리는 하느님 사랑 안에 자신을 던지는 모든 사람들을 만난다. 그러기에 우리가 하느님께 가까이 갈수록 우리는 실제적으로 이웃과 더욱 하나가 된다.

데레사는 '사랑의 불꽃'이란 주제에서, 십자가의 요한 성인이 생각하는 하느님을 영혼의 중심, 그의 본고향으로 여긴다는 것을 잘 인식했다. 지상의 삶을 통해 영혼은 조금씩 그곳에 가까워지지만, 영혼이 하느님의 이 심오함에 결정적으로 들어가게 되는 것은 오직 또 다른 삶을 통해서다.

데레사는 하느님 안에서 자신을 완전히 잊을 때 이웃들과 진정으로 하나가 될 수 있다고 했다. 그래서 데레사는 언니들에게 쓴 편지에서 공동의 이상을 환기시키면서, 우리의 영혼들이 거룩한 빛이신 예수님의 품 안에서 완전히 일치되는 것은, 오직 영원 안에서 실현될 것이라고 단언했다.

주님을 향한 사랑으로 이웃을 사랑해야 하는 둘째 계명은, 하느님께서 영혼에게 당신 자신을 주시는 정도에 따라서가 아니라, 영혼이 하느님을 사랑하는 정도와 그분이 영혼을 당신께로 이끌어 주시는 정도에 따라 이룩된다. 그러기에 우리는 이것을 형제(자매)애라고 할 수 있을 것이다. 우리가 이웃을 사랑하려면, 반드시 우리 이웃들 각자에게 쏟으시는 하느님의 아가페적 사랑에 공감해야 하지 않을까? 참된 형제(자매)애란 필연적으로 하느님의 아가페를 닮은 겸손한 행위가 아닐까? 이웃을 사랑하기 위해서는 그들 안에 계시는 하느님을 사랑하는 것 외에 다른 방법이 또 있을까?

그렇다. 정확히 말해서 하느님 안에서 이웃을 사랑하게 하시는 분이나 이웃 안에서 당신을 사랑하도록 부르시고 이끌어 주시는 분은 같은 하느님이시다. 즉 하느님께서 사람들에게 당신 자신을 주신다는 것이나, 그들을 당신께로 이끄신다는 것이 모두 같은 것이다. 그렇지만 우리는 이 두 가지 형태의 하느님의 사랑을 구분해야 한다. 왜냐하면 이것이 우리의 형제(자매)애 안에서 서로 다른 두 가지 심리적인 현상을 표현해 주기 때문이다. 우리는 이웃 안에서 당신 자신을 주시는 하느님의 아가페를 사랑하거나, 아니면 그분 안에서 이웃을 당신께로 깊이 끌어들이시는 이 동일한 아가페를 사랑해야 한다. 첫째 것은 이웃의 영혼이 마치 하느님의 무한성을 내포할 능력이 있는 거대한 천막처럼 우리 앞에 나타난다. 반면에 둘째 것은 하느님 안에 사라지고 싶은 열망을 지닌 이슬방울로 나타난다.

하느님은 우리에게 당신 자신을 주신다. 이러한 하느님을 우리가 사랑하는 이유는 우리가 은총을 받았기 때문만이 아니다. 우리가 사랑하는 하느님은 끝없는 사랑을 우리에게 베푸시는 분이시다. 마찬가지로 둘째 모습에서 사랑이신 하느님께서 부르시는 영혼의 응답보다는 우리 모두를 당신께로 이끌고 계시는 하느님의 모습에 우리는 감탄하게 된다.

그러기에 (이것은 중요하다) 하느님 안에서 자기 자신을 사랑하지 않고서는 하느님 안에서 이웃을 사랑할 수 없다. 만일 우리가 빅토르의 리샤르 성인이 사용한 어휘 하나를 빌릴 수 있다면, 우리가 하느님 안에서 이웃을 사랑하는 것을 콘딜렉시오(condilectio: 함께 사랑함)라고 말할 수 있을 것이다.[17] 우리는 혼자서 하느님을 사랑하는 것보다 '다 함께' 그분을 사랑하는 것이 더 기쁘다. 또 하느님 안에 자기를 잃어버리고 그분만을 응시하는 사람이 여럿이라는 데서 오는 기쁨은 바로 주님을 향한 사랑에서 오는 기쁨이다. 오히려 주님을 향한 우정에서 오는 기쁨이라 할 수 있다. 사랑은 우정이기에……. 인간적 우정에서 오는 기쁨은 함께 같은 방향을 바라보는 것에 있다면 초자연적 우정에서 오는 기쁨은 훨씬 더 진실하다.

　주님을 향한 사랑으로 이웃을 사랑하는 것은 인간적 사랑보다 훨씬 삼위일체적인 사랑을 닮았다. 두 사람이 진정으로 서로 사랑하기 위한 유일한 방법은 둘이서 함께 세 번째 인격을 사랑하는 것이다.

　우리는 여기서 데레사가 어떻게 주님을 향한 사랑으로 이웃을 사랑했는지를 제시한 후에, 이웃이 지닌 자질이나 인간미나 또 초자연적인 덕성들이 데레사의 사랑을 불러일으키게 된 원인을 간단히 살펴보고자 한다. 하느님은 이웃 안에 당신의 거처를 만드시고 그 이웃 안에서 당신을 사랑하라고 우리를 부르신다. 그러므로 이웃을 사랑하게 되는 그리스도인은 이웃이 지닌 초자연적인 자질, 이웃의 영혼을 장식해 주고 있는 덕성과 천부적 재능들 역시 존중하게 된다. 그래서 이웃 사랑은 이웃이 하느님에게서 받은 능력, 의지, 성격들에 대해 감탄

하게 되고, 이러한 이유로 이웃에 대한 사랑의 표현은 여러 가지 색깔을 띠게 된다.[18]

이것은 데레사가 별로 힘들이지 않고 부모의 자애로움, 아저씨와 숙모의 섬세한 사랑, 아녜스 원장 수녀의 겸손, 삼위일체의 마리아 수녀의 노력 등에 감탄했었다는 것을 쉽게 이해할 수 있다.[19] 데레사는 아우구스티노의 데레사 수녀에 대한 자신의 본성적인 반감을 꺾기 위해, 그 수녀의 영혼 속에 신비스럽게 현존하시는 예수님을 사랑하면서, 하느님을 향한 사랑의 행위로 만족하지 않고 더 나아가 그 수녀 안에 이룩된 하느님의 업적을 감탄하며, 그 수녀의 초자연적인 자질에 대해 매우 만족해 했다. 거룩한 수도자는 선하신 하느님의 마음에 꼭 들어야 한다고 데레사는 생각했으며, 그래서 하느님께 그 수녀의 덕성과 공로를 봉헌하기도 했다.

그러므로 아우구스티노의 데레사 수녀의 영혼 안에 현존해 계신 예수님을 사랑한다고 하면서, 그 영혼이 지닌 자질을 완전히 무시한다면, 그리스도를 사랑하고 있다는 것은 그저 상상일 뿐이다. 만일 데레사의 사랑이 이웃 수녀의 영혼 안에 현존하시는 예수님의 끝없는 선하심에 연유한 것이라면, 이웃 영혼의 아름다움, 풍요한 덕성, 초자연적인 재능 등도 예수님에게서 비롯되었다는 사실이다. 그러므로 이런 '본성적'인 사랑이 데레사의 마음속에 있는 불완전성의 표시라고 말하기보다는 평온한 가운데 드러나는 것이라고 하면서 노통브 신부는 다음과 같이 이야기한다.

형제(자매)애가 순수하고 초자연적이어야 한다는 구실로, 어떤 인간적인 동기로 사랑하게 될까 두려워서 손 닿을 수 없는 무미건조한 보호 지역으로 피한다면, 이것은 그만큼 불완전이 드러나게 될 것이고 또 비현실적이라는 의심을 받게 될 것이다. 덕은 이웃과 부딪힘으로써 더욱 강화되고 그럴수록 더 탁월한 것이 된다.[20]

주님을 향한 사랑은 데레사의 영혼 안에 이러한 뿌리를 내렸다. 데레사의 인간을 향한 자연적인 사랑은 하느님에 대한 사랑 못지않게 완전했고 섬세했다.

2. 관대한 사랑: 이웃을 향한 데레사의 소망

이웃을 사랑한다는 것은 그들에 대한 하느님의 사랑에 공감하는 것이고, 하느님께서 그들을 사랑하시고, 그들에게서 사랑받으시는 것을 기뻐하는 것이지만, 그것은 또한 그들에게 당신을 주시고 그들도 자기 자신을 하느님께 바치기를 열망하는 것이기도 하다. 이웃에 대한 우리의 사랑은 하나의 관대함이다. 그것은 이웃을 위한 기도와 소망이라는 형태로 드러난다. "가르멜 수녀가 기도한다는 것은 바로 사랑한다는 것을 의미하는 것이다."라고 데레사는 말했다.[21]

여기서 우리는 이웃을 향한 데레사의 소망이 지닌 몇 가지 모습을 살피고자 한다.

첫째, 데레사가 지닌 소망의 이중적인 경향

둘째, 영혼 구원을 위한 그녀의 무한한 소망

셋째, 데레사가 드리는 기도의 다양성

넷째, 죄인들을 위한 그녀의 기도

다섯째, 지상의 선을 이루기 위해 하늘에서 내려오겠다고 한 그녀의 소망

1) 데레사가 지닌 소망의 이중적인 경향

데레사가 소망한 것 가운데 우리는 이미 앞 장에서 보았던 이중적인 경향을 다시 발견할 수 있다. 즉 하나는, 하느님께서 자기 이웃에게 당신을 더욱 많이 주시고 당신의 은총으로 그들을 채워 주시길 바라는 것이다. 다른 하나는, 많은 영혼들이 자신을 송두리째 하느님께 봉헌하기를 바라는 것이다. 이러한 두 소망은 데레사의 기도 속에서 서로 보충하는 역할을 했으며 그녀는 여러 편지에서 이러한 내용을 썼다. 데레사는 룰랑 신부에게 이렇게 설명한다.

1890년 9월 8일 (……) 어린 가르멜 수녀 하나가 하늘나라 임금님

의 신부가 되었습니다. 그녀가 이 지상에 영원한 작별을 고한 유일한 목적은 영혼들을 구하는 것, 특히 사제들의 영혼을 구하는 것이었습니다. 천상 정배이신 예수님께 그녀는 특히 사도직의 영혼을 청했습니다. 사제가 될 수 없었기에 그녀는 자기 대신 하느님의 은혜를 입은 사제를 원했고, 그 사제는 그녀와 같은 열망, 같은 소망을 지니기를 원했습니다……[22]

'자기 대신 주님의 은혜를 입은 사제', 이것은 이웃을 위한 데레사가 가진 소망의 첫 번째 형태이고, '그 사제는 그녀와 동일한 열망을 지니기를', 이것이 두 번째 형태다. 데레사는 이웃들이 언제나 하느님 안에 있고 더욱 그분을 향해 있기를 바란 것이다.

이 가운데 데레사의 기도를 지배했던 것은 두 번째 형태의 소망인 듯하다. '예수님을 사랑하도록 하는 것', '사랑 자체이신 분을 사랑케 하는 것'이 데레사가 이웃을 위한 자신의 모든 소망의 요약이라고 할 수 있다. 그녀는 이미 1889년 10월 15일에 셀리나에게 이렇게 써 보냈다.

이 어두운 삶을 살아가는 동안에 해야 할 일이 꼭 한 가지 있어요. 그것은 사랑하는 것, 마음을 다하여 예수님을 사랑하고 그분이 사랑받으시도록 그분께 영혼을 인도해 드리는 것입니다. 아! 사람들이 예수님을 사랑하게 해야 해요.[23]

그리고 데레사는 죽기 두 달 전에 이와 같은 이상이 그녀를 하늘로 이끌고 있다고 셀리나에게 말했다.

오! 그것은 사랑이에요. 하느님을 사랑한다는 것은 사랑받는 것. 저는 사랑이신 분을 사랑하기 위해 세상에 되돌아올거예요.[24]

2) 영혼 구원을 위한 무한한 소망

1887년 7월, 어느 주일 이후 데레사는 십자가에서 흘러내리는 거룩한 장미 송이를 받아 영혼들에게 뿌려 주기 위해, 십자가 아래 충실히 서 있겠다고 결심했다. 데레사의 생애는 영혼들을 구하고자 하는 이 끝없는 소망 없이는 설명할 수 없을 것이다. 1890년 9월 2일 서원을 위한 수녀원 참사회의 과정에서, 데레사는 영혼들을 구하고 특별히 사제들을 위한 기도를 하기 위해 가르멜수녀원에 들어왔다고 말했다.[25] 그리고 7년 뒤 죽기 몇 시간 전에 데레사는 다음과 같이 고백했다.

이렇게 심한 고통을 받을 수 있으리라고는 전혀 생각하지 못했어요. 이것은 영혼들을 구하고 싶었던 열렬한 소망 외에는 달리 설명할 수가 없어요.[26]

우리는 여기서 데레사가 품고 있던 영혼들을 구하려는 열정에 대해, 상호 보충이 되는 두 가지 양상을 살펴볼 뿐이다. 데레사는 아빌라의 거룩하신 어머니, 데레사(대데레사) 성녀를 본받아 "단 하나의 영혼을 구하기 위해서 천 번이라도 기꺼이 목숨을 바치겠다."[27]라고 하면서 자신의 희생과 기도로써 많은 영혼들을 구하기를 진정 바랐다.

데레사는 단 하나의 영혼을 구원하기 위해 끈기 있게 기도를 했다. 그녀의 인간적인 모든 공로는 예수 그리스도의 무한하신 공로에 결합하였고, 그녀는 단 한 사람의 죄인이라도 회개하도록 기꺼이 자신의 모든 공로를 바쳤던 것이다. 많은 영혼들의 인내와 진보가 데레사의 눈에도 가치 있게 보였다. 1894년, 데레사는 레오니아와 삼위일체의 마리아 수녀가 수도 생활에서 인내할 수 있도록 자신의 모든 기도를 바쳤다.[28] 데레사의 기도는 이듬해 수도회에 입회하는 언니를 위해서 그리고 또 두 명의 영적 형제를 위해서, 특히 벨리에르 신부의 인내를 위해서, 열성을 다해 기도했다. 데레사는 언제나 각각의 영혼이 마치 이 세상의 유일한 존재인 것처럼 그들 하나하나를 위해 기도를 불태웠다. 그녀는 또한 삼위일체의 마리아 수녀에게 말했던 것처럼 각 영혼들에게도 다음과 같이 말했을 것이다.

저는 당신이 성공할 수 있도록 기꺼이 제 생명을 바치겠어요.[29]

앞서 인용한 예수의 데레사(대데레사) 성녀의 말씀이나, 바오로 사도의 말씀이 아니고서는 이런 표현을 데레사의 편지에서는 볼 수 없었을 것이다. "사실 육으로는 내 혈족인 동포들을 위해서라면, 나 자신이 저주를 받아 그리스도에게서 떨어져 나가기라도 했으면 하는 심정입니다."(로마 9,3)라고 한 바오로 사도의 이 말씀은 두 가르멜 수녀의 마음을 불태웠던 영혼들에 대한 열정을 잘 표현하고 있다.

이런 표현들을 우리는 사랑의 언어라고 강조한다. 하느님을 진정으로 사랑하는 사람은, 자기 노력으로 영혼 하나가 하느님을 더 사랑하게 되었다면 그는 자기 생의 마지막에 이르렀을 때 시간을 헛되이 보내지 않았다고 생각할 것이다. 그래서 데레사는 하느님께서 많은 영혼들을 구하고 싶어 하는 자신의 소원을 들어주실 것이라고 굳게 믿고 바랐다. 이것은 하느님이 그것을 실현해 주고 싶으셨기에, 그녀에게 이러한 소원을 불어넣어 주셨다고 말할 수 있다. 데레사는 우리가 행하는 행위나 겪는 고통이 '작은 것'인데 반해 그 결과는 엄청나게 '큰', 이 둘 사이에 있는 차이에 대해서 가끔 생각했다. 1889년 3월 12일, 데레사는 셀리나에게 이렇게 썼다.

> 예수님께서는 진정 우리가 단 한 번 짓는 한숨에도 우리의 구원을 이루시려고 하세요. 이 얼마나 엄청난 신비인가요……! 한숨 한 번이 영혼 하나를 구할 수 있다면, 우리가 겪는 고통으로 무엇인들 못하겠어요……? 예수님께 아무것도 거절하지 마세요.[30]

데레사는 십자가의 요한 성인의 작품인 『영혼의 노래』에 쓰인 다음과 같은 말에 영향을 받았다.

"순수한 사랑에서 나온 가장 작은 행위는 하느님의 눈에 가장 가치로운 것이며, 다른 모든 업적을 합한 것보다 교회에 더 유익하다."[31]

"나의 누이 나의 신부여, 그대는 내 마음을 사로잡았소. 한 번의 눈짓으로, 그대 목걸이 한 줄로 내 마음을 사로잡았소."(아가 4,9)라고 십자가의 요한 성인이 아가서에서 인용하여 말한 신랑의 말을 읽은 데레사는 레오니아 언니에게 우리의 눈길과 머리카락 한 올로도 예수님께 상처를 입힐 수 있다고 설명했다. 이 말은 가장 작은 것으로 가장 위대한 것을 성취할 수도 있다는 뜻이다. 그러기에 예수님께 아무리 사소한 희생일지라도 거절하지 않으려는 것은, 그것이 신앙 안에서는 엄청나게 큰 것이 되기 때문이다.

사랑하는 마음으로 핀 하나를 줍는 행동이 이웃 하나를 회개시킬 수 있다는 것은 얼마나 큰 신비인가요! 우리의 작은 행위에 이런 가치를 주시는 분은 오직 예수님뿐이에요.[32]

1895년, 이 젊은 수련장 수녀(데레사)는 가장 단순한 행위가 많은 이웃들에게 영향을 미치는 이 놀라운 사실에 존재하는 가치를 설명하기 위해, 한 표상을 발견하게 되었다. 즉 작은 불씨라도 엄청난 화재를 일으킬 수 있다는 것이다. 지극히 작은 불꽃이 교회 안에 큰불을 놓을 수 있으며, 이 사실은 오직 하늘에 가서야 아주 꼭꼭 숨어 있던 작은 영혼이 굉장한 불의 원천임을 알게 될 것이다.

데레사는 그 이듬해를 잊지 못했다. 즉, 1896년 4월, 가장 짙은 어둠이 그녀의 영혼을 휩쓸었을 때, 그녀는 즉시 이 시련을 신앙이 없는 이들에게 신앙의 빛을 얻어 주기 위한 수단으로 기꺼이 맞이한다.

데레사는 1896년, 가르멜수녀원의 적막한 고독 속에서 자신의 고통과 욕망을 하느님 바침으로써 많은 영혼들을 매우 유익하게 했다는 확신을 갖게 된 것으로 보인다. 그러면서도 활동적인 사도직을 수행하고 싶은 욕망이 데레사의 마음을 사로잡는다. 물론 그녀의 소명은 기도와 희생으로 영혼들의 어머니가 되는 것이지만, 그녀는 그리스도를 위해 가장 영웅적으로 모든 일을 하고 싶었다. 실현할 수 없는 이 사도적 욕망이 데레사의 영혼을 온통 채워 그녀는 진정 순교자와 같은 고통을 느꼈지만 이것이 그녀의 성소에 위험 요소가 되지는 않았다.

늘 그러하셨듯이 하느님께서 자신의 욕망을 채워 주실 거라고 데레사는 확신했다. 그리고 그녀는 자신의 끝없는 욕망에 대한 해답을 사도 바오로 서간에서 찾고자 했다.

그러나 코린토 신자들에게 보낸 첫째 서간 제12장은 그녀에게 만족할 만한 해답을 주지는 못했다. 오히려 바오로 사도는 교회 내의 각 성소의 전문화가 필요하다는 것을 그녀에게 각인시킬 뿐이었다. 즉 '눈은 동시에 손이 될 수 없다.'는 것이다. 그럼에도 불구하고 데레사는 사제이자 사도이며 또한 순교자이고 싶어 했다.

코린토 신자들에게 보낸 첫째 서간 13장 첫 구절에서 데레사는 자신의 욕망에 대한 해답을 찾아낸다. 거기에서 바오로 사도는 가장 완전한 은총도 사랑 없이는 아무것도 아니라는 것을 효과적으로 설명하고 있다. 물론 바오로 사도의 말씀이 성녀의 불안에 대해 직접 답하고 있는 것은 아니다. 바오로 사도는 결국 코린토 신자들에게, 그들이 사랑을 지니지 못했다면 예언하는 능력이나 여러 언어로 말하는 것과 같은 가장 완전한 은사를 받았다 해도 그것이 그들에게 아무 소용이 없다고 말한다. 그러나 데레사에게 문제가 되는 것은 그것이 아니다. 그녀는 오래전부터 모든 것을 사랑으로 해야 한다는 것을 알고 있었다. 온전히 관상적이어야 하는 자기 소명과 맞지 않는, 사도가 되고 싶은 이 욕망을 장차 하느님께서 어떻게 실현시켜 주실 것인지 그것을 아는 것이 문제였다. 데레사는 바오로 사도의 말씀에서 출발하여 하나의 추론을 완벽하게 설정한다. 그것은 다음 사항을 내포하고 있다.

첫째, 만일 교회가 진정 서로 다른 지체로 구성된 하나의 몸을 가지고 있다면 모든 것 중에서 가장 필요하고 가장 고귀한 것이 빠져서는 안 된다. 교회는 하나의 심장을 가지고 있고 이 심장은 사랑으로 불타는 것이다.

둘째, 심장이 몸의 각 부분에 피를 공급하는 것과 마찬가지로 사랑만이 교회의 서로 다른 지체를 움직이게 한다.

셋째, 그러므로 사랑은 시간과 공간 속에 있는 온갖 소명을 내포하고 있다.

결과적으로 교회의 심장 안에 머물면서 유일한 소임인 사랑하는 것에 끊임없이 자신을 내맡김으로써 데레사는 자신의 소원대로 모든 소명을 만나고, 교회의 모든 사도적 활동을 원활케 할 수 있다고 확신한다.

결국 데레사는 1896년, 이미 알고는 있었지만 아직까지 그 의미를 심화하지 못했던 십자가의 요한 성인의 다음 구절을 더욱 잘 깨닫게 되었다.

> 순수한 사랑에서 나온 가장 작은 행위가 다른 모든 업적을 합한 것보다 훨씬 더 교회에 유익하다.

데레사는 자기가 좋아하는 이 영성가의 말을 예수 성심의 마리아 수녀(마리아)에게 보내는 편지에도 인용하고 있다. 데레사는 하느님에 대한 사랑이 지닌 사도적 가치를 더욱 깊이 깨닫는다. 신비체 전체에 유익한 존재가 되는 것은 하느님을 사랑하는 것, 그것으로 족하다. 그래서 데레사는 "내 소명, 그것은 사랑입니다."라고 자신의 소명에 충실할 것을 확신하며 소신 있게 하느님께 자신의 모든 소망을 보여 드렸다.

3) 기도의 다양성

데레사는 이웃을 위해 기도했다. 데레사가 기도할 때에 무의식적으로 파고드는 이웃에 대한 생각을 그냥 내버려 두었던 것은 상호 구체적인 방법을 통해 기도해 줄 의무가 있다고는 생각하지 않았기 때문이다. 데레사의 이러한 태도는 하느님과 그녀의 관계에서 그녀의 영혼이 지닌 단순성과 포기의 근본적인 모습이기도 하다.

그러면서도 데레사는 구체적인 방법으로 몇몇 이웃을 위해 기도하는 경우가 있었다. 예컨대 자기가 사랑하는 사람들이 필요로 하는 것을 하느님께 길게 펼쳐 보이는 일이다.

> 저는 제가 사랑하는 자매의 선하신 하느님과 담화하면서 흐뭇했습니다. 제가 그분께 너무 많은 말을 한다고 여기셔도 걱정하지는 않아요. 사랑하는 마리아가 그보다 훨씬 전에 그분의 마음속에 있다는 것을 확신하고 있으니까요.[33]

또 데레사는 수녀원 기숙사의 사감에게도 이렇게 쓰고 있다.

> 저는 가끔 모든 선생님들을 생각합니다. 그러고는 한 분 한 분의 이름을 부르며 예수님께 말씀드리기를 좋아합니다. 제가 그분의 발치에서 보내는 그 축복된 시간에.[34]

그러나 우리는 주님께 이웃이 필요로 하는 것을 일일이 열거하지 않아도 된다. 그분은 우리가 필요하다고 하기 전에 우리보다 먼저 잘 알고 계시기 때문이다.

내일 저는 예수님을 또 모실 것입니다. 아! 그때 저는 또 하나의 저인 셀리나 언니에 대해서 그분께 말씀드리려고 해요. 그분께 드릴 말씀이 참 많지만 어렵진 않을 거예요. 한숨 한 번이면 모든 것을 그분께 말씀드릴 수 있을 테니까요.[35]

가끔 침묵만이 제 기도를 표현할 수 있어요. 하지만 감실 안에 계시는 천상 주인께서는 모든 것을 알고 계세요. 어린 영혼이 지키는 침묵, 그것은 바로 감사하는 마음으로 가득한 것이에요.[36]

우리가 다른 사람들을 위해 기도할 때는, 하느님의 뜻에 온전히 맡겨야 한다고 데레사는 말한다. 어떤 식으로 해 달라고 요구하지 않고 다만 그들이 필요로 하는 것을 제시하는 것으로 만족해야만 한다는 것이다. 이렇게 함으로써 "이제 술이 없구나."라고 말씀하시는 것으로 만족하셨던 저 카나의 성모님을 닮을 수 있는 것이다. 마찬가지로 마르타와 마리아는 그저 주님께 "당신께서 사랑하시던 자가 아픕니다."라고만 말씀드렸던 것이다.[37]

우리가 이웃을 위해 기도할 때, 그의 개인적인 장점을 강조할 필요는 없다. 아니, 그래서는 안 된다. 다만 우리가 기도해 주는 모든 사람을 위해 하느님의 무한하신 자비에만 의지해야 한다.

제 기도가 보잘것없지만, 예수님께서 제 기도를 들어주시고, 당신께 기도드리는 저를 보시는 대신, 기도의 대상이 되는 사람들에게 눈길을 돌리시어 제가 바라는 모든 것을 들어주시기를 원합니다.[38]

우리는 여기서 이웃을 위한 기도에 헌신하고, 그에 대한 하느님의 사랑에 공감함으로써, 영혼은 보다 더 하느님의 사랑에 사로잡히게 되고 형제적 사랑 안에 성장하게 됨을 볼 수 있다.

이웃을 위한 데레사의 기도에서 가장 인상적인 것은 그녀가 자신을 위해 원하던 것을 이웃을 위해서도 끊임없이 원했다는 사실이다. 이웃을 자신처럼 사랑한다는 것이 데레사에게는 자신을 위해 바라는 은총을, 이웃을 위해서도 바란다는 것을 의미했다. 이 소망은 특히 셀리나에게 보낸 편지 속에 가장 많이 표현되어 있다.

저는 언니를 위로해 주기 위해 편지를 쓰는 거예요. 하지만 그러기에 저는 너무 서툴러요……. 아! 예수님께서 눈물보다 더욱 강하게 제 안에 심어 주신 이 평화를 언니에게 전할 수 있다면 얼마나 좋을까요. 또 다른 저인 언니를 위해서 바로 이것을 그분께 청하고 있어요……![39]

그래 우리를 떼어 놓으실 때, 예수님은 그때까지는 제가 모르고 있던 방법으로 우리를 묶어 놓으셨어요. 그래서 그 순간 이후부터 저는 제 자신만을 위해서는 아무것도 원할 수가 없고, 오직 우리 둘을 위해서 그럴 수 있을 뿐이에요.[40]

이런 생각은 데레사의 영적 형제들과의 서신 교환에서도 보인다.

"저를 위해 예수님께 청하는 모든 것을 신부님을 위해서도 청하고 있습니다."라고 룰랑 신부에게 쓰고 있다. 그리고 벨리에르 신부에게는 이렇게 털어놓고 있다. "언젠가 예수님께서 제가 걷고 있는 바로 그 길을 신부님도 걷게 해 주실 것을 바랍니다." 1897년 8월 4일, 데레사는 "선교사 신부님들을 위해 기도할 때 저는 제 고통을 바치지 않고 다만 이렇게 말합니다. '하느님, 제가 저 자신을 위해 바라는 것 모두를 그들에게도 주십시오.'"라고 말했다.

데레사가 영적 형제들을 위해서, 또 가족을 위해서 구체적으로 기도했듯이, 교회 전체를 위해 자신의 '무한한 욕망'을 하느님께 바치는 일도 있었다. "가르멜 수녀의 열정은 온 세상을 포옹해야 한다."는 것을 그녀는 알고 있었고, 두 선교사가 좀 더 유익한 존재가 되기를 진정 바라고 있었다.

데레사의 기도는 흔히, 그녀 자신을 위해 바라는 것을 다른 영혼들을 위해 바라는 식으로 구성되었다. 이처럼 데레사는 예수님께서 수많은 작은 영혼에게 눈길을 돌리시고, 그분이 데레사의 영혼을 안아 주셨듯이 이웃을 사랑으로 안아 주시기를 예수님께 탄원했다.

어느 날, 데레사가 감사기도를 하는 동안에 예수님이 발견하게 해 주신 단순화가, 그녀가 말년에 드린 기도 안에 어떻게 작용했는지를 살펴보자. '아가서' 1장 4절의 "나를 끌어 주셔요. 우리 달려가요. 임금님이 나를 데려다주셨네."라는 구절을 생각하면서 데레사는, 사랑하는 모든 영혼들을 이끌기 위해 예수님께 "나를 끌어 주세요."라고 말하고, 그분의 이끄심에 모든 것을 다 맡겨 버리는 것으로 충분하다는 것을 깨닫는다.

이것은 아무런 저항 없이 아무런 노력 없이 되는, 당신을 향한 그분의 매력이 빚어내는 자연스러운 결과입니다. 조그만 개울이 흘러오는 동안 만난 모든 것들을 다 이끌고 대양으로 세차게 흘러드는 것과 같이, 오 예수님이여! 당신 사랑의 가없는 대양에 뛰어드는 영혼은 지니고 있는 모든 보화를 다 이끌고 옵니다.[41]

아가의 이 구절에 대한 해석에서 A. 콩브 주교는 십자가의 요한 성인과 비교하여 데레사가 뛰어난 독창성이 있음을 잘 지적했고,[42] 데레사가 발견한 이것을 '영적 매력의 법칙'이라고 멋지게 이름을 붙였다.[43] 주교는 또 "이 결정적인 단순화를 예수님께서 친히 완성하시고, 이 사도적인 영혼에게 '사랑의 기도'가 지닌 사도적 본질을 밝혀 주신다."[44]라고 말한다.

데레사가 발견한 것에 대해서 몇 가지 덧붙이고자 한다. 그것은 그녀의 사상 발전에 있어서 이 발견의 위치를 정립하고 그 중요성을 과대평가하지 않기 위해서다.

이 발견은 1896년 9월에 데레사가 받은 교회의 심장 안에서 데레사는 자신의 위치를 깨닫게 해준 빛의 은총이 심화한 것으로 생각한다.

그때 그녀는 교회 전체에 유익한 존재가 되기 위해서는 예수님을 사랑하는 것으로도 족하다는 것을 깨달았으며 "순수한 사랑에서 나온 가장 작은 행동이 다른 모든 업적을 합한 것보다 훨씬 더 교회에 유익하다."는 것을 잘 알게 되었다. 두 번째 『자서전』을 읽어 보면, 데레사가 그때 이미 교회의 서로 다른 구성원들을 연결하고 있는 연대성을 완전히 이해하고 있었으며, 이 점에 있어서는 더 이상 아무런 진보가 있을 수 없다는 인상을 받게 된다.

데레사가 이 연대성의 '사실'을 완전히 이해하고 있었다 해도, 그녀에겐 그것을 훌륭하게 표현하고 있는 표상을 성경에서 발견해야 하는 일이 남아 있다. 1896년, 실제로 데레사는 자신을 교회의 모든 지체들을 활기 있게 만들고 역동케 하는 힘을 지닌 사랑으로 표현했으며, 이 힘이 크면 클수록 그만큼 관상 생활을 하는 영혼들이 사랑에 더욱 헌신하리라는 것도 알고 있었다.

> 저는 사랑만이 교회의 지체들을 움직이게 한다고 생각합니다. 만일 이 사랑이 꺼진다면 사도들은 더 이상 복음을 선포하지 못하고, 순교자들은 피를 흘리려고 하지 않을 것입니다.[45]

데레사는 나중에 또 다른 표상을 가지고 자신을 신비체 전체에 대한 사랑의 행위를 지닌 초자연적 능력으로 표현하고 있다. 그렇지만 그녀는 하느님에 대한 우리의 사랑이 지니는 황홀한 움직임을 잘 표현하고 있는 성서상의 한 표징으로 되돌아오기도 했다. 모든 영혼의 발길은 모두 주님을 향한 길 위에 있고, 두 눈은 주님께 고정되어 있으며, 가슴은 그분 안에서 자신을 상실해 버리려는 욕망으로 가득 차 있다. 데레사는 자신의 영혼이 주님께 사로잡히도록 자신을 포기하면 할수록 자신과 더불어 걷고 있는 영혼들도 역시 그분께로 이끌려 온다는 것을 알고 있었다. 영혼이 예수님의 황홀한 사랑에 헌신함으로써, 이웃들을 위해 그와 같은 사랑의 은총을 얻을 수 있는 것이다.

　데레사는 자신의 사랑을, 교회의 심장을 거쳐 모든 지체들을 돌면서 거기에 다양한 사도적 직무를 수행하도록 고무시키는 자비로운 사랑에서 흘러나온 추진력으로 이해하는 대신, 이제 자신을 사랑으로 표현했다. 이것은 십자가의 요한 성인이 『사랑의 불꽃』에서 사랑을 상호 관계뿐 아니라 서로를 통하여 영혼들을 하느님께로 이끌어 가는 매력적인 힘으로 표현하고 있는 것과 같다. 그래서 데레사는 이 표상에 깊이 맛 들였을 것이다. 그 표상은 관상적인 데레사의 영혼에게 매우 알맞은 것이었으며, 그녀로 하여금 기도를 배워 가는 과정에서 하느님에 대한 자신의 사랑이 교회의 다른 지체들의 사랑에 영향을 끼친다고 자부하게 했다.

　데레사가 발견한 이것이 그녀가 종전에 해 오던 관습적 기도 방식을 종식시켰다는 것은 아니다. 예수님께서 자기에게 사명을 수행할 수 있는 단순한 방법, 다시 말해서 선교사인 영적 형제들을 위해 기도하는 방법을 가르쳐 주셨다고 말하면서도, 데레사는 전에 사용했던 방법이 복잡하고 불완전했지만, 그것들을 버렸다고는 말하지 않았다. 오히려 이따금 데레사는 주님께 가족 중 한 사람을 위해 바쳤던 그 고요한 기도 속에 무슨 복잡한 것이 있었는지, 또는 자기 자신을 위해 바랐던 것을 이웃을 위해서도 바랐던 것에 무슨 불완전한 것이 있었는지를 자문할 뿐이다. 그러므로 '영적 매력의 법칙'을 발견했다고 해서 데레사의 기도가 이제는 더 이상 구체적인 기도를 드리지 않을 만큼 단순해졌다고 생각하지 말아야 한다.

 1897년 7월 27일, 그녀는 사랑과 평화 안에 자매들이 내적 쇄신을 할 수 있도록 자신의 기도와 고통을 하느님께 바쳤다. 그리고 8월 19일에는 로이송 신부의 회심을 위해 마지막 영성체를 바쳤고, 9월 2일 신앙을 갖지 않은 친척 중 한 사람을 위해 자신의 내적 시련을 바쳤다.[46]

 한편, 데레사는 천국에서도 그녀의 기도가 봉헌되기를 원하면서, 영적 형제들 한 사람 한 사람에게 자신의 작은 길을 가르쳐 주기 위해 그들 곁에 되돌아오고 싶어 했다. 그녀의 이런 소망은 우리 이웃이 필요로 하는 것을 언제나 주님께 말씀드리고, 하느님을 위해 성덕에 이르고 싶다는 소망을 바치는 데에만 기도의 가치가 있다는 것을 결정적으로 우리가 납득할 수 있게 할 것이다. 이는 즉, 예수님의 황홀한 사랑에 헌신하는 것에 만족하고, 우리를 언제나 그분께로 더 가까이 이끌어 주시도록 청하는 것만으로도 우리는 온 교회에 뛰어나게 유익한 존재가 될 수 있다는 것이다. 그렇지만 성령께서 우리가 서로를 위해 특별한 방법으로 기도하라고 우리를 자극한다면, 우리는 역시 이 거룩한 충동에 따라야만 한다. "나를 이끌어 주소서."라는 기도의 효력과 풍요를 발견한 후에도 데레사는 여전히 영적 형제들과 수련자들을 위해 "하느님, 저는 감히 당신께서 저를 사랑해 주신 것처럼 제게 주신 사람들도 사랑해 주시기를 청합니다."라고 기도했다.

이처럼 '영적 매력의 법칙'을 발견했어도 데레사가 이웃을 위해 드리던 기도 방법을 완전히 바꾼 것은 아니다. 그 발견은 데레사의 기도에서 진정한 전환점을 마련하지는 못했다.

4) 죄인들을 위한 기도

죄인들의 회개는 데레사의 삶과 그녀의 가르멜수녀원 입회의 근본적인 목적이며 동기였다. 그리고 말년에 그녀는 무신론자들에게 신앙의 빛을 가져다주기 위해 그녀의 영혼을 괴롭힌 영적 어둠을 하느님께 봉헌했었다.

그러면, 데레사는 불쌍한 죄인들을 위해 어떻게 기도했는가? 좀 더 정확히 말해서, 데레사는 기도할 때 죄인들과 자신을 어떻게 비교했는가?

A. 콩브 주교와 M. 모레는, 데레사가 자비로우신 하느님 사랑에 자신을 봉헌했을 때, 그녀는 자신과 죄인들 사이에 아무런 경계를 설정하지 않았었다고 지적했다. 당시 사람들과는 달리, 데레사는 죄인들

에게 내려져야 하는 마땅한 징벌을, 죄인들을 대신하여 자신을 하느님의 정의 앞에 희생물로 바친다는 것에 공감하지 않았었다.

죄인들을 위해 드리는 데레사의 기도는 그녀의 언니들이나 영적 형제들을 위해 드리던 기도와 매우 흡사했다. 데레사는 죄인들과 오직 하나를 이룰 뿐이라고 생각했으며, 자신을 위해 빌었던 소원을 그들을 위해서도 빌었는데, 이것은 하느님께서 당신 사랑의 물결을 그들 위에 넘치게 하기 위해서였다.

우리는 여기서, 데레사가 어떤 점에서 가엾은 죄인들과 자신을, 연대적 책임하에 두었는지를 데레사의 생각을 통해 조명해 보려고 한다. 그것은 바로 데레사가 인간들의 배은망덕에 대해 예수님을 위로해 드리는 것이 자신의 의무라고 여겼던 그 방법에 대해 아는 것이다.

먼저 데레사가 죄인들의 배은망덕에 대해서 예수님을 위로해 드리는 것이 그녀의 소원이었다는 사실을 알기에는 데레사가 쓴 편지나 시 작품에서 사용한 표현들로는 다소 난처한 점이 있다는 것을 고백해야겠다. 그녀는 이렇게 쓰고 있다.

> 죄인들이 그분의 두 눈에서 흐르게 한 눈물을 닦아 드리는 것이 제 유일한 소망입니다. 저는 예수님께서 제 약혼 날에 고통받게 해 드리고 싶지 않습니다.[47]

이런 표현들이 실제로 예수님께서 아직도 고통을 받으실 것 같은 인상을 우리에게 주기 때문이 아니라, 인간들의 무관심으로부터 예수님을 위로해 드리려는 소망이 이제 현대 영성에 있어서 그리 환영받는 주제가 아니기 때문이다.

현대 신앙인들은 그리스도께서 수난하시는 동안, 인간이 실제로 그분이 지녔던 사랑과 그분이 느끼신 위로에 대해 상상하기가 전 시대 사람들보다 훨씬 어렵다고 할 수 있다. 현대인들은, 죄인들이 그리스도께 입힌 상처를 위로해 드리는 데 무관심해 보인다. 마치 불쌍한 죄인들의 구원과 회심에 대해 관심이 없는 듯하다. 하느님께서는 의인들의 사랑 안에서 위안을 얻고 계신다는 생각, 그것은 곧 인류의 죄에 대하여 헐값으로 그들 자신을 위로하려는 방법이 아니겠는가? 이러한 생각은 가장 선량한 사람들에게서 죄인들의 회개를 바라는 마음을 잠재워 버리지는 않겠는가.[48]

여기서 우리가 분명히 제시하고자 하는 것은, 죄인들의 배은망덕에 대해서 예수님을 위로하고 싶다는 데레사의 소망이 죄인들의 회개와도 관련이 깊다는 것이다.

1887년 7월 이후 데레사는, 예수님을 진정으로 위로해 드리는 방법은 그분께 영혼들을 구원하기 위한 희생을 바치는 것임을 알았다. 그분의 피가 헛된 것이 되어서는 안 되며, 그 피는 영혼들이 구원되기 위해 그들 위에 뿌려야만 한다는 것이다. 예수님은 당신의 피로 정결하게 된 죄인들에게서 사랑받기를 갈망하신다. 데레사는 그리스도가 십자가에 못 박히신 그림 앞에서 깨달았던 것을 결코 잊어버리지 않았다.

1889년 7월 14일 그녀는 마리 게랭에게 "매 순간 만나는 가시들을 잃지 마십시오. 그 가시들로 당신은 영혼들을 구할 수가 있습니다."라고 쓴다. 같은 날 셀리나에게 쓴 편지에서 데레사는 예수님을 위로하는 것과 영혼을 구원하는 것을 분명하게 연관짓는다.

셀리나 언니, 우리에게 남아 있는 이 짧은 순간 동안, 시간을 허비하지 말고 영혼을 구해야겠어요…… 영혼들을. 그들은 눈송이처럼 사라져 가고 있어요. 예수님은 울고 계시고, 또 우리는 우리 약혼자를 위로해 드리지는 않고, 우리의 고통만을 생각하고 있지요. 아! 언니, 우리 영혼들을 위해서 살아야겠어요. 사도가 되어야겠어요.[49]

데레사에게 죄인들의 회개는 바로 그리스도를 위로하는 것이었다.

사랑에 산다는 것, 그것은 예수님의 거룩한 얼굴을 닦아 드리는 것. 그것은 죄인들이 용서를 받는 것.[50]

데레사는 1895년 6월, 그의 봉헌문에서 여러 번 간략한 형식으로 그리스도의 마음을 위로해 드리는 방법에 대해 말한다. 그녀의 대모인 성심의 마리아 수녀의 요청에 따라, 데레사는 봉헌문 원본에 성심에 대해 두 가지를 암시한 내용을 덧붙였는데 그 내용은 다음과 같다.

오직 당신만을 위하여, 당신을 즐겁게 해 드리고 당신의 성심을 위로해 드리며, 당신을 영원히 사랑할 영혼들을 구하기 위해서만 일하고자 합니다.

데레사의 이 마지막 문장은 흔히 볼 수 있는 공식 기도문에서 인용한 것이 아니라, 자신이 계속 기도해 온 자료에서 인용했다.

그리스도의 마음을 위로해 드리는 참된 방법은, 그분에게 영혼을 구원하기 위한 희생을 바쳐 영혼들이 그분을 사랑하도록 하는 것보다 더 분명한 것은 없다고 데레사는 말했다. 데레사는 죄인들의 배은망덕함을 보상하기 위해 바로 그 죄인들의 회개를 하느님으로부터 얻어야만 한다고 생각했다. 그래서 그들 역시 사랑이신 분을 사랑하게 해야 한다는 것이다. 예수님은 모든 이에게 사랑받기를 열망하신다.

결과적으로 데레사는 그리스도가 의인들의 사랑 안에서 위로를 얻는다고 해서 그들에게 죄인들의 회개를 위한 일을 면제해 주는 것은 아니라고 생각했다. 진정으로 예수님을 위로해 드릴 수 있는 방법은 그분에게 영혼들을 구원하기 위한 희생을 바치는 것이다.

데레사는 자신과 불쌍한 죄인들의 영혼을 이어 주고 있는 연대성을 점점 더 잘 깨달았다.

데레사가 죄인들을 위해 하느님께 올린 기도는 매우 열렬했다. 데레사는 "저들을 불쌍히 여기소서. 저들을 의롭게 해 주소서."라고 말하는 기도를 바리사이적이라거나 불완전하다고 배척하지 않았다. 데레사는 죄인들의 식탁을 정화할 책임을 지는 것을 겁내지 않았다. 그러면서도 그녀는 우리의 모든 일이 하느님 눈에는 흠투성이이고, 우리는 모두 그분의 자비가 필요한 존재임을 잘 알고 있었다. 이것이 바로 그녀가 자신의 공로를 내세우려 하지 않는 이유다. 그렇지만 데레사는 영혼들의 구원을 위한 자신의 희생을 예수님께서 기억하시리라는 것을 잘 알고 있었으며, 두려움 없이 이웃의 죄를 속죄하기 위해 가르멜수녀원의 힘든 삶을 선택했다고 말했다.

결국 죄인들을 위한 기도는 물론, 데레사 자신을 위해 바치는 기도까지도, 데레사는 자신의 보잘것없는 공로를 예수 그리스도의 신비체의 무한한 공로에 합하여 그들을 위해 봉헌하는 것으로 이루어졌다. 바로 이런 까닭에 데레사는 혼자만이 천국을 얻는다기보다는 교회 전체의 유익을 위한다는 생각으로 더욱 많은 공로를 쌓으려 했던 것이다.

5) 지상에 선을 이루기 위해 천국에서 내려오려는 소망

데레사의 소망을 살펴보면서 우리는 하늘에서 하게 될 그녀의 사도직에 관한 소망에 대해 특기하지 않을 수가 없다. 생애의 마지막 몇 개월간, 데레사는 더욱 명백하게 천국에서 그녀가 하게 될 애덕에 찬 행위가 어떤 것인지 예측했을 뿐 아니라 지상에서 그녀의 몫으로 돌아올 영광을 간파했고 천국에 가서도 여전히 영혼들에게 유익한 존재가 될 것을 예측했다.

이 지상에 선을 행하기 위해 천국에서 내려오고 싶어요.

또 성심의 마리아 수녀도 시복 조사 과정에서, 데레사는 사후에 선을 행할 수 있는 은혜를 청하려고, 1895년 3월 4일에서 12일까지 프란치스코 하비에르 성인께 9일 기도를 드렸다고 분명히 말했다.[51]

데레사의 마음속에 이러한 소망이 있었던 것은 성령의 특별하신 영감에 의한 것이었다고밖에 설명할 수 없다. 데레사가 자주 접했던 영성가들은 하느님께서 이 세상에서 당신을 사랑했던 사람들에게 주시는 저 세상의 영원한 복락에 대해 특별히 말했었다. 1887년에 아르맹 종 신부가 제7차 강연에서 말한 "영원한 복락과 하느님의 초자연적인 시련에 관한 것"은 데레사를 열광하게 했다.

가르멜수도회의 수도 생활에 비추어 보아도, 이 세상에 선을 행하기 위해 천국을 소망한다는 이 성소는 다분히 독창적인 것이었다. 리지외 가르멜수녀원 설립자인 성녀 데레사의 즈느비에브 원장 수녀는 죽기 얼마 전, 자기는 "하느님을 뵈옵기 위해서만 죽고 싶을 뿐"이라고 곤자가의 마리아 원장 수녀에게 말했었다. 반면, 데레사는 성면의 즈느비에브 수녀(셀리나)가 병실에서 읽어 주는 영성가의 글이 영원한 복락에 대해서만 적혀 있었기 때문에 독서를 멈추게 하고 다음과 같은 말을 했다.

제 마음을 끄는 것은 그런 것이 아니라 바로 사랑입니다. 사랑하고 사랑받는 것, 그리고 사랑이신 분을 사랑할 수 있게 하기 위해 이 지상에 되돌아오는 것입니다.[52]

그러면 데레사는 하늘에서도 이 세상에 선을 행하는 일을 계속하리라는 확신을 어디에서 얻어낸 것일까?

하느님께서는 언제나 당신이 우리에게 주시고자 하는 것을 우리가 원하게 하신다는 것이다. 이 원칙에 따라 그녀는 깊은 소망 안에 가장 먼저 하느님의 은총을 느꼈고, 그 소망은 또 그것을 예고하고 있었다. 1897년 7월 18일에 그녀는 다음과 같이 말했다.

선하신 하느님께서 저의 소망을 실현해 주실 의향이 없으시다면 제가 죽은 뒤에도 이 지상에 선을 행하려는 제 원의를 제게 심어 주시지 않으셨을 거예요. 오히려 그분 안에서 쉬고 싶은 원의를 주셨겠지요.

우리가 하느님께 완전히 결합해 있을 때, 천사들이 우리를 돌보아 준다는 생각은 자기가 죽은 뒤에도 교회를 적극적으로 돌보아 줄 수 있을 것이라는 확신을 심어 주었다.

정말 저는 이 세상에 선을 행하기 위해 천국을 지나오고 싶어요. 그것은 불가능하지 않아요. 바로 지복 직관의 품 안에서 천사들이 우

리를 지켜 주고 있으니까요.⁵³

1897년 초, 몇 개월 동안 수녀원 식당에서 읽었던 『곤자가의 성 루이의 생애』는 자신의 짧은 생이 결코 생의 풍요로움을 조금도 손상시키지 않을 것이라는 데레사의 신념을 확고하게 해 주었다. 어느 날 그녀가 자신의 이 같은 신념을 수녀원의 한 자매에게 설명했는데, 그 수녀는 데레사가 많은 영혼을 구하기 위해 이 세상에 오래 머물려고 하지 않는 것을 보고 놀라워했다.

곤자가의 성 루이를 보세요. 좋으신 하느님께서는 그를 오래 살게 하실 수 있었을 거예요. 사람들에게 복음을 전하기 위해서 말이에요. 그러나 하느님께서는 그것을 원치 않으시고 그에게 다른 사명을 주셨어요. 훨씬 더 풍요로운 것이었죠. 80년을 산다 해도 그 사명을 다 할 수는 없었을 거예요. 그 모든 사도직을 그는 천국에서 완성했고 제게도 그렇게 해 주실 거예요. 저는 그것을 알고 있어요.⁵⁴

특히 이제 막 병석에서 일어난 교구 참사 위원인 어느 신부에게 곤자가의 루이 성인이 발현했다는 부분의 내용을 들은 뒤 데레사는 성심의 마리아 수녀에게 다음의 유명한 말을 했다.

저도 죽은 뒤에 장미 비를 내리겠어요.⁵⁵

이제, 데레사가 교회의 유익을 위해 천국에서 일하겠다는 점에 대해서 살펴보기로 하자. 그녀는 천국에서 드리게 될 기도가 이 세상에서 드리는 기도의 연장이라고 여기고 있다. 그런데 우리는 이미 이웃을 위한 그녀의 기도가 두 가지 방향을 지니고 있음을 보았다. 데레사는 이웃을 위해서 하늘에서 풍성한 은총을 내리기를 바라거나, 아니면 그들이 주님께로 이끌려 가기를 바랐다. 이와 같이 데레사는 이 세상에 선을 행하려 천국을 지나오겠다는 소망, 아니 확신을 두 가지 형태로 표현하고 있다.

데레사는 어떤 때, 자신이 '천국에서' 세상에 있는 모든 형제자매를 위해 열심히 하느님께 탄원하는 것을 상상한다. 그녀는 기도로써 온갖 종류의 은총을 그들을 위해 얻어낼 것이며 지상에 장미 비를 내리게 할 것이다. 그런가 하면 때로는 사람들이 하느님을 사랑하고, 희생을 하고, 즉 한마디로 사람들로 하여금 그녀의 '작은 길'을 걷도록 도와주려고 지상에 되돌아올 것을 생각한다.

천국에서 많은 은총을 얻어내는 것

'이 세상에 선을 행하려고'라는 말은 우선 데레사가 사람들을 위하여 하느님에게서 많은 은총을 얻어낸다는 것을 의미한다.

데레사는 언제나 성인들의 중재를 크게 신뢰하고 있었다. 그런데 이 신뢰는 어느 날 밤, 이름만 알고 있었을 뿐 전혀 생각지도 않았던 예수의 안나 원장 수녀를 꿈에서 본 뒤로 더욱 커졌다. 1896년 5월 10일의 그 꿈을 회상하면서, 하늘에는 그녀를 알고, 또 그녀를 자기들의 아이처럼 생각해 주는 영혼들이 많이 있다는 것을 더욱더 명확하게 깨닫게 되었다. 그때 그녀가 받은 이 빛의 은총은, 몇 달 후 그녀가 하늘 궁전에 있는 천사들과 성인들에게 드리게 될 기도에 영향을 미친다.

> 저는 여러분께 저를 자녀로 받아 주시기를, 그리고 여러분들의 밀도 짙은 사랑을 제게도 얻어 주시기를 감히 청합니다.[56]

데레사는 성인들의 중재를 진심으로 신뢰하고 있었기에, 그녀가 하늘에서 그들과 함께하게 될 때 그들의 능력과 그들의 너그러움에 자신도 참여할 수 있기를 희망했다. 1897년 1월 9일, 그녀는 아녜스 원장 수녀에게 이렇게 쓴다.

> 저는 빨리 저 세상에 갔으면 좋겠어요. 그때 저는 아주 큰 부자가 될 거예요. 저는 하느님이 지니신 모든 보물을 갖게 될 것이고, 하느님이 제 재산이 될 거예요. 그때 저는 제가 당신께 드려야 하는 것 모두를 백배로 갚아 드리겠어요. 아, 저는 그것이 대단히 기뻐요……. 언제나 받기만 하는 것에 저는 많은 고통을 느낍니다.[57]

5월 9일, 그녀는 룰랑 신부에게 자기는 천국에서 친척들을 위해 계속 기도드릴 거라고 편지를 써 보낸다. 그때 그들에게 어떤 은총이 필요한지 훨씬 잘 알게 될 것이며, 이 세상에서보다 기도를 더 많이 할 수 있을 것이라고 했다. 그녀는 벨리에르 신부에게도 이와 같은 내용의 편지를 썼다.

하느님께서 하늘에서 제 원의를 모두 들어주셔야만 합니다. 왜냐하면, 이 세상에서 저는 결코 제 원대로 하려 하지 않았으니까요.[58]

사랑이신 분을 사랑케 하기 위해 이 세상에 되돌아오는 것

『마지막 남긴 말씀』의 내용 중, 데레사가 "제가 떠나가고 나면 제가 저 높은 하늘에서 언니들을 위해 기도하고 언니들을 생각하는 것으로 만족할 거라고는 생각지 마세요. 저는 언니들 곁에서 제가 하느님을 사랑한 것처럼 언니들도 그분을 사랑하도록 도와드릴 거예요."라고 거듭 말해 온 부분에서 우리는 어떤 충격을 받게 된다.

우리는 조금 전에, 데레사가 살았던 마지막 몇 달 동안에 그녀와 신비체의 다른 지체들을 연결해 주는 지극히 긴밀한 그 연대성을 살펴보았다. 그녀는 자신을 주님께로 끌어가면서 자기와 연결되어 있던 모든 영혼들을 그분께로 이끌지 않을 수가 없었으며, 죽음 또한 이 연대성을 깨뜨릴 수 없음을 잘 알고 있었다. 하늘에서 하느님의 사랑에 헌신하면서 그녀는 역시 지상의 모든 형제자매들을 그분에게로 이끌어 갈 것이다.

하지만 데레사는 이 세상에 남겨 놓고 갈 수밖에 없는 그들이 '작은 길'을 걸을 수 있도록 도와주기 위해, 하늘에서 특별한 방법으로 그들을 보살펴 주고, 그들 각자에게 세심한 주의를 기울일 수 있기를 간절히 바랐다.

달리 말해서, 데레사의 소망은 사랑이신 분을 사랑하기 위해 하늘에 가는 것뿐 아니라, 사랑이신 분을 사랑하도록 하기 위해서 세상에 되돌아오기를 원한 것이다.

일찍부터 데레사는 죽음이 진정한 이별이 아니라는 생각에 익숙해 있었다. 특히 1886년 이후 하늘에 있는 오빠들이 그녀가 세심증에서 벗어날 수 있는 은총을 얻어 준 이후로 우리를 떠난 이들이 우리 가까이에서 계속 우리를 지켜 준다는 것을 알고 있었다. 그래서 아버지가 돌아가시고 겨우 한 달이 지났을 때, 그녀는 레오니아에게 이렇게 편지를 써 보냈다.

> 아빠의 죽음이 제게 진정한 삶이 무엇인지 알게 해 주었습니다. 저는 6년간 떨어져 있던 아빠를 되찾은 것이고, 아빠가 제 곁에서 저를 바라보시고 저를 보호해 주고 계심을 느낍니다……[59]

데레사가 자신의 죽음 역시 같은 식으로 생각하고 있다고 해서 하등 놀라울 것이 없다. 바로 그해, 데레사는 셀리나에게 이렇게 쓰고 있다.

> 예수님께서는 결코 우리를 떼어 놓지 않으실 거예요. 제가 언니보

다 먼저 죽는다고 해서 언니와 멀리 떨어져 있을 거라고 생각하지 마세요. 그 어느 때보다 우리는 더 가까이 결합해 있을 거예요.[60]

죽음이 다가오고 있을 때도 데레사는 이 생각을 바꾸지 않는다. 1896년 7월 30일, 선교 사명을 띠고 선교지로 떠나는 룰랑 신부에게 이렇게 썼다.

신부님, 하느님 안에서는 공간적 거리가 영혼을 갈라놓지 못할 것이고, 죽음까지도 우리를 더욱 단단하게 하나로 묶어 놓을 것입니다. 만일 제가 곧 천국에 가게 되면 수창 시로 신부님을 만나러 갈 허락을 얻으려고 해요. 그러면, 우린 함께 우리의 사도직을 계속해 나갈 수 있을 거예요.[61]

7월에 데레사의 병세가 심각해지면서 데레사를 병실로 옮겨야 한다고 결정했을 때, 데레사는 가끔 언니들에게 자기는 죽은 뒤에도 여전히 그녀들 곁에 아주 가까이 있겠노라고 되풀이하여 말했다.
7월 10일, "전보다 훨씬 더 많은 시간을 당신과 함께 보낼 거예요."라고 성체의 마리아 수녀에게 단언한다. 이틀 뒤에 "자매는 천국에서 우리를 지켜 볼거지요? 그렇지요?"라고 말하는 아녜스 원장 수녀에게 데레사는 "아니오. 저는 수녀님들께로 내려오겠어요."라고 대답한다.
그러면 어째서 데레사는 지상에 되돌아오고 싶어 했는가? 그것은 영혼들이 관대해지도록 도와주고 그들에게 자기의 '작은 길'을 알려주기 위해서다. 한마디로 '사랑이신 분을 사랑케' 하기 위해서다. 지상에 선을 행하기 위해 하늘을 거쳐 돌아오고 싶다는 데레사의 소망은, 7월 1일에 한 말 속에 가장 잘 나타나 있다.

요컨대 데레사는 사람들을 위해 이 세상에서 하고 싶었던 것을 하늘에서도 영원토록 계속하고 싶다는 것이다. 구원해야 할 영혼이 너무 많아서 그녀는 세상 끝날 때까지 조금도 쉬지 못할 것이다.

3. 자비로운 사랑

1) 이웃을 단죄하지 말아야 하는 이유

데레사는 이웃에 대한 비판을 절대로 하지 않았다. 그녀는 대화 속에서 이웃을 절대로 비판하지 않았을 뿐 아니라, 속으로도 그렇게 하지 않았다.

사랑이 많은 사람은 이웃을 비난하지 않는다고 데레사는 생각했다. 그녀가 사랑 어린 생각을 한다는 것은 남을 판단하기를 삼간다는 것을 의미한다. 그리고 그녀가 자신과 예수님과의 결합이 자신의 사랑을 강하게 해준다는 것을 보여 주고자 할 때, 가장 먼저 떠오르는 예는 자매들 중 한 사람에게 우호적으로 대하는 경우다.[62]

데레사는 이웃을 비판하지 않음으로써 자기가 예수님의 명령에 순종하고 그분의 관용을 얻는다는 것을 알고 있었다.

예수님은 "남을 심판하지 마라. 그래야 너희도 심판받지 않는다." (마태 7,1)라고 하셨다. 언제나 조심스럽게 예수님의 즐거움을 채워 드리려고 애쓰던 그녀가 이 권고를 따르지 않을 수가 없었을 것이다. 그러나 데레사는 이 거룩한 권고에 맹목적으로 따르지 않았다. 그녀는 예수님께서 우리에게 이웃을 판단하지 말라고 명하신 그 이유를 잘 알고 있었다. 그 이유들을 분석해 보자. 이것은 데레사가 품었던 이웃 사랑의 근본적인 면모를 연구하는 것이다.

이웃을 판단해서는 안 되는 이유는 우리가 진리에 따라 판단할 수 없기 때문이다. 다시 말해서 우리는 하느님과 같이 절대적인 가치에서 누구를 판단할 수 없기 때문이다. 여러 가지 다른 이유들도 다 여기에 귀결된다. 데레사 역시 이웃을 판단할 수가 없다고 생각했다. 왜냐하면, 그들의 과거, 현재, 혹은 미래에 대해 근본적으로 알 수 없기 때문이다.

우리는 우리 이웃들이 무슨 의도를 가지고 행동하는지 모를 때가 많다. 자기가 보기엔 잘못인 것도 그 의도를 알고 나면 아주 좋은 덕행이 될 수 있다고 데레사는 말한다. 또한 데레사는 좋은 의도로 한 행동이 주위에서 아주 그릇되게 받아들일 수도 있다는 것을 증명하면서 개인적 체험을 얘기한다. 어느 평범한 공동 휴식 중에, 경리 수녀가 한 수녀에게 도움을 청했을 때, 데레사는 자기가 그 일을 도울 수 있기를 바라면서도 애덕으로, 부탁받은 자매가 그 일을 돕도록 가만히 있었다. 이때 다른 한 수녀가 데레사의 봉사 정신이 부족하다고 나무랐다.

이런 이유로 데레사는 공동체의 어느 자매가 어떤 점에서 규칙에 어긋난 듯 보여도, 즉시 그녀에게 '좋은 의도'가 있었을 것이라고 생각했다.

2) 이웃의 숨은 선행

우리는 때때로 우리 이웃이 선행을 했는데도 모르는 수가 많다. 오늘, 내 형제가 하는 행동에 분명 나쁜 의도가 있다고 여겨져도 그 행동에 마음을 빼앗겨서는 안 된다. 그것은 어쩌면 일회적인 약점에 불과한 것일 수도 있고 예외적인 실수일 수도 있다. 우리는 언제나 우리의 이웃이 과거에는 오늘과 같은 유혹에 대항해서 얼마나 많은 승리를 거두었을지를 생각해야만 한다.

하느님이 아닌 이상 우리는 그 모든 상황을 알 수가 없다. 그가 자신을 이겨 온 그 공로를 그 누가 알 수 있겠는가.

늘 함께 있고, 그래서 서로를 잘 알게 되는 수녀원에서는 어느 자매가 습관이 되어 있는 어떤 결점에 또다시 떨어지는 것을 보고 그것을 예외적인 실수라고 생각할 수 없다. 그렇지만 이 자매가 이 결점을 고치려고 온갖 노력을 다했을지도 모른다고 생각할 수는 있다. 데레사는 주님이 보시기에는 그의 숨은 노력들이 다른 사람들이 두드러지게 행한 덕행보다 훨씬 마음에 드실 것이라고 생각했다.

데레사는 가끔 어떤 자매를 불리하게 판단하고 싶은 유혹을 느낄 때 이 논리를 적용했다. 데레사는 그때마다 그 자매가 과거에 했을지도 모르는 선에 대해 생각하는 것이었다.

그녀가 넘어지는 것을 제가 한 번 보았다면 그녀는 겸손되이 자신이 거둔 많은 승리들을 숨길 수도 있다고 생각합니다.[63]

3) 이웃의 심오한 자질

우리는 우리 이웃의 진가를 모르고 있거나 잊어버리고 있다. 우리는 아직까지 데레사가 이웃을 경멸하려는 유혹에서 벗어나는 방법 중에서 가장 깊은 가르침에는 이르지 않았다. 물론 우리는 그들에게 현재 좋은 의도가 있다고 가정해야 하고, 과거에 그들이 행한 선행의 가치도 인정해야 하지만 그들에게서 실질적인 능력, 습관적으로 우리가 알아채지 못하고 있지만 하느님이 보실 때 그들에게 진정한 가치를 주는 그 능력을 발견하도록 애써야 한다.

데레사는 우리가 흔히 이웃에게서 그들이 선천적으로 지닌 불완전함이나 성격적 결함, 게다가 우리와 조화되지 않는 면 등을 보고도 우리는 그대로 방관하고 있다는 점과, 본질적인 면을 간과하고 있는 점을 지적했다.

본질적인 것이란 바로 우리 이웃의 숨어 있는 덕과 공이다. 데레사는 어느 날 비유를 들어 즈느비에브 수녀에게 이에 대해 말한 적이 있다. 휴식 시간에 정원을 거닐면서 데레사는 과일이 달린 배나무를 가리키며 말했다.

> 겉보기엔 지극히 추한 이 배나무를 좀 보세요. 그것들은 마치 수녀님을 불쾌하게 했던 자매들 모습 같지요. 그렇지만 가을이 되어 제 모양을 흉하게 하던 이상스런 몸뚱이에 과일이 열리고, 거기서 익은 과일이 수녀님께 제공될 때, 수녀님은 전에 경멸했었다는 것을 잊어버리고 그것을 맛있게 먹겠지요. 마지막 날에도 이처럼 온갖 불완전함에서 벗어나 수녀님 앞에 위대한 성녀로 나타나게 된 당신 자매들을 보고서 놀라게 될 것입니다.[64]

이런 식으로 데레사는 아우구스티노의 데레사 수녀가 그녀에게 퉁명스럽게 대하는 데도 상관하지 않고, 그녀가 지닌 거룩한 예술가의 업적만을 높이 샀다. 외부적인 것에 머무르지 않고 그 영혼의 지성소에까지 파고들어가 그가 지닌 아름다움을 찬미했던 것이다. 데레사는 자기에게 지극히 불쾌하게 반감을 표시하는 어느 수녀의 태도에 연연하기보다는, 그 영혼 또한 하느님께는 지극히 사랑스러울 거라는 생각을 했다. 데레사는 이와 같은 방법으로 자신에게 불쾌하게 대하는 수녀를 진정으로 사랑할 수 있게 되었다.

데레사는 어느 수녀의 결점들이 뇌리에 파고들 때면 이와 같은 방법을 사용했다.

> 악마가 제게 덜 다정한 수녀들의 결점을 제 영혼의 눈앞에 보여 주려고 할 때면, 저는 열심히 그녀들의 덕이나 그녀들이 지닌 좋은 원의를 찾아보려고 애썼습니다.[65]

데레사의 표현을 잘 살펴보자.

> 나는 이웃의 덕을 찾아내려고 무지 애를 씁니다.

자매들 중 누군가를 비판하고 싶은 유혹에 대항하기 위해 데레사는 이웃을 판단해서는 안 된다는 것에 만족하지 않고, 또 그 수녀에 대한 예수님의 사랑에 공감하는 것에도 만족하지 않고 그녀의 덕을 찾아내려고 애를 썼던 것이다. 이렇게 해서 우리는 "판단하지 마라."고 하신 예수님의 권고를 데레사가 실제 생활에서 어떻게 이해하고 실천했는지를 알 수 있다. 이러한 데레사의 태도는 문제를 회피하는 데서 나온 것이 아니었다.

저는 제 판단을 보류하고 판단하기를 삼가고 있습니다. 왜냐하면 저는 이웃의 행동에 악의가 있는지도 모를 뿐만 아니라 또한 그 행동의 참된 가치도 모르기 때문입니다.

데레사는 이웃을 언제나 좋게만 보려고 했다. 그녀는 이웃의 참된 가치를 알려고 애썼으며 그 가치로부터 그에 대한 자신의 사랑을 구축하려고 했던 것이다.

간단히 말해서, 이웃에 대한 단죄는 오직 하느님만이 하실 수 있다고 생각한 데레사는 이웃을 단죄하려고 하지 않았을 뿐 아니라, 그 안에 숨어 있는 덕행으로 그를 좋게 판단하려고 노력했다는 것이다.

4) 정상을 참작케 하는 것들

우리는 가끔 이웃의 잘못을 용서해 줄 만한 정상 참작의 여지가 있는 사정들을 모르고 있거나 잊고 있다.

자매들을 가혹하게 비판하고 싶은 유혹에 맞서서 데레사는 가끔 이렇게 생각해 보기도 했다. "내가 만약 그들의 처지라면 나는 어떻게 했을까." 데레사는 자매들이 자기보다 은혜를 덜 받았을 거라고 분명히 생각했다. 어쩌면 교육이 부족했을 수도 있고, 그들의 처지라면 자기는 훨씬 더 나쁘게 행동했을 거라고 생각하기도 했다. 결국 데레사는 자매들의 과거 속에서 그들의 처신을 용서해 줄 만한 요인을 찾아내려고 노력했다.

데레사가 어렸을 때, 데레사는 집에 있는 어느 하녀에게 일꾼들의 불손한 언사를 용서해야만 한다고 말했었다.

> 그들은 우리보다 은혜를 덜 받았어요. 그들은 죄인보다 더 불행해요.[66]

나중에 데레사는 이와 같은 식으로 레오니아의 까다로운 성격을 받아들이게 되고 새로 들어온 수련자인 삼위일체의 마리아 수녀의 결점도 이해하고 받아들이게 된다.

셀리나가 가르멜수녀원에 들어오고 난 뒤, 데레사는 그녀에게 병이나 윤리적 고통들로 인해 고통받는 자매들이 작은 선행들을 하지 못하더라도 그것 자체가 영웅적이라는 사실을 가르쳤다. 또 나태한 것으로 보일 수도 있는 다른 행동에 대해서도 얘기했다.

> 그녀는 항상 사랑으로 이웃을 판단해야 한다고 제게 자주 얘기했어요. '왜냐하면 우리 눈에 게으르게 보이는 것도 하느님 보시기엔 영웅적일 수 있으니까요. 마음이 괴롭고 머리가 아파 피곤한 사람은,

몸과 마음이 건강한 다른 사람에 비해 일을 반절만 했어도 실은 더 많이 한 것입니다. 그런즉 우리는 어떤 경우에라도 이웃을 좋게 판단해야 합니다. 항상 선을 생각하고 있으면 항상 용서하게 돼요.' 라고 그녀는 말했습니다.

데레사는 이웃의 실수에 대해서 그들이 이해력이 부족하거나 잘못 판단했기 때문일 수도 있다고 덧붙였다.

언뜻 보기에 어떤 사람이 잘못했는데 그 사람은 그것을 깨닫지 못하고 있고, 제가 그보다 더 나은 판단력을 가졌다면 마땅히 저는 그에게 연민을 가져야 하고 그에게 엄격하게 대하는 것을 부끄럽게 여겨야 합니다.[67]

데레사가 몇몇 수녀들의 불쾌한 비난을 견뎌 낼 수 있었던 것은, 그러한 비난들을 자신의 수련에 필요한 바늘로 여기고 그 바늘에 찔리는 고통으로 받아들였기 때문만이 아니다. 그 비난을 한 장본인들을 진정으로 용서했기 때문이다.

예를 들어서 그녀는 요셉 마리아 수녀의 신경질적인 성격을 알고 있었기에 불쾌하게 하는 그녀의 기질을 이해하고 용서했다. 데레사는 그녀를 가혹하게 비판하기는커녕 마음을 다해 그녀를 동정했다.

어느 날 데레사는 성심의 마리아 수녀에게 이렇게 말했다.

그녀를 용서해야만 한다는 것을 당신이 아셨으면 해요. 그녀는 동정을 받아야 해요. 그녀가 나쁜 성품을 받아 태어난 것은 그녀의 잘못이 아니에요. 매 순간 다시 조절해야 하는 형편없는 시계와도 같아요. 그래요. 그만큼 나빠요. 그러니 그녀를 동정함으로써 이웃에게 사랑을 실천해야 하지 않겠어요?[68]

데레사의 이 마지막 말은 자기 이웃을 판단하지 않는 것은 그의 결점을 모르기 때문만은 아니라는 것을 우리에게 보여 준다. 그녀는 이웃의 결점을 누구 못지않게 예리하게 꿰뚫어 보았으며 때로는 예리함 그 이상이었다. 데레사는 단순히 죄인이 범한 실수를 파악하는 데 그치지 않고, 그가 받은 교육과 그의 성격 안에서 그 실수의 근원을 찾으려고 애썼기 때문이다. 또 그렇게 해서 이웃의 잘못을 바로잡을 수 있게끔 했다. 그러므로 '비난하기' 이전에 그를 '이해' 해야 한다는 것이다.

이제 데레사가 자기 주위의 실수에 대해 모르고 있지 않다는 실례를 몇 가지 들어 보는 것이 좋으리라 생각된다. 그녀가 그처럼 쉽게 자매들을 용서해 주었던 것은 그녀가 순진했기 때문만은 아니었다.

예를 들면, 잔느 게랭과 그녀의 남편은 세속적인 경향을 지녔기 때문에 수도 성소를 정당하게 평가할 수 없다는 사실을 그녀는 잘 알고 있었다.

1894년 당시, 데레사는 가르멜수녀원에 입회하려고 준비 중이던 셀리나에게 이렇게 썼다.

저는 카인에게 쏟아진 그 엄청난 질책이 하나도 놀랍지 않아요. 프랑수아와 잔느는 우리와는 사뭇 다른 길을 택했고 그들은 우리의 소명이 지닌 숭고함을 이해할 수가 없어요![69]

데레사는 곤자가의 마리아 원장 수녀의 결점에 대해서도 모르지는 않았다. 원장 수녀를 존경하고 절대 순명을 해야 했지만 그것 때문에 그녀를 명백하게 보는 것에 방해받지는 않았다. 그래서 데레사는 삼위일체의 마리아 수녀에게 원장 수녀의 회개를 위해 기도하는 것은 일종의 의무이며, 원장 수녀 때문에 좋으신 하느님께서 마음 아파하시는 것을 보는 것이 자신의 작은 엄마(폴리나)가 고통당하는 것을 보는 것보다 더 마음 아프다고 주저 없이 말했던 것이다.

이탈리아 여행에서 사제들이 얼마나 심각하게 기도를 필요로 하는지 깨달았던 데레사는 죽기 몇 주일 전에 다음과 같이 말했다.

> 오! 선하신 하느님께서는 이 세상에서 당신께 봉헌한 사람들에게서마저 조금밖에는 사랑을 못 받고 계십니다. 좋으신 하느님께서는 많은 사랑을 받고 계시지 않습니다…….[70]

데레사는 우리가 우리 자신을 보는 그 눈길로 이웃을 보았다고 말해도 될 것이다. 우리는 이웃을 어떤 환상을 갖고 바라보기보다는 사랑이 넘치는 눈길로 보아야 한다고 코카냑 신부는 지적한다.[71]

데레사는 이웃을 잘 이해하고 그들의 약점을 덮어 주며 정상 참작을 해야 한다고 생각했다. 그래서 그들이 겪는 똑같은 시련을 통해 자신도 이를 극복해야 한다고까지 생각했다. 고통은 남을 이해할 수 있도록 도와주기 때문이다.

데레사는 생애의 마지막 18개월간, 특별히 이 진리를 실현하게 된다. 당시 그녀는 내적 시련을 겪음으로써 무신론자들을 이해하게 되었다. 그때까지 데레사는 지극히 열렬한 신앙을 지니고 있었기 때문에 진정한 불신자나 신앙이 없는 불경한 사람이 있으리라고는 생각지 못했다. 그녀는 이렇게 말했다.

저는 그들이 천국의 존재를 부인한다고 생각했어요.

예수님은 데레사의 영혼을 어둠 속에 몰아넣어 그녀로 하여금 무신론자들의 고통을 좀 더 깊이 이해할 수 있게 하신 것이다.

예수님께서는 제게 참신앙을 갖지 않은 영혼들, 은총을 남용하여 순수하고 참된 기쁨의 원천인 이 귀중한 보화를 잃어버리는 영혼들이 있다는 것을 알게 해 주셨어요.

마지막 몇 개월 동안 데레사를 괴롭혔던 그 시련이 결국 유익한 것이었음을 잘 알게 된다. 이 시련으로 그녀는 신앙과 하느님에 대한 사랑이 온전히 정화되었고, 죄인들의 회개를 위해 값비싼 희생을 바치게 되었으며 무신론자들에게 무의식적으로 갖고 있었던 바리사이적인 생각을 바꾸게 되었던 것이다. 데레사는 말년에 가련한 죄인들을 위한 기도와 불신자들을 위한 기도가 열렬해진 그만큼 그들에 대한 이해도 더욱 깊어졌으며, 그들을 위해 많은 희생을 바쳤다.

또한 병실에 있는 동안 데레사는 죽음에 처한 사람이 겪는 골고타의 고통이 어떠하리라는 것, 또 그들을 위해 얼마나 많은 기도를 해야 하는지를 자신의 고통을 통해 깨달았다. 이렇게 해서 그들에 대한 그녀의 너그러움은 더욱 깊어 갔다.

5) 하느님의 인내

우리는 하느님께서 우리 이웃을 어떻게 판단하실지 모른다. 다만 이웃이 성덕에 이르도록 자비를 베풀어 주시기를 주님께 바라며 기도한다.

아직 우리는 데레사가 이웃의 결점에 대해 가졌던 감정 중에서 가장 핵심적인 것에 접근하지 못했다. 데레사가 죄인을 단죄하지 않았던 것은 그녀가 그들의 정상을 참작하려고 그들의 과거의 삶을 눈여겨보았기 때문만이 아니고, 당신 자녀들의 우둔함과 잘못에 대해 언제라도 용서할 준비를 하고 계신 하느님의 마음을 깊이 헤아렸기 때문일 것이다. 그녀가 너그럽게 이웃을 대한 것은 우리의 연약함과 지극히 작은 노력까지도 잘 이해하시는 선하신 하느님의 자비 깊은 정의에 참여하는 것일 뿐 아니라, 끊임없이 죄인이 회개하기를 기다리시고 또 그 회개가 늦다고 해서 조금도 재촉하시지 않는 하느님의 인내심에도 참여하고 있는 것이다. 하느님의 눈에는 하루가 천 년 같고 천 년이 하루 같으시기에(2베드 3,8) 한순간에 사람들을 당신 앞에 나설 준비를 해 주실 수 있음을 데레사는 잘 알고 있었다.

우리가 한순간 가혹하게 비난하고 싶은 어떤 죄인을, 하느님께서 장차 어떻게 하실지 우리는 모른다. 어떤 인간도 지상에서 완성되지 않는다. 결과적으로 우리는 현재 이웃이 지니고 있는 결점들을 못 본 체하지 않으면서, 또 하느님께서 나중에 이 죄인을 변하게 해 주실 것을 기쁘게 생각하면서 인내해야 한다.

인내라는 용어는 내적 태도를 가리킨다. 우리는 지금까지 그런 '데레사의 인내'에 대해 살펴보았다. 데레사는 자기 주위 사람들이 저지르는 무례를 마치 자신의 수련을 위해 숙명적으로 마련된 '바늘에 찔리는 고통'으로 여기고 견디었다. 이제 우리는 기다릴 줄 아는 사람이 지닌 참을성과 같은 인내에 대해 살펴보도록 한다. 데레사는 하느님께서도 당신이 사랑하시는 사람들에 대해 얼마 만큼 인내하고 계신지를 알고 있기 때문에, 자기 형제자매들이 자신의 잘못을 고쳐 나가도록 지나치게 재촉하지 않고 지켜보았던 것이다.

데레사는 주님께서 자신에 대해 얼마나 많이 참아 오셨는지를 깊이 생각해 보았다. 그녀는 시편 103장을 무엇보다 중요하게 여겼는데, 그것이 주님의 자비하심을 찬양한 노래임을 생각하면 그녀가 왜 이 부분을 중요하게 여겼는지 알 수 있다. 그녀는 자신의 처음 『자서전』에서 이 시편을 두 번 인용하고 있다. 그녀는 먼저 제8절을 자신에게 적용하면서 "주님께서는 제게 언제나 자비하시고 너그러우시며 분노에 더디시고 자애가 넘치십니다."라고 했다. 데레사는 즉시 하느님께서 이렇게 한없이 너그러우셨던 이유를 지적한다.

왜냐하면 그분께서는 이 영혼들에게 모든 것을 한 번에 다 보여 주시는 것을 좋아하시지 않습니다. 항상 조금씩, 조금씩 빛을 주십니다.

1890년, 데레사는 하느님의 너그러우심에 대한 새로운 체험을 하게 된다. 그해 초 그녀는 서원할 꿈도 꿀 수 없다는 것을 알고 처음에는 슬펐지만, 서원하려는 자신의 소망에는 상당한 자애심이 섞여 있다는 것을 즉시 깨닫는다. 또한 데레사는 자신이 가난과 다른 덕을 실천하는 데 더 많이 진보해야 함을 깨달았다. 다시 말해서 그녀는 예수님께서 조금씩 조금씩 빛을 주시며 우리의 불완전을 인내롭게 견디고 계시다는 것을 깨달았던 것이다.

바로 이러한 체험에서 자매들에 대해 인내를 가져야 하는 것이 자신의 의무이며, 자매들이 덕에 진보하는 것을 보려고 지나치게 서두르지 않는 것이 자신의 도리라는 것을 데레사가 깨달았다고 가정해

보는 것도 흥미로울 것이다.

가르멜수녀원에 들어와서 데레사는 예수의 마르타라는 친구를 수련소에서 만났는데 그녀의 천진함과 외향적 성품에 데레사는 매혹되었다. 하지만 데레사는 그녀가 원장 수녀에 대해 지나치게 인간적으로 애착하는 데 놀랐고, 예수님에 대한 그녀의 사랑이 얼마나 순수한지 지극히 염려스러울 정도였다.

또한 자매들에 대한 그녀의 처신에도 좀 변했으면 싶은 것이 꽤 있었습니다. 이 시기부터(1888년) 저는 선하신 하느님께서는 자비로우시기에 지치지 않고 영혼들을 기다려 주시며 그들에게 단계적으로 빛을 주신다는 것을 깨닫게 해 주셨습니다. 저 역시 그분의 시간을 앞지르지 않으려고 조심했으며 예수님께서 즐겨 그 일을 이루시는 때만을 기다렸습니다.[72]

자매적 충고를 하기 위해서 데레사는 1892년 12월 8일까지 4년 이상을 기다렸다.

그때 선하신 하느님께서는 때가 되었음을 깨닫게 해 주셨기 때문에, 더 이상 말하기를 두려워할 필요가 없었습니다.

데레사가 자매들의 잘못에도 불구하고 그들을 비난하지 않았던 것은, 하느님께서는 사람이 수년 동안 노력해도 이룰 수 없는 것을 일순간에 실현하실 수 있음을 알고 있었기 때문이었다. 죄인을 비난하는 대신 데레사는 그들을 위해 주님의 자비를 바라는 것만 생각했다. "사랑은 모든 것을 덮어 주고 모든 것을 믿으며 모든 것을 바라고 모든 것을 견디어 냅니다."(1코린 13,7)라고 한 바오로 사도의 말처럼 데레사는 구원을 위해서라면 죄인 하나도 결코 포기하지 않았다. 그녀는 어떤 죄인이든지 회개할 은총을 받을 수 없을 만큼의 죄를 짓는 사람은 없을 거라고 생각했다. 데레사는 우리의 눈에 불가능해 보이는 것까지도 하느님께는 가능하다는 것을 잘 알고 있었다.

데레사가 얼마나 큰 신뢰감으로 프란지니의 회개를 기다렸는지, 또한 그 뒤 수년 동안, 생의 마지막까지, 한 번도 만나지 못한 야생트 로이송 신부의 회개를 기다렸는지 상기해 보자. 데레사는 모든 영혼들을 위해 모든 것을 바랐다. 데레사는 사람들을 차별하거나 구분하지 않고 모든 수련자를 똑같은 정성으로 돌보았다. 하느님은 일순간에 영혼 안에서 성화의 기적을 행하실 수 있다고 믿었기에 성공 여부는 하느님께 맡겼다. 이 젊은 수련장은 조금도 낙심하지 않았다. 또한 수련자의 진보가 더딘 것을 보고도 언짢아하지 않았다.

우리는 여기서 데레사의 마음속에 애덕과 희망이 뗄 수 없는 관계임을 볼 수 있다. 그녀는 하느님에 대한 신뢰가 깊었기에 모든 자매들을 차별 없이 사랑할 수 있었고, 자신의 가르침을 잘 따르지 않는 자매들을 비난하지 않았다. 또한 데레사는 자매들을 사랑했기에 언제나 주님의 넘치는 은총을 바라고 희망했다.

영적 가난에 대해 점점 더 강하게 인식하게 되면서 데레사는 이웃에 대해 더욱 인내하게 되었다. 데레사는 자신의 연약함을 너무나 뚜렷이 의식하고 있었기 때문에, 어떤 우월감으로 남을 판단할 줄 몰랐다. 예를 들어 데레사가 알랑송을 여행했을 때 세상에 대한 매력을 느꼈기에 거기에 빠져 드는 사람에게 돌을 던질 수 없음을 경험했다.

영적 가난에 대한 의식이 이웃 사랑에 얼마나 도움이 되는지를 여기서 보게 된다. 우리 자신이 하느님 앞에 얼마나 작고 보잘것없는지를 깨닫는 정도에 따라, 우리의 마음은 이웃에 대해 너그럽게 열릴 수 있다.

앞에서 제시된 증언들은 이러한 정신에 비추어서 읽어야 하는데 거기에서 우리는 데레사가 자신의 불완전과 심지어 자신의 몰락까지도 진정으로 기뻐하는 것을 보았다. 이로써 데레사는 자신에 대한 연약함과 이웃에 대한 인내를 가지게 되었던 것이다.

데레사는 여기에 자신에 대한 참다운 인식이 주는 이점에 대해 영성가들의 전통적인 가르침을 덧붙인다. 예를 들어 십자가의 요한 성인은 이렇게 말하고 있다.

영적 겸손이야말로 우리가 영적 교만이라고 하는 제일 죄원(第一罪源)과는 정반대의 덕이다. 자아 인식을 통하여 얻게 되는 이 겸손은 사람의 불완전한 일체를 씻을 수 있게 한다. 다시 말해 사람은 모든 일이 순조로울 때 교만의 악습에 떨어지기 쉬우며, 지극히 메마르고 비참한 자신을 발견하면서 비로소 남보다 자신이 월등하다는 우월감은 애당초 없는 것이며, 도리어 남이 자기보다 나음을 알게 되는 것, 그것이 영적 겸손이다.[73]

영적 겸손을 지닌 데레사는 이웃에 대한 사랑으로 자신을 부당하게 비난하던 자매들을 '가혹하게' 판단하고 싶은 유혹에 전혀 빠지지 않았다. 데레사는 이 경솔한 판단들을 이용해서, 자기가 현재 비난받고 있는 잘못들을 실제로 범할 가능성이 얼마나 많은지를 하느님 앞에서 깊이 의식하려고 했으며 자신을 나쁘게 판단하는 자매들을 진심으로 동정했다.

> 이웃을 판단하는 자매들은 내적인 즐거움을 잃고 있습니다. 왜냐하면 이웃의 선에 대해 생각하는 것보다 더 감미로운 것은 없기 때문입니다.[74]

그러므로 우리는 데레사가 이웃의 결점을 판단하기를 삼갔던 가장 큰 이유는 우리의 약함과 결점에도 불구하고 우리를 사랑하시는 하느님의 자비를 생각했기 때문이라고 확실히 말할 수 있다. 그녀는 진정 영적 가난에 대한 인식과 자기처럼 하느님의 무한하신 자비에 마음을 여는 이웃을 보고 싶은 열망으로 가득 차 있었기에 남의 잘못에 마음을 쓸 틈이 없었다. 주님의 자비가 풍성히 내리기를 빌고 있는 그 이웃을 어떻게 단죄할 수 있겠는가.

4. 제8장의 결론

데레사에 따르면, 이웃을 나쁘게 판단하지 않기 위해서는 외적인 것을 초월해야 하고, 우리가 지금은 이웃 안에서 볼 수 없지만 언젠간 볼 수 있고 또 이미 보았을 수도 있는 것에 대해 생각해야 한다.

첫째, 지금 그를 움직이고 있는 숨은 동기(의도)

둘째, 그가 예전에 했던 숨은 노력

셋째, 그에게 가치를 부여하는 숨은 자질

넷째, 그의 행동을 용서해 주어야 하는 생의 여러 가지 상황들

다섯째, 훨씬 뒤에 하느님께서 그에게 내리실 성화

결국 "판단하지 마라."는 복음의 권고를 지키기 위해서 "사랑은 모든 것을 덮어 준다."라고 한 바오로 사도의 충고를 따라야만 한다. 이웃의 잘못에 대해 눈감는 것이 문제가 아니라, 그들 안에서 무엇이 선한지를 눈여겨보고 또 그들의 결점들을 받아들여야 하는 삶의 여러 여건들, 특히 언제든지 그들을 용서해 주시고 변하게 해 주실 선하신 하느님의 무한한 자비를 눈여겨보아야 한다.

우리는 이웃에 대한 데레사의 사랑이 그녀가 자신에 대해 품고 있는 사랑과 닮았음을 여러 번 보았다. 데레사가 이웃에 대해 그처럼 너그러운 것은, 자신의 결점에 대해서도 지극히 인내롭기 때문이다. 자신을 봉헌한 데레사에게 자비로우신 사랑께서 끊임없이 그녀를 정화해 주시고, 그녀에게 어떠한 죄도 스쳐 가지 않도록 돌보아 주신다. 데레사는 선하신 하느님의 무한한 자비로 결점을 인정할 수밖에 없는 모든 사람들을 동시에 변하게 해 주실 것을 끊임없이 희망했다.

제9장 | 데레사의 현실적인 사랑

데레사가 이웃 사랑을 어떻게 표출했는지를 살펴보자. 데레사의 이웃 사랑은 일종의 호의였을 뿐 아니라, 친절한 행위이기도 했다. 그녀는 이웃을 깊이 사랑했고 봉사하는 차원이 아니라 실제로 이웃을 섬겼다.

우리는 이 장을 읽어 가는 동안, 데레사가 특별히 기도에 바탕을 두고 이웃을 섬겼다는 것을 잊지 말아야 한다. 그런즉 본 장의 제목을 보고 데레사의 사랑이 그가 이웃을 섬기는 그 순간에만 해당한 것이라고 생각해서는 안 된다. 왜냐하면, 그것은 리지외 출신 가르멜 수녀의 소망과 메시지를 무시하는 것이 되기 때문이다.

첫 단원에서는 데레사의 현실적 사랑이 지닌 주요한 모습들을 훑어 가면서 그녀의 사랑의 행위에 활기를 주고 있는 심오한 정신에 대해 세밀히 관찰해 보고자 한다.

둘째 단원에서는 데레사가 이웃을 그토록 완전하게 섬길 수 있도록 자극했던 근본적인 동기가 무엇인지를 살펴볼 것이다.

1. 데레사의 현실적인 사랑의 모습들

1) 섬기는 사랑

데레사와 함께 이웃을 섬기는 두 가지 형태를 구별해 보고자 한다. 사람들이 이웃에게 자청하여 봉사하는 경우가 있는가 하면, 누구에게 부탁을 받아 봉사하는 경우가 있다.

자신이 스스로 하는 봉사

중산층 가정에서 자라 언제나 시중을 들어주는 하인들을 거느려 왔던 데레사는 어린 시절부터 시중을 받는 데 습관이 되어 있었다. 또한 그녀가 막내였던 만큼 언니들은 그녀를 돌보는 데 기쁨을 느꼈다. 데레사는 열세 살이었던 때를 회상하면서 이렇게 쓰고 있다.

> 저는 막내였기에 제 일을 스스로 하는 데는 길들여 있지 않았습니다. 셀리나 언니와 함께 쓰는 방은 언제나 셀리나 언니가 정돈했으며 저는 집안일을 전혀 하지 않았습니다.

그러나 이런 것은 그 당시 중산층 가정에서는 흔히 있는 정상적인 일이다. 데레사는 비록 집안일은 하지 않았지만, 세심하게 남을 잘 챙겼다. 조금 뒤에 우리는 그녀가 자주 두통으로 고생하는 마리 게랭의 기분을 바꿔 주려고 애썼던 것을 보게 될 것이다.

1886년 10월, 세심증에서 벗어난 데레사는 이웃을 향해 더욱 열린 마음을 갖게 되었다. 그녀는 이때 집안일을 하기도 했는데 특히 마리아가 가르멜수녀원에 입회하자 그녀는 집안일에 관심을 갖게 되었다. 1886년 성탄 전날 밤 이후 그녀는 이웃에게 자신을 내어주기 위해 자신을 잊어버릴 수 있게 되었다.

> 저는 죄인들의 회개를 위해 일하고 싶은 강렬한 욕망을 느꼈습니다. 한마디로 저는 제 가슴속에 사랑이 흘러드는 것을 느꼈고, 이웃을 기쁘게 하기 위해서는 제 자신을 잊어야 한다고 느꼈습니다. 그래서 저는 행복했습니다.[1]

1888년 1월, 데레사는 한순간 가정에서 보낼 마지막 3개월을 편히 지낼까 생각을 했다가, 즉시 정신을 차려 어느 때보다 착실하게 극기 생활을 하리라 결심했다. 그리고 자신의 고행이 어떤 것으로 이루어졌는지를 명백히 말하고 있다.

> 제가 하는 고행이란, 제가 하고 싶은 대로 하려는 제 의지를 꺾는 것, 변명을 한마디도 하지 않는 것, 수고를 알아주기를 바라지 않고 조그만 봉사를 하는 것, 앉아 있을 때 등을 기대지 않는 것…… 등입니다.[2]

그러나 데레사가 참으로 섬김의 정신을 발휘해야 했던 곳은 바로 가르멜수녀원이었다. 청원 시기부터 그녀는 내적 신심뿐 아니라 이웃 (자매들)을 섬기는 데에 세심하게 신경을 썼으며, 그래서 공동체도 놀랐다. 수련장 수녀는 "가르멜수녀원에 들어온 이 하느님의 여종은 즉시 그녀가 할 수 있는 모든 봉사를 다하며, 모든 자매들에게 관심을 가득히 쏟는 것이 보였습니다."[3]라고 증언했다.

1890년에 접어들면서 데레사는 장상들에게 서원 허락 청원서를 내기에는 몇 달을 더 기다려야 한다는 것을 알았다. 1888년 1월, 데레사는 이 유예 기간에 대해 슬픔을 느꼈지만, 곧 이 기회를 이용하여 서원을 더 잘 준비해야겠다고 생각했다. 그래서 그녀는 2년이나 먼저 '진지하고 극기적인' 생활에 뛰어들었다. 그녀의 고행이 이웃들 안에서 아무런 가치도 인정받지 못한 작은 봉사임을 우리는 알고 있다.

> 큰 덕은 실천하기도 쉽지 않아 저는 특별히 작은 덕을 실천하는 데 충실했습니다. 흐트러져 있는 망토를 개는 것 외에도 자매들을 위해 제가 할 수 있는 온갖 사소한 봉사가 즐거웠습니다.[4]

요구받는 봉사

데레사는 자신이 스스로 이웃에게 봉사하는 것이 부탁받아 봉사하는 것보다 상대적으로 더 쉽다는 것을 알게 되었다. 누군가에게 부탁을 받게 될 때, 특히 그 부탁의 말이 부드럽지 못하다면, 그에게 봉사하기란 참으로 어렵다. 데레사는 이것을 성경의 한 구절을 인용하여 설명한다.

예수님께서는 '달라는 자에게 주고 꾸려는 자를 물리치지 마라.'고 가르치셨습니다. 청하는 사람들 모두에게 다 주는 것은 마음이 움직여서 주는 것보다 덜 흐뭇합니다. 친절하게 청해 올 것 같으면 주는 것이 그리 아깝지 않지만, 불행하게도 부드러운 말씨가 아니라면, 사랑에 견고히 서 있지 않은 사람은 즉시 반감이 치솟습니다.

쉽게 내키지는 않지만 부탁받은 일을 해 주려고 마음먹었다면, 적어도 이에 대해 고마움을 느끼게 해 주려고 애쓰게 된다. 그러나 데레사는 언제나 기꺼이 웃으면서 부탁받은 일을 해 주었다.

예를 들면, 그녀가 처음으로 시를 쓴 것은 1893년 2월 2일 아우구스티노의 데레사 수녀의 부탁을 받고서였다. 그 후에도 거의 언제나 공동체 안의 다른 수녀들의 부탁을 받고 시를 썼다. 데레사가 요셉의 마리아 수녀에게 부탁받은 그림을 그리려 했을 때도, 얼마나 인내를 했는지 사람들은 알고 있다. 데레사는 신경이 예민한 이 수녀가 원하는 대로 정확히 그리기 위해 모델을 손수 찾아야 했다.

마르타 수녀가 데레사에게 공동 피정을 함께 하자고 청하자 데레사는 이를 허락함으로써, 다시 한 번 그녀의 여유 있는 태도를 보여 주었다. 매일 꼬박 한 시간을 이 수련 수녀와 함께 지내는 일은, 데레사에게 진정 희생이 아닐 수 없었다. 그녀는 피정 동안 온전히 혼자 있고 싶었던 것이다.

"모든 수녀들이 자유롭게 자기에게 부탁할 수 있게 하려고 절대로 바쁜 티를 내지 않았으며, 이렇게 해서 '도움을 청하는 사람을 피하지 말라.'고 하신 주님의 권고를 따를 수 있었던 것입니다."라고 아녜스 원장 수녀는 증언했다.

실제로 데레사는 부탁받은 일을 기꺼이 해 주려고 애썼던 만큼, 그녀 자신의 일은 방해를 받을 거라고 예상했다. 그녀는 이 사실을 즈느비에브 수녀(셀리나)에게 다음과 같이 말했다.

> 저는 어떤 것에도 절대 놀라지 않아요. 항상 방해를 받을 거라고 각오하고 있고, 그것을 원하고 있으며 기대를 하고 있어요. 그래서 저는 언제나 기쁩니다.

데레사는 자기 시간마저도 온전히 자신을 위해 쓰지 않았다. 그녀는 자유 시간이, 자신에게 속한 만큼 다른 자매들에게도 속한 거라고 생각했다. 그렇기 때문에 데레사는 자기 개인 시간에 방해받는 것을 지극히 당연하게 여겼다. 데레사는 누군가가 무슨 일을 부탁해올 때, 귀찮은 일로 시간을 뺏길 때, 언짢음을 감춘 습관적인 웃음이 아니라 진심에서 우러나온 미소로 기꺼이 그 일을 해 주었다.

"진정한 마음의 가난은 '누가 속옷을 가지려 하거든 겉옷까지도 주어라.' 하신 예수님의 권고를 따르는 것입니다."라고 데레사는 마지막 『자서전』에 기록하고 있다.

겉옷을 벗어 준다는 것, 그것은 자기의 마지막 권리까지도 포기한다는 것이며 자기 자신을 이웃의 종, 노예로 여긴다는 것입니다. 겉옷을 벗어 던지게 될 때 걷기에도 달리기에도 훨씬 수월해집니다. 예수님께서는 또 이렇게 덧붙이고 계십니다. '누가 천 걸음을 가지고 강요하거든, 그와 함께 이천 걸음을 가 주어라.' 이와 같이, 부탁하는 사람에게 주는 것만으로는 충분하지가 않습니다. 그가 청하기 전에 그에게 봉사하게 되어서 더 영광스럽고 고맙다고 해야 합니다.[5]

자신을 이웃의 종으로 여기는 것, 이래야 된다고 충고하는 것은, 데레사가 가끔 신경질적으로 부르는 환자들에게 즉시 대답해 주라고 즈느비에브 수녀에게 권고하면서 격려차 해 준 말이다.

기분이 좋지 않은 환자에게서 무슨 부탁을 받거나 그 대신 무슨 일을 해 주게 될 때, 당신은 자신을 작은 노예로 생각하고, 세상 사람들이 모두가 다 자기에게 명령할 권리가 있고, 자기는 종이기 때문에 그런 것에 불평한다는 것은 꿈도 꿀 수 없다고 생각해야 합니다.[6]

데레사에 따르면, 이웃이 나를 방해하거나 내가 그들에게 봉사하는 것만으로는 충분하지 않고, 마음속에서부터 진정 그들을 섬기는 자세가 되어야만 한다는 것이다.

　2) 드러내지 않음

　데레사가 지닌 사랑의 또 다른 모습은, 언제나 가장 안 좋은 몫, 가장 불편한 자리를 취하는 습관이다. 그것은 공동체의 다른 수녀들을 위해서였다. 이 습관은 일상생활의 지극히 사소한 것에서도 그녀의 마음에 깊이 뿌리 박혀 있었기 때문에, 그녀는 무의식적으로 이웃의 이익이나 취미를 위해 자신을 희생했다.

　가장 두드러진 몇 가지만 예를 들어 보자. 식당에서 그녀는 어떠한 부탁도 거절하지 않았다. 그리고 언제나 다른 사람들이 원치 않는 것을 자기 몫으로 가져 갔다. 여름 동안 세탁소에서 가장 통풍이 안 되는 곳에 있기도 했다. 또한 연로한 수녀를 위해 가장 잘 꾸미고 싶은 아기 예수상 앞에 향기 짙은 꽃은 놓지 않았다. 자기 소임이 아닌 일에 우연히 봉사하게 되었을 때, 비록 데레사 자신은 달리 해 보고 싶은 생각이 들더라도 담당 수녀의 지시에 따랐다. 또한 저녁에 끝기도를 바치러 휴식방을 나설 때, 데레사는 그녀의 바구니를 앞 가대의 가까운 의자에 놓지 않았다. 그 자리는 다른 사람에게 양보해 주고 싶어서였다.

간단히 말해서, 어떤 경우에서든지 데레사는 가장 말석을 원했다. 비단 수녀들의 마음속에서뿐 아니라, 수도원의 구체적인 생활 속에서도 마찬가지로, 자신은 아무것도 아닌 것으로 여겨지고 드러나지 않기를 바랐다. 아녜스 원장 수녀(폴리나)는 데레사의 이러한 생활 태도를 다음의 말로 요약했다.

> 공동 일에서 그녀는 자기가 할 수 있는 한 가장 힘들고 분주한 몫을 골랐으며, 가장 불편한 자리를 택함으로써 남들이 그 자리에 가지 않도록 해 주었습니다.[7]

데레사는 아빌라의 데레사(대데레사) 성녀가 준 완덕에의 충고를 충실히 따랐다.

> 집안일 가운데서 힘든 일은 자기가 하고, 남들에게 그것을 면하게 해 주려고 애쓰는 것, 그것 역시 사랑의 가장 훌륭한 표지입니다.[8]

3) 이웃의 고통에 마음을 엶

주님을 향한 데레사의 사랑을 잘 드러낸 특징 중 하나는 시련을 관대하게 받아들이는 것이며, 그녀의 형제(자매)애가 지닌 특성 중 하나는 이웃의 고통 앞에서 그녀가 보인 부드러움이다. 여기에서는 데레사가 고통 중에 있는 사람들을 어떤 방법으로 위로했는지 살펴보고자 한다.

고통 중에 있는 이들에 대한 존중

이웃의 고통 앞에서 데레사가 보여 준 첫 태도를 잘 나타낸 단어는 '존중'이다. 데레사는 고통 중에 있는 사람과 마주할 때, 그가 겪는 고통 자체를 존중하고 무한히 부드럽게 그에게 접근한다. 고통을 겪고 있는 사람에게 그의 고통을 가볍게 여기는 인상을 주면 그 사람은 깊이 상처를 받을 수 있다는 것을 데레사는 잘 알고 있었으며, 이와 반대로 그에게 단순히 그 고통을 이해한다는 것을 보여 줌으로써 진정한 위안을 가져다줄 수 있음도 잘 알고 있었다.

아버지가 병석에 있는 동안, 데레사는 다른 이에게서 받은 위로가 어떠한 것인지를 직접 체험했다.

> 아! 고통을 당하고 있을 때, 우리의 고통을 알아 주는 다정한 친구가 있다는 건 더할 수 없이 좋은 거예요.[9]

데레사가 자매들의 고통을 진지하게 생각했다는 것에 관한 몇 가지 예를 들어 보자. 우리는 데레사가 시련 중에 있는 사람을 위로하기 위해 자기도 그와 비슷한 시련을 겪었으며, 그래서 그의 고통을 충분히 이해할 수 있었다는 것도 살펴보자.

세심증으로 고통받고 있는 마리 게랭에게 데레사는 자신도 그것을 겪었다는 것을 고백한다. 1894년, 리지외 가르멜수녀원에 자신이 입회할 수 있는지, 또 가족에 대한 사랑을 단호히 포기해야만 되는지 등을 상당히 고민하고 있던 셀리나에게 데레사는, 1년 전부터 셀리나의 이 불안을 알고 있었다고 말한다. 셀리나가 선교지로 떠나지 않으면 안 되는지를 그녀는 생각해 온 것이다.

우리가 언제나 똑같은 시련을 겪는다는 것이 참 이상해요. 조금 빠르거나 늦거나 할 뿐, 우리는 언제나 같은 잔을 마셔야 해요.

언니의 고통을 잘 이해하는 데레사는 다음과 같이 말한다.

저는 제가 사랑하는 셀리나 언니에게 찾아온 이 시련이 유치한 것이라고는 생각지 않습니다.

그 이듬해 서원이 연기된 레오니아에게 데레사는 자기도 1890년에 똑같은 시련을 겪었다고 말한다.

그러나 데레사는 자기 자신의 고통을 덜려는 목적으로는 자신의 고통에 관한 얘기를 하지 않겠다는 원칙을 세웠다. 자신의 위로를 찾으려고 말할 때는 아무런 결과도 얻지 못한다는 것을 그녀는 알고 있었다. 남의 어려운 사정을 들은 사람은 거기에서 아무런 이익도 얻지 못하고, 말한 사람도 위안이 되기보다는 더 흥분이 될 뿐이다.

　자매에 대한 데레사의 사랑은 그 자매가 데레사에게 사랑을 느끼지 못할 때 더 강했다. 그러한 자매를 비난하는 대신 데레사는 오히려 자신의 나쁜 성격 때문에 그 자매가 훨씬 더 고통을 당했을 거라고 생각했다. 그래서 그녀는 온갖 정성을 다해 그들의 상한 마음을 낫게 해 주려고 애를 썼던 것이다.

　　어느 자매가 자신의 잘못으로 속이 상해 있을 때, 그녀는 더욱 상냥하고 친절하게 성이 나 괴로운 그 마음을 달래 주려고 애씁니다. 사랑하는 사람에 대한 그녀의 선의는 누군가가 그녀를 괴롭히고 난 후, 다시 찾아갔을 때 보여 주는 크나큰 사랑으로 드러납니다.[10]

　데레사의 인내와 고통은, 단지 그녀 자신과 남들을 위해 공을 세우려는 소망에 기인한 것만은 아니다. 그것은 진정한 형제(자매)애의 발로이기도 하다. 데레사는 상처받은 영혼들을 천상적인 방법을 사용해서 치료해 주기를 원했다.

　　선하신 하느님께서는 불완전한 영혼들에게 얼마나 자비로우십니까? 자연 속에서 그 증거를 찾아볼 수 있어요. 이 작은 완두콩을 보세요. 껍질이 아주 얇고 당분이 가득해서 입 안에서 살살 녹아 납니다. 하지만 그러기 위해서 완두콩은 달갑지 않은 태양의 열기와 밤의 서늘함도 받아들였던 것이지요. 이 완두콩은 완전한 영혼의 표상이에요. 그 반대로 불완전한 영혼을 나타내는 이 통통한 잠두(蠶豆)는 아주 두터운 모피에 잘 보호되어 있어요. 그러므로 우리는 하느님이 하신 것처럼 불완전한 영혼을 위해서 우리는 섬세하게 사랑하고 친절해야 해요.[11]

가끔 데레사는 수련자들에게 모든 사람들을 부드럽게 대하고, 특히 고통받는 영혼들을 사랑으로 돌보라고 권고했다. 또 데레사는 라파엘 수녀는 환자이므로 아주 다정하게 대해 주라고 삼위일체의 마리아 수녀에게 말했다.

이와 같이 다른 사람들의 고통을 존중하고 그들을 부드럽고 자상하게 대해야 할 필요가 있다고 주장함으로써 데레사는 이미 자기 딸들에게, 수도원 안에서 다른 수도자들의 병고나 고통을 가벼이 보지 말라고 했던 아빌라의 데레사 성녀의 충실한 제자임을 보여 주었다. 그러면서도 아빌라의 데레사 성녀는 딸들에게 "여러분 자신에 대해서는 엄격해야 합니다."라고 말했었다.

나의 딸들이여, 나는 여러분이 하찮은 여자가 아니기를, 또 그렇게 보이지 않기를, 언제나 튼튼한 남자들과 똑같기를 원합니다. 여러분 스스로 그렇게 되려고 하면, 주님께서는 정말 남자다운 용기를 주실 것이고, 여러분들은 남자들조차도 깜짝 놀라게 할 것입니다. 진정 우

리를 허물로부터 끌어내실 수 있는 그분께는 이것이 쉬운 일입니다.[12]

이 가르멜수도회의 여성 개혁자(대데레사)는, 자신이 영성의 길에 이미 나아갔다고 해서 다른 자매들의 고통을 대수롭지 않게 여기는 유혹에 빠지지 말라고 주의를 주었다. 즉 자신에게는 엄격한 반면 남들에 대해서는 언제나 상냥하고, 동정할 줄 알아야 한다는 것이다.

젊은 수련장인 데레사의 생각도 이와 같았다. 빨래하는 날, 다른 자매들보다 훨씬 많은 일을 해서 피로해진 것을 불평하던 즈느비에브 수녀에게 이렇게 말했다.

저는 언제나 수녀님이 용감한 병사처럼 보였으면 합니다. 병사는 자신의 고통을 하소연하지 않고, 늘 상처받는 것을 각오하고 남의 고통을 덜어 주려고 애쓰며, 그들의 작은 고통을 언제나 중히 여깁니다.[13]

고통의 가치 재발견
동정심만으로는 상대방을 위로해 줄 수 없다고 여긴 데레사는 조심스럽게 고통이 지닌 속죄의 가치를 그들에게 일깨워 주려고 애썼다. 데레사는 이 사실을 서신에도 여러 번 썼다.

저는 선하신 하느님께서 당신이 겪은 모든 시련을 제게 주셨으면 합니다.

그러나 데레사는 주님이 그들에게서 십자가를 벗기시기에는 그들을 너무 사랑하신다는 것을 잘 알고 있었으며, 이 사실을 증명하기 위해 예수의 데레사(대데레사) 성녀의 유명한 다음 말씀을 인용한다.

하느님, 저는 당신이 그처럼 친구가 적은 것이 이상하지 않습니다. 당신은 친구를 그처럼 심하게 다루시니까요.[14]

또한 데레사는 고통당하고 있는 마음에 진정한 위로를 주실 수 있는 분은 오직 하느님뿐이라는 사실을 잘 알고 있었다. 고통의 진가를 알게 하시는 분은 하느님이시고 사랑으로 고통을 견디어 내는 힘을 주시는 분도 하느님이시다. 그래서 데레사는 그분께서 친히, 고통받고 있는 사람에게 위로를 주시기를 빌었다.

사랑하는 숙모님, 좋으신 하느님이 숙모님을 위로해 주시기를 기도하고 있습니다.

또한 1890년 9월 23일 데레사는 셀리나에게도 이에 대한 내용의 편지를 보냈다.

아! 제가 가장 큰 비탄에 젖어 있을 때, 예수님께서 제 영혼에 내려주신 평화를 언니에게 전할 수 있다면! 저는 지금 언니를 위해서 그분께 평화를 청하고 있어요.

데레사는 여러 번 자신의 기도가 허락된 것을 확인하고 기뻐하였다. 그녀가 기도해 준 영혼이 편안해졌기 때문이었다. 예를 들어 아녜스 원장 수녀의 증언을 들어 보자.

> 데레사는 객실에서 셀리나를 위로하고 격려해 주려고 애썼으나 소용이 없었습니다. 그래서 그녀는 커다란 신뢰로 하느님께서 친히 셀리나를 위로해 주시고, 셀리나에게 이러한 상황을 이해시켜 주십사고 청했습니다. 그런 후에는 더 이상 그것에 마음을 쓰지 않았으나, 데레사는 자신의 신뢰가 결코 헛되지 않았다고 말했습니다. 번번이 셀리나는 이 주님의 여종이 그녀를 위해 청한 위로와 빛을 받았습니다. 셀리나는 다음 면회 때 데레사가 들려준 얘기를 듣고 그것을 알게 되었습니다.[15]

이 예가 흥미로운 것은, 데레사는 자신이 자매들에게 건넨 위로의 말보다 자매들을 위로해 주시도록 하느님께 기도 드리는 것을 더 중시했다는 점이다. 비록 최소한의 것이었다 해도 자매들을 위한 기도를 게을리 하지 않았음을 보여 주고 있다.

기도의 효력에 대한 데레사의 신뢰는, 인간적 수단을 전적으로 무시하는 정적주의에서 주장하는 것과는 사뭇 다르다.

특히 데레사가 실천한 애덕의 '외적' 활동을 다루는 본 장에서, 우리가 감히 이웃을 위로하기 위한 데레사의 기도에 대해 주해를 한 것은, 그것이 이웃의 고통 앞에 선 데레사의 깊이 있는 태도를 잘 이해할 수 있게 해 주기 때문이며, 이 태도는 이웃을 위로하기 위해 데레사가 행한 구체적인 방법을 설명해 줄 수 있는 유일한 것이기 때문이다.

앞에서 살펴본 바와 같이 데레사가 자기 주위의 고통을 가볍게 다루지 않았다는 것은 틀림없다. 그렇지만 그녀는 사람들이 자신들의 고통이 지닌 구속적 가치를 이해하지 못한 것만은 진정 유감스러워했다. 하지만 그녀는 자신의 가족이 고통을 순순히 받아들이는 태도를 보고 기뻐했다.

데레사는 병환 중에 있는 아버지를 동정하지 않았으며 더 이상 셀리나도 동정하지 않았다.

> 사랑하는 언니, 제가 언니를 동정하지 않는다고 언니가 말하는 것이 놀라워요. 저는 지금 언니의 처지가 부러워요. 예수님께서는 말할 수 없는 사랑의 눈길로 언니를 굽어보고 계실 테니까요.[16]

조금 더 뒤에, 아녜스 원장 수녀가 곤자가의 마리아 원장 수녀 때문에 생긴 온갖 걱정으로 괴로워해도 데레사는 더 이상 동정하지 않았다.

> 저는 아주 기뻐요. 원장 수녀님이 고통스러워하시는 것을 볼수록

그만큼 저는 기뻐요. 마리 마들렌 자매, 당신은 고통의 가치를 모르고 계시는군요. 고통이 영혼을 얼마나 이롭게 해 주는지 아신다면![17]

어느 날, 어떤 수녀가 데레사 앞에서 예수의 마리 필로메나 수녀가 공동 일로 무척 지쳐 있다고 동정하자, 데레사는 이렇게 말했다.

조금도 그녀를 동정하지 마세요. 그 자매는 당신보다 훨씬 행복해요. 나는 고통당하는 성인들에 대해 조금도 연민을 느끼지 않아요. 선하신 하느님께 결합되어 있는 그들은 그들의 고통을 감당할 힘을 지니고 있고, 거기에서 단맛을 찾기까지 하거든요. 그러나 거룩하지 못한 사람들에게는 문제가 달라요. 그래서 나는 그들을 동정해요.[18]

데레사의 감정이 진정 이러했으므로 그녀는 자신의 고통을 이용할 줄 모르는 사람들을 참으로 동정했다. 데레사는 세 가지 『자서전』에서 '동정'이라는 단어를 단 한 번 사용했는데 "아! 나는 스스로 멸망을 초래하는 영혼들을 정말 동정합니다."라는 말이었다. 진정 그녀로 하여금 연민을 느끼게 하는 것은 스스로 멸망해 가는 영혼들이었다.

여기서 다시 한번 아빌라의 데레사 성녀가 『완덕의 길』에서 묘사한 진정한 사랑과, 아기 예수의 성녀 데레사의 생각이 깊이 일치하는 것에 주목해 보자.

영적인 사랑은 (……) 물론 사랑하는 사람의 고통에 대해, 감정이 먼저 움직이게 되지만, 곧 이성의 빛이 그를 도우러 와서 그는 이 불행이 그 사람에게 유익한지 또는 어떤 방법으로 그것을 감당하는지, 그것이 그 사람의 덕을 견고하게 해 주는지를 생각하게 됩니다. 그리고 그 사람에게 인내를 주십사고 하느님께 기도하며, 그가 괴로워하는 것 안에서 공로의 원천을 찾게 해 주시라고 기도합니다. 그리고 그가 이 은총을 받았다는 것을 알게 되면, 더 이상 괴로워하지 않고 기쁨에 몸을 떨며 자기 스스로 위안합니다. 그가 고통스러워하는 것을 보기보다는 이 사람이 견디는 모든 것을 자기가 감당하고, 할 수만 있다면 고통의 대가와 공로를 그에게 양보했으면 합니다. 그러나 이 모든 것 안에서도 그는 조금도 불안해하지 않고, 그의 내적 평화를 어지럽히는 것은 아무것도 없습니다.[19]

4) 상냥함

매일 매일 자신의 성격과 이웃들의 성격들을 감당해 가는 것, 봉쇄수녀원의 단조로운 삶에 걸려 넘어지지 않는다는 것, 아마도 이런 것들이 공동생활에서 겪는 근본적인 문제일 것이다. 데레사는 봉쇄수녀원 안에서 영혼을 노리는 유혹들은 슬픔과 우울한 기분에 빠지게 내버려 두는 것임을 알아차렸다.

그래서 데레사는 이러한 시련에 짓눌려 있는 자매들을 위로해 주려고 무척 세심하게 애를 썼다. 그녀는 공동체 안에 기쁨이 유지되도록 더욱 신경을 썼다. 이러한 분위기는 영혼들의 개화에 없어서는 안 될 중요한 것이다. 고통 중에 있는 영혼들을 위로하고 그들을 배려하고자 한 데레사의 소망은 슬픔에 잠긴 영혼들을 위로하는 것만이 아니고, 공동체 안에 명랑한 분위기를 유지하는 것이다.

그래서 우리는 데레사의 사랑이 지닌 새로운 모습을 설명하기 위해 특별한 절을 마련했다. 그것이 바로 그녀의 상냥함이다.

데레사는 슬픔을 좋아하지 않았다. 열세 살 때 그녀는 프란치스코 드 살 성인의 다음 말씀을 자주 떠올렸다.

> 슬퍼하는 성인은 슬픈 성인이다.

나중에 그녀는 휴식 때조차도 늘 심각했던 성인들을 조금도 모방하지 않겠다고 말했다. 반대로 그녀는 복자 데오판 베나르에게 특별한 신심을 느꼈다.

> 저는 그분을 존경합니다. 그분은 많은 고통을 당하셨고, 또 항상 기뻐하셨으니까요.

사실 휴식 때 데레사는 항상 명랑했다. 그녀는 아주 유쾌하고 영적이고, 경우에 따라서는 전혀 비꼬는 기색 없이 신랄하기조차 하여, 그녀의 말을 듣는 것은 일종의 즐거운 일이었다.

이러한 기쁨의 근원은 하느님께 사랑받고 있다는 확신과 그분을 기쁘게 해 드리겠다는 소망이었다.

그녀는 편태를 가하거나 어떤 육체적 고통을 겪게 될 때 미소 짓는 습관이 있었다. 그녀는 수련자들에게도 이와 같은 습관을 지니라고 권했다. 삼위일체의 마리아 수녀는 다음과 같이 말했다.

> 그분은 내가 이마를 찌푸리거나 얼굴을 찡그릴 때마다 '얼굴은 영혼의 반영입니다. 언제나 즐거운 아이처럼 평온하고 고요한 얼굴을 지녀야 해요. 당신은 언제나 하느님과 천사들 앞에 있으니까 혼자 있을 때도 그래야 해요.' 라고 말씀하시면서 저를 꾸짖으셨습니다.

그러나 우리는 여기서 데레사의 미소 어린 즐거움이, 좋으신 하느님을 향한 섬세한 사랑의 표현만이 아니라, 그녀의 자매애를 표현하는 한 가지 방법이었음을 말하고 싶다.

데레사에게 기쁨은 영적 진보의 신호일 뿐 아니라, 그것을 얻는 수단이기도 했다. 데레사는 사람들을 그들 자신과 그들의 슬픔과 권태로부터 벗어나게 함으로써, 그들로 하여금 남김없이 하느님께 자신을 맡기고, 모든 것을 받아들일 수 있게 도와줘야 한다고 깨달았다. 달리 말해서 데레사의 미소는, 하느님께로부터 좋은 몫을 받은 사람이 기뻐서 띠는 미소일 뿐 아니라, 자신의 기쁨을 이웃에게도 주고 싶어서 짓는 영혼의 미소이기도 했다.

데레사는 주위에 있는 사람들을 기쁘게 해 주기 위해 모든 수단을 다 썼다. 예를 들면, 그녀가 쓴 글 중에 상당량은 그 글을 읽을 사람의 마음을 진정시키기 위해 쓴 것임이 발견된다. 1887년 7월 14일 폐렴으로 고통당하고 있던 사촌 마리 게랭에게 보낸 편지와 작은 여왕을 떠나 보낸 아버지를 위로해 드리기 위해 가르멜수녀원에서 쓴 아버지에게 보낸 편지를 이런 각도에서 다시금 읽어 보면 될 것이다.

신비 생활의 정상에 오른 뒤에도 데레사는 예전과 다르게 행동하지 않았다. 1897년 3월 19일자 룰랑 신부에게 보낸 편지에서 이 가르멜 수녀는 사랑하는 선교사 신부에게 냄비를 빠져 나온 자칭 '악마에 홀린 가재' 이야기를 한 페이지가 넘게 쓰고 있다.

특히 휴식 때, 데레사는 자신의 주위를 기쁘고 명랑하게 만들려고 고심했다. 그녀는 가장 침울해 보이는 수녀를 자신의 짝으로 삼아 그의 기분을 풀어 주고, 밝아질 수 있게 하려고 애썼다.

공동체에는 좀 더 과격한 성격을 지닌 자매들을 멀리하려는 유혹이 있는 법이고, 좋은 의도였다고 해도 사소한 말 한마디가 기분을 상하게 할 위험이 있다고 마지막 『자서전』에서 데레사는 설명한다. 그러나 데레사는 이 유혹을 이겨 냈다. 그녀는 다음과 같이 말했다.

저는 휴식 중에 제게 가장 불쾌하게 대하는 자매들 중에서 짝을 찾고, 이 상처받은 영혼들 곁에서 착한 사마리아인의 역할을 다해야 한다고 생각합니다. 사랑 가득한 한마디 말, 한 번의 미소는 슬픔에 잠긴 영혼을 활짝 피어나게 하기에 충분합니다.

그러나 데레사는 자신이 그들을 늘 즐겁게 해 준다고는 생각하지 않았다. 가장 좋은 의도로 한 말 한마디가 엉뚱하게 받아들여질 수도 있다는 것을 그녀는 체험으로 알고 있었다. 그렇다고 가엾은 영혼들을 그대로 두어서는 안 된다고 데레사는 생각했다. 비록 우리의 친절이 상처받은 영혼들을 치유할 수는 없다고 해도, 예수님께서 주신 애덕의 권고를 따름으로써 그분을 기쁘게 해 드린다는 확신을 갖게 되었다. 게다가, 오랜 시간이 경과한 후에 누군가가 우리의 친절에 감동하고 거기서 지극한 기쁨을 얻을 수도 있는 것이다. 데레사는 베드로 수녀와의 관계에서 직접 이것을 체험한다. 데레사는 오랫동안 이 수녀를 식당에 모셔다드렸는데, 그녀가 베푼 선의는 아무런 성과를 거두지 못했었다. 그러던 어느 날 저녁, 데레사는 이 늙고 병든 수녀가 빵을 자를 때 아주 힘들어하는 것을 보았다. 그 이후부터 데레사는 이 작은 시중을 든 뒤에야 그녀 곁을 떠났다.

그분은 제게 그것을 부탁한 적이 없는데도 제가 그렇게 해 드린 데 대해 무척 감동하셨고, 제가 일부러 찾아낸 것은 아니지만, 바로 이로 인해서 저는 그분의 호감을 완전히 얻게 되었습니다. 그분은 제가

당신의 빵을 잘라 주고 나가기 전에 예쁘게 웃어 준 것이 특히 좋았다고 하셨습니다.[20]

그러므로 우리는 우리 주위 사람들을 기쁘게 해 주기 위해서 기울인 애덕의 수고에 대해 결코 실망해서는 안 된다.

데레사는 수련자들에게 충고할 때, 이웃을 기쁘게 해 주려는 원의를 지니고 휴식방에 가는 것이 그들의 의무라고 누차 강조했다.

데레사는 성체의 마리아 수녀에게 다음과 같이 말했다.

당신은 왜 휴식방에 가십니까? 만족감과 쾌적함을 얻기 위해서입니까? 다른 공동 행사에 가는 것과 마찬가지로 성실하게, 거르는 일 없이 휴식방에 가야 합니다. 식당을 나서면서 당신은 곧장 휴식방으로 가야 합니다. 당신은 다른 일 때문에 지체해도 좋다는 허락을 받지 않았습니다. 그리고 휴식 중에도 덕을 실천하십시오. 당신이 누구의 곁에 앉든 모든 사람들에게 정답게 대하십시오. 그때 그때 기분에 따라 바뀌는 것이 아니라 덕에서 우러나온 명랑함을 지니십시오. 마음이 슬플 때는 자신을 잊고, 즐거움 속으로 들어가십시오. 휴식 때에는 덕을 실천하는 것에 대해서도 생각하지 않고, 좋으신 하느님께도 정신을 쏟지 않으며, 오직 즐거움만을 추구하는 시간이라고 생각할지도 모릅니다. 그러나 이것 역시 다른 것과 같이 공동 행사의 일종입니다. 즐거워하되 무엇보다도 이웃에 대한 애덕으로 그렇게 하십시오.

데레사에게는 '이웃을 기쁘게 해 주려는 꾸준한 의지'인 이 상냥함이 특히 두드러졌다. 그녀는 자기 주위의 영혼이 밝아질 수 있도록 유쾌하고 화목한 분위기를 조성하기 위해, 이리저리 궁리했다.

5) 형제(자매)적인 충고

데레사는 만일의 경우 수련자들이 규칙을 소홀히 했을 때, 그들을 꾸짖으려고 언제나 주의 깊게 그들을 관찰해 왔다. 그러나 그것은 그녀의 마음에 드는 일이 아니었다.

무엇보다도 힘든 일은 자매들의 실수나 지극히 사소한 불완전함 등을 찾아내고, 그들을 죽음도 불사하는 싸움터에 몰아넣는 일입니다.

그러나 그녀는 하느님께서 자기에게 이 '전쟁'을 두려워하지 않는 은총을 주셨다는 것 역시 알고 있었다.
형제(자매)적 충고를 하는 관습은 그녀에겐 조금도 즐겁지 않았다. 생의 말기에 이르러서도 데레사는 수녀원의 모든 수녀들을 질책하는 일을 하고 싶지 않았다.

예전에 저는, 어느 자매가 제 맘에 들지 않는 어떤 일을 하거나 규칙에 어긋나는 행동을 할 때, '아! 저 자매에게 내가 생각하는 바를 말해 줄 수 있었으면, 그녀가 틀렸다는 것을 보여 줄 수 있었으면 참 좋을 텐데!' 라고 생각했습니다. 제가 이 직분을 조금 수행하고 나서 단언하거니와 원장 수녀님, 이 생각이 완전히 바뀌었습니다. 제가 보기에 어느 자매가 불완전하게 일을 하는 것을 보게 될 때, 저는 안도의 한숨을 내쉬고 이렇게 생각합니다. '참 다행이다. 수련자가 아니니까 그녀를 충고해 주지 않아도 되겠지.' 그리고 즉시 그 자매를 용서하려고 애씁니다.[21]

특히 데레사는 형제(자매)적 충고란, 충고하는 사람이 기분 나빠서 하는 것이 아니라는 것을 받아들이는 사람이 잘 이해할 때만 효과적이라는 것을 아주 잘 알고 있었다.

저는 다른 사람을 충고해 주기보다는 그것을 받는 쪽이 훨씬 더 쉬울 것입니다. 그것이 비록 제게 고통이 될지라도 지극히 필요한 것이라고 느낍니다. 왜냐하면 본성적으로 행동하게 될 때, 영혼이 자신의 잘못을 깨닫는 것은 불가능하기 때문입니다. 그는 이렇게 생각할 겁니다. '나는 좋은 의도로 했는데, 나를 지도하고 책임을 맡은 수녀가 화가 났고, 그 화가 온통 내게로 떨어지는구나.'[22]

어느 날 데레사가 즈느비에브 수녀에게 말했듯이, 우리가 서슴없이 남에게 하는 충고는 그것이 진정 개인적인 감정에서 나온 것이 아님을 보여 주게 될 때에만 그 열매를 맺는다.

우리가 담요를 털고 있을 때, 저는 그 담요들이 아주 낡았으므로 좀 더 주의해 달라고 꽤나 불안스런 기색으로 말한 일이 있었습니다. 데레사는 그때 제게 이렇게 주의를 주었습니다. '수녀님이 담요를 수선하는 책임을 맡지 않았다면 얼마나 홀가분하게 행동했겠습니까? 또 그것이 얼마나 찢어졌는지 살펴보는 책임을 맡았더라면 걸리는 것이 하나도 없었겠지요? 무슨 행동을 하든지 간에 조금이라도 개인적 이익에 빠져 들지 마십시오.' [23]

여기서 데레사가 수련소 동료들에게 한 형제(자매)적 충고의 예를 들어 보기로 하자.

첫 번째 것은 잘 알려진 바로, 데레사는 그것을 맨 마지막 『자서전』에서 말하고 있다. 1892년 12월, 데레사가 수련소의 책임을 맡기 두 달 전이었다. 데레사는 이것이 예수님께서 그녀에게 가르멜수녀원에서 수행하라고 명하신 첫 사도직으로 여겼다.

데레사가 수련자들에게 한 충고는 절대적으로 공평무사했다. 수련소의 동료이면서 그녀보다 여덟 살이나 위이며, 외향적인 성격으로 그녀를 기쁘게 했던 예수의 마르타 수녀에게 충고해야 하는 것이 그녀에겐 무척 괴로운 일이었다. 마르타 수녀가 원장 수녀님을 지나치게 본성적으로 사랑하는 것에 대해 데레사가 지적했으므로 이 지적이 장상의 눈에 크게 나쁘게 보일 뿐 아니라, 퇴회당하게 될지도 모를 위험에 처하는 셈이었다. 그러나 무엇보다도 마르타 수녀는 이런 상황을 충분히 알았다.

저를 감동시킨 것은 역시 제 영혼의 이익을 위해 데레사가 완전히 무사 무욕했다는 점이었습니다. 데레사는 다음과 같이 제게 말했습니다. '만일 원장 수녀님께서 당신이 운 것을 알아채시고 무엇이 당신을 괴롭히는지 물으시면, 이제 방금 제가 한 말을 모두 얘기해 드려도 좋습니다. 저는 제 의무를 소홀히 하기보다는 차라리 우리 어머니 눈에 나쁘게 보이는 것이 더 좋습니다. 만일 원장 수녀님께서 제가 수녀원에서 나가기를 원하신다면, 그에 따르는 편이 더 낫습니다.'[24]

데레사가 자기 동료에게 자기 역시 그녀와 똑같은 처지였으며, 가르멜수녀원 생활의 처음 몇 달 동안 똑같은 유혹을 느꼈다는 것을 얘기하면서 그녀를 납득시켰다. 그만큼 그녀의 충고가 결실을 맺었다.

제가 얼마나 당신을 사랑했으며, 수도 생활 초기에 지극히 물질적인 방법으로, 즉 개가 주인에게 애착하듯이 그렇게 당신께 애착하지 않으려고 얼마나 많은 희생을 치렀는지를 그 수녀에게 얘기했습니다.

데레사의 충고를 가장 잘 받아들였던 수녀는 아마도, 1894년 6월 16일에 입회한 삼위일체의 마리아 수녀일 것이다.

제가 처음 가르멜수녀원에 왔을 때, 제 천사인 데레사 수녀님께 저의 잘못된 점을 보면 모두 지적해 달라고 부탁드렸던 대로, 그분은 그만큼 저를 잘 지켜 주셨습니다.

데레사는 특히 이 수련자가 지나치게 민감한 감수성과 잘 싸워 이겨 낼 수 있도록 진력을 다해 도와주었다. 어린애 같은 그녀의 성격 때문에 잘 우는 그녀의 습관을 버리게 하려고 데레사는 독창적인 방법을 생각해 냈다. 데레사는 그녀의 사소한 잘못도 지나치지 않았다. "그분은 제 부족한 모든 것을 아주 세심하게 고쳐 주셨습니다."라고 후일 삼위일체의 마리아 수녀는 분명히 말했다. 데레사가 책임을 맡고 있던 마리 마들렌 수녀와 예수의 마르타 수녀에게도 다음과 같은 말을 했다.

'저는 당신에게 진실해야 합니다. 미워하고 싶으면 저를 미워하세요. 그렇지만 저는 죽기까지 당신에게 진실을 말할 거예요.' 라고 그분은 제게 말씀하셨어요.

셀리나가 수련소에 들어왔을 때, 이 새로운 수련자를 수련시키는 것이 결코 쉬운 일은 아니었지만, 데레사는 특별히 정성스럽게 그 일을 해냈다. 즈느비에브 수녀가 출판한 『권고와 추억』이란 책은 데레사가 그녀에게 한 충고로 가득 차 있다.

데레사가 수련자들에게 진실을 말하기를 겁내지 않았듯이, 자기보다 먼저 가르멜수녀원에 들어온 선배 수녀들에게도 진실을 말하기를 두려워하지 않았다. 그녀가 사랑하는 대모인 마리아 수녀에게 구체적으로 한 권고를 들어 보자.

저는 가끔 이 주님의 여종이 고통을 겪고 있는 병실의 침상 곁에서 휴식 시간을 보냈습니다. 어느 날 제가 데레사에게 만일 다른 병자와 함께 있었다면 잘 쉬지 못해서 많이 괴로웠을 거라고 하면서 데레사와 함께 지내게 되어 큰 위안이 된다고 말했습니다. 데레사는 즉시 저를 나무랐습니다. '만일 그런 경우였다면 저는 아주 행복했을 거예요. 지상에서는 누구나 고통을 받아야 하기에, 고통이 크면 클수록 더 행복한 것입니다. 수녀님에게 호감을 덜 갖는 사람에게 더욱 사랑을 실천해야 합니다. 오! 사람들이 세상에서 자주 잘못 생각하고 있다는 것을 알았으면 좋겠습니다.' [25]

아녜스 원장 수녀도 그다지 징계를 잘 내리지 못했다. 1897년 7월 10일, 데레사가 엷은 미소를 띠고, 의도적으로 대수롭지 않는 듯 사투리 섞인 억양으로 이렇게 말했다.

원장 수녀님은 그다지 수고할 가치가 없는 일에 많이 수고를 하셨어요. 아주 불쾌하기까지 한 그런 일을 하셨을 때, 원장 수녀님은 결과를 너무 두려워하셨어요.

8월 2일, 데레사는 다시금 더욱 엄격하게 말한다.

정말 당신은 너무나 망설였어요. 사랑하는 작은 엄마, 저는 생전에 당신이 그런 것을 너무 자주 보아 왔어요.[26]

마지막까지도 그녀는 수련자들이 규칙을 소홀히 여길 때마다 충고를 아끼지 않았고 바로잡아 주었다.
"나는 데레사가 마지막 몇 달 동안에도, 여전히 목이 타는 듯하고 열에 시달리면서도, 어느 수련자의 불완전함을 충고하고 고쳐 주는 것을 보았어요."라고 즈느비에브 수녀는 말한다.
1897년 8월 19일 마지막 영성체를 하던 날, 데레사는 여전히 한 수련자에게 "의자에 그렇게 걸터앉으면 안 됩니다."라고 주의를 주었다.
데레사가 수련자를 엄격하게 대했던 이유에 대해 말하고 싶다.
엄격함 역시 데레사의 사랑의 일면이기 때문이다. 프티토 신부는 데레사의 성덕에 대해 이렇게 언급했다.

만일 어느 작가나 강론자가 아기 예수의 데레사 성녀의 사랑에 대해 말할 때, 오로지 평화와 화해에 대한 면만을 언급하고 그것에 반대되거나 혹은 보충하고 있는 덕, 즉 언제나 강경했던 그녀의 영혼이 지닌 힘에 대해 약간이라도 암시를 하지 않는다면, 그는 자기의 주제를 완전히 파악하지 못했다고 할 수 있을 것이다.[27]

데레사는 부드러우면서 엄격했지만, 부드러움과 엄격한 사이의 어중간한 태도는 취하지 않았다. 데레사가 수련자들을 위해 만든 분위기는 전적인 신뢰를 바탕으로 한, 활기에 넘치는 분위기였다. 실로 데레사는 하느님의 사랑을 위해 더없이 신중했다.

2. 데레사의 현실적 사랑의 동기

우리의 친절한 행위가 이중 조건이 요구되는 이웃 사랑에 직접적인 영향을 받았다고 말할 수 있으려면, 다음의 것을 생각해 봐야 한다고 반 로이 추기경은 말한다.
첫째, 이 행위는 분명히 이웃에 대한 사랑에서 나온 행동이어야 한다. 그렇기 때문에 특별히 자유, 순명, 정의 등에 관련된 행동은 배제된다.[28]
둘째, 이 사랑의 행동은 창조적인 것이 아니라, 하느님의 선에 의해 그 이유가 설명되고 특수성이 밝혀져야 한다. 결과적으로 우리의 이웃이 갖춘 완덕, 그 완덕 때문에 하게 된 사랑의 행위는 여기서 배제된다.

이웃을 섬기는 것이 애덕으로 승화하려면, 사실 그것이 '하느님의 사랑 때문에', 다시 말해서 그분께 복종하고 그분을 기쁘게 해 드리겠다는 생각으로만 되는 것은 아니다. 이웃을 섬기는 것이 어떤 방법으로든 이웃 안에 사랑의 하느님이 현존해 계신다는 것을 생각해야만 한다. 또한 우리가 이웃을 섬기려 하는 것이, 하느님의 무한하신 사랑에서 출발해야 한다. 이웃에 대한 하느님의 무한하신 사랑에 우리는 지극히 만족하고, 하느님께서 당신 자신을 우리 이웃에게 온전히 주시기를 간절히 원해야 한다. 또 이웃이 하느님께 자신을 온전히 맡기기를 바라고, 우리는 힘이 미치는 한 이 욕망의 실현을 위해 힘써야 한다.

이러한 고찰은, 이 단원에서 우리가 살펴보려고 하는 계획을 충분히 시사하고 있다. 우리는 먼저, 성녀 데레사의 전 생애를 고무시켰던 근본적인 주제가 무엇인지를 살펴보고자 한다. 그것은 "하느님을 기쁘게 해 드린다."는 것이다. 이 생각은 그녀로 하여금 사랑을 헌신적으로 실천하게 했다. 그 다음에 우리는, 어떻게 데레사의 이웃 사랑이 그녀가 행한 봉사 안에 중재되었는가를 살피려고 한다.

1) 자신을 추구하지 않음

바오로 사도는 "사랑은 자기 이익을 추구하지 않습니다."(1코린 13,5)

라고 말했다. 데레사가 이웃에게 봉사할 때, 그 안에서 자신을 찾지 않으려고 어떻게 노력했는지를 살펴보자.

 싹싹하게 보이고 싶어서나, 봉사를 받은 자매가 당신에게 그것을 갚아 주리라는 희망을 가지고 행동해서는 안 됩니다. 왜냐하면 주님께서도 '너희가 도로 받을 가망이 있는 이들에게만 꾸어 준다면 무슨 인정을 받겠느냐? 죄인들도 고스란히 되받을 요량으로 서로 꾸어 준다. 그러나 너희는 원수를 사랑하여라. 그에게 잘해 주고 아무것도 바라지 말고 꾸어 주어라. 그러면 너희가 받을 상이 클 것이다.' 라고 말씀하신 까닭입니다. 정말 그래요. 이 지상에서까지도 그 보상은 클 것입니다.[29]

 우리가 봉사한 것에 대해 아무것도 되돌려 받으려고 하지 말아야 한다면, 우리는 우리의 도움이나 봉사로 이웃을 지배하려 해서는 안 될 것이다. 진정한 사랑은 기민성이나 섬세함이 절대로 결핍되지 않는 법이다. 우리는 우리가 하는 봉사를 이용해서 이웃이 우리의 우월함에 중압감을 갖도록 해서는 안 된다. 우월적인 태도는 소위 사랑의 완성 안에서 우리 자신을 추구하려는 징조인 것이다.
 이에 대해서 데레사는 이웃을 위해 보낸 시간을 보상받으려고 하기보다는 그냥 준다는 태도를 가져야 한다고 지적한다.

차라리 나는 당신에게 드리는 것이라고 말하고 싶습니다. 준다는 것은 빌려 준다는 것보다 훨씬 관대한 행동이며, 자신의 봉사에 대해 타산적이 아니라는 인상을 자매에게 줄 테니까요.[30]

데레사는 특히 사랑에 관련된 예수님의 가르침이 우리의 본성과는 지극히 대립되는 것이어서, 은총의 도움이 없으면 실행은 물론, 이해조차도 불가능하다고 생각했다. 데레사가 이웃에게 봉사한 것은, 한순간 자신의 방에서 침묵과 고독을 몰아내고 싶어서 그랬던 것이 아니다. 기분을 전환하기 위해 그처럼 여러 자매에게 봉사한 것은 더더욱 아니었다.

수련자들과 대화하면서, 데레사가 자신의 개인적 만족을 구하려고 하지 않았다는 것을 기억하자. 예컨대 데레사는 자신의 권태를 해소하기 위한, 즉 단순한 쾌락을 위해 개인적인 어려움을 털어놓는 것을 철저히 삼가고 있었다. 그녀가 자신의 어려움을 말할 때는, 이미 그녀 자신이 그것을 완전히 극복하고 난 뒤였으며, 그것도 자기가 겪은 것과 같은 어려움에 사로잡혀 있는 사람을 격려하기 위해서만 그렇게 했다. 그녀는 크건 작건, 개인적인 이익이 들어간 질책은 결코 수련자들에게 하지 않는다는 것을 원칙으로 삼고 있었다. 그럴 경우 형제(자매)적 충고는 아무런 효과도 거둘 수 없다는 것을 그녀는 잘 알고 있었다. 끝으로, 데레사는 자신의 호기심을 만족시켜 줄 수 있는 질문을 수련자들에게 하지 않는다는 원칙을 세웠다. 그리고 수련자가 자기가 시작한 재미있는 화제를 중단했을 때, 데레사는 결코 다시 얘기하는 방향으로 그녀를 유도하지 않았다. 그녀는 다음과 같이 그 이유를 설명한다.

    자기 자신을 찾을 때는 어떤 선(善)도 행할 수 없다고 저는 생각합니다.

수련자에 대한 그녀의 행동은, 한마디로 표현하면 무사 무욕이라고 할 수 있다. '하느님을 기쁘게 해 드리는', 혹은 '이웃에게 선을 베풀려는' 원의에서 한 데레사의 봉사를 살펴보기 이전에, 그녀가 자신을 추구하려는 욕심에서 그렇게 하지 않으려고 조심했다는 것을 알아야 한다.

2) 하느님을 기쁘게 해 드리는 것

데레사가 지닌 사랑의 특성 중의 하나가, 오로지 선하신 하느님을 기쁘게 해 드리기 위해 모든 행동을 하려고 했다는 것이다. 이는 데레사가 이웃을 섬기는 데서 이 소망을 쉽게 발견할 수 있다. 데레사의 전 생애를 일관한 이 원대한 포부가 특별히 그녀의 형제(자매)적 헌신의 행위를 자극하지 않을 수 없었다.

먼저 우리는 데레사의 영성 생활에서 이 소망이 자주 드러났음을 상기시킬 것이고, 다음에는 그것이 형제(자매)애를 실천하는 데 차지해 온 중요성을 살펴볼 것이다.

아주 어렸을 때부터 데레사는, 섬세한 사랑을 지녀서 주위를 기쁘게 해 주는 것이 그녀의 기쁨이었다. 따라서 그녀가 누군가를 괴롭혔을 때는 무척 괴로워했다. 우리는 이미 앞에서 살펴보았듯이 이 사랑에는 일종의 과장이 들어 있음을 알았고, 나중에 가서야 데레사는 이 지나친 감수성에서 풀려났다.

그렇지만, 우리는 마르탱 부인이 말했던 것처럼, 데레사가 아주 일찍부터 희생이나 극기를 하게 된 것은, '하느님을 기쁘게 해 드리기' 위한 마음에서 비롯된 것이었다. 나중에 데레사는 이 실천들이 무엇이었던가를 말하게 된다.

> 어린 데레사는…… 결코 변명하지 않았다. 누가 제 것을 가져갈 때도 그렇고, 부당한 비난을 들었을 때도 그러했다. 그 애는 변명하지 않고 잠잠히 있기를 더 좋아했다.[31]

일생 동안 데레사는 '하느님을 기쁘게 해 드린다'는 소망을 실현하기 위해서 그녀는 자신을 희생하고 기꺼이 시련을 받아들인다. 데레사에게 '예수님을 사랑한다'는 것은 '그분을 기쁘게 해 드린다'는 것이다. 1895년 6월, 그녀는 봉헌문에서 이 대등한 가치를 다시 설정하고 있다.

오직 당신 사랑만을 위하여, 당신을 즐겁게 해 드리기 위해서만 일하고자 합니다.

데레사는 죽기 몇 달 전 원장 수녀에게 이렇게 썼다.

지극히 사랑하는 원장 수녀님, 당신의 어린것이 당신 곁을 떠나려고 한다고 생각지 마십시오. 당신 아이가 해질녘보다 새벽에 죽는 것을 더 큰 은혜로 여긴다고 생각지 마십시오. 그 어린것이 유일하게 바라는 것은 예수님을 기쁘게 해 드리는 것뿐입니다.

마지막으로 1897년 7월 30일, 그녀는 또 이렇게 말한다.

저는 연옥을 피할 생각으로 지푸라기 한 올도 주우려 하지 않았습니다. 제가 한 모든 것은, 저는 선하신 하느님을 기쁘게 해 드리고, 그분께 영혼을 구해 바치기 위해서 했습니다.

한편, '좋으신 하느님을 기쁘게 해 드리려고' 모든 행동을 한다는 것은, 끊임없이 머릿속에서 그 생각을 분명히 하고 있다는 것을 말하려는 것은 아니다. 때때로 우리 지향의 순수성이 우리 정신의 만족도에 따라 측정되지는 않는다. 그것과는 오히려 반대다. 어린아이가 아버지의 마음에 들기 위해서 끊임없이 아버지를 생각할 의무는 없는 것이다.

하느님을 기쁘게 해 드리고 싶은 데레사의 소망은, 이웃 사랑의 실천에 매우 큰 몫을 담당했다. 어릴 때부터 데레사는 언니들이나 사촌들을 즐겁게 해 주기 위해 자신의 즐거움을 희생할 때마다, 예수님을 기쁘게 해 드린다고 확신했다. 그리고 틀림없이 서둘러서 묵주를 들고, 거기에 자신의 새로운 승리를 새겨 놓으려고 했을 것이다.

시복 조사에서 성심의 마리아 수녀(마리아)의 증언이 이 점에 대해 무엇보다도 잘 설명해 준다.

> 그녀가 어떤 일을 그르쳤을 때 야단칠 필요가 없었습니다. '그것은 좋지 않다.' 든지, '그것은 선하신 하느님을 괴롭힌 것이다.'라고만 말하면 그것으로 충분했어요. 그녀는 결코 잘못을 되풀이하지 않았어요……. 그녀는 여러 상황에서 덕행을 실천하는 데 있어서도 늘 언니들에게 양보했습니다. 그렇게 하기 위해서 그녀는 자신을 상당히 억제해야 했습니다. 그녀의 성격은 그 당시 매우 단호했으니까요.

여러 상황에서 언니들에게 양보하거나 일요일 저녁 할머니가 그녀에게서 한 묶음의 꽃을 가져가시도록 버려두는 것 등은 데레사에게는 희생을 요구하는 것이기도 했지만, 이것을 예수님께 드릴 수 있었고 또 그분을 기쁘게 해 드리기 위한 일종의 포기였다. 다른 사람에게 아무것도 거절하지 않는다는 것은 데레사에게는 하느님께 아무것도 거절하지 않는다는 것이었다. 사실 데레사는 세 살 이후로 그분께 결코 거절한 것이 없었다.

데레사가 행한 이 포기는 이웃을 기쁘게 해 주기 위한 수단이었다. 또한 그녀가 행한 사랑의 행동은 하느님을 기쁘게 해 드리려는 소망에서 나왔음을 분명하게 여러 번 말하고 있다.

그녀는 처음 쓴 『자서전』에서, 가르멜수녀원에 들어가기 위한 준비를 마쳤을 때 그 어느 때보다 더 성실하고 극기의 생활을 하며 작은 것으로라도 이웃을 섬기려고 노력했다고 말하고 있는데, 그 당시 그녀는 이 섬김을 하느님께 드리는 희생으로 여겼던 것이다. 그때와 마찬가지로 2년 후에 데레사는 자매들에게 자기가 할 수 있는 모든 봉사를 다함으로써, 자신의 서원을 준비하게 된다. 이것 역시 서원 날에 예수님께 드릴 희생을 많이 하기 위해서였을 것이다.

1893년 그녀가 수련자들에게 '작은 길'을 가르치기 시작했을 때, 데레사는 여전히 자신이 하는 사랑의 행위를 예수님께 보여 드리고, 그분을 기쁘게 해 드리는 수단으로 보았다.

기도할 능력도 없고, 덕을 실천할 수도 없다는 것 외에 아무것도 느끼지 못하는 그 순간은 이 세상 왕국보다도, 순교자가 흔연스레 고통을 겪는 것보다도, 더욱 예수님을 기쁘게 해 드릴 수 있는 작은 것들을 찾을 수 있는 기회입니다. 예를 들어 아무 말도 하고 싶지 않을 때, 혹은 권태로울 때 미소를 한 번 짓거나 다정한 말 한마디를 하는 것

등……. 사랑하는 언니, 이해하겠지요? 그것은 제 왕관을 만들기 위해서나 제 공로를 세우기 위해서가 아니라, 예수님을 기쁘게 해 드리기 위해서라는 것을.³²

의미심장해 보이는 이 인용구는 세 번째 『자서전』의 일부로, 여기에서 데레사는 예수님을 기쁘게 해 드리기 위한 자신의 의무를 설명하고 있다. 이 의무는 결과에 대한 확신과 감동을 갖고 실천해야 하는데, 그 까닭은 우리의 노력이 항상 우리 주위를 즐겁게 해 주지는 못한다 해도, 그것은 언제나 예수님을 즐겁게 해 줄 수 있기 때문이다.

　때로는 정다운 말 한마디, 한 번의 미소가 슬픔에 잠긴 영혼을 즐겁게 해줍니다. 그렇지만 제가 사랑을 실천하는 것은 반드시 목적에 도달하기 위해서만은 아닙니다. 저는 곧 실망하게 될 것을 알고 있으니까요. 가장 좋은 뜻으로 한 제 말 한마디가 전혀 달리 해석될 수도 있을 것입니다. 시간을 아끼지 않고 저는 모든 사람들(특별히 덜 사랑스런 자매들)과 다정하게 지내고 싶습니다. 예수님을 즐겁게 해 드리기 위해서…….³³

데레사가 말년에 받았다고 말하는 사랑의 은총보다, 5년 전에 먼저 위와 같은 말을 했기 때문에 이것은 그만큼 더 흥미롭다. 그러므로 우리가 단언할 수 있는 것은, 이 빛이 그녀가 무엇보다 먼저 '예수님을 기쁘게 해 드리기 위해' 행동해야 한다는 확신을 약화시키지 않았다는 사실이다.

위의 인용 구절이 흥미로운 것은, 데레사가 이웃을 위해 사랑의 행위를 하는 것이 하느님을 기쁘게 해 드린다는 까닭을 명백히 제시하고 있다는 사실 때문이다. 이웃을 즐겁게 해 주려고 애씀으로써, 또 모든 사람들과 다정히 지냄으로써 우리는 예수님께서 다음의 말씀으로 주시는 충고에 약간이나마 응답하는 것이다.

> 네가 잔치를 베풀 때에는 오히려 가난한 이들, 장애인들, 다리저는 이들, 눈먼 이들을 초대하여라. 그들이 너에게 보답할 수 없기 때문에 너는 행복할 것이다. 의인들이 부활할 때에 네가 보답을 받을 것이다.(루카 14,13-14)

한마디로 우리가 사랑을 실천하려고 애씀으로써 예수님을 기쁘게 해 드리는 것은, 그것이 그분의 권고를 따르는 것이고, 그분의 뜻을 행하는 이유다.

데레사가 도움을 청하러 오는 자매들을 기꺼이 받아들이기 위해 자신을 열어 둔 것은, 달라고 하면 누구에게나 주라고 하신(루카 6,30) 주님의 말씀을 따르기 위한 것이며, 또 '네 것을 가져가는 이에게서 되찾으려고 하지 마라.'고 하신 또 다른 충고를 실천하기 위해서였다. 그래서 데레사는 결코 바쁜 기색을 보이지 않고, 언제나 한가롭게 보이도록 하는 습관을 지니고 있었다.

이 세상에서 자매들을 섬기는 사람에게 주님이 약속하신 영원한 상급에 대해, 데레사는 상당히 자주 언급했다. 예를 들어, 그녀는 즈느비에브 수녀에게 먼 후일 주님께서 그녀에게 시중을 들어 주실 것이라는 점을 상기시킴으로써, 병실 소임을 잘 수행하도록 격려했다.

가엾은 영혼, 작은 접시를 이리저리 옮겨야 하는 것을 힘들어하지 마세요. 어느 날 예수님께서 수녀님의 시중을 들어 오실 거예요. 그 날이 멀지 않았어요.

데레사는 또 자유 시간을 방해받는 것을 기꺼이 받아들이라고 하면서, 죽음의 순간에 그것에 대해 기뻐하게 될 것이라고 그녀를 격려했다. 그러므로 '하느님을 기쁘게 해 드린다는 소망보다, 영원한 보상을 바라는 마음이, 데레사로 하여금 이웃을 위해 헌신하게 만든 근본적인 동기가 아니었나.' 하고 생각될 수도 있을 것이다. 데레사가 품고 있던 영원한 보상에 대한 열망은 명확히 말해서 주님께 더 큰 사랑을 드리는 것임을 생각하면서 결국, 그녀는 원하는 만큼 그분을 사랑했을 거라는 가능성을 말하고자 한다. 주님께서는 이 세상에서 오직 당신을 기쁘게 해 드리기 위해서 살아온 사람들에게 나중에 후하게 갚아 주실 것을 데레사는 잘 알고 있었다. 따라서 그녀는 이 보상도 영원토록 있을 더 큰 사랑이라는 것 알고 있었다. 그녀는 1889년 4월

26일 셀리나에게 이런 말을 했었다.

> 우리가 고통을 당하는 그 유일한 순간들을 이용합시다. 매 순간, 순간만을 봅시다. 그것은 보물입니다. 한 번의 사랑의 행위가 우리로 하여금 예수님을 더 잘 알도록 해 줄 것이며, 영원히 그분께로 다가서게 해 줄 것입니다.

그러므로 데레사가 예수님께 희생을 바칠 수 있는 어떤 경우도 놓치지 않으려 했다면, 그것은 그분께 자신의 사랑을 증명하려는 것만이 아니라, 영원히 그분을 더욱 사랑하려는 희망에서인 것이다.

하느님을 기쁘게 해 드리려는 소망과 영원히 그분을 사랑하려는 소망, 이 두 소망이 데레사로 하여금 자매들에게 그들의 삶 구석구석 사소한 것에까지 봉사하도록 격려했으며, 실제로 하나를 향한 목적이었다. 이 두 가지는 데레사의 생애 전체를 가로지른 근본적 지향, 즉 "완전한 사랑의 행위 안에 산다."는 지향의 표현이었다.

3) 하느님을 사랑하게 하는 것

데레사가 이웃에게 사랑을 베푼 것이 선하신 하느님을 기쁘게 해 드리려는 소망 때문이라고 한다면, 그것들은 모두 애덕에 의해 승화

되었다고 단정할 수 있겠는가?

주님을 향한 사랑으로 누군가를 사랑한다는 것은 "그 사람 안에서 하느님을 사랑하고, 하느님 안에서 그 사람을 사랑해야 한다."는 것이다. 우리는 앞에서 데레사가 기도 안에서 이웃에 대해 생각할 때, 이웃을 사랑하는 방법이 바로 그러하다는 것을 보았다. 그녀는 하느님께서 그들에게 당신을 더 많이 주시고, 그들 역시 그분께 자기를 더 많이 바치기를 열망했던 것이다.

본 절에서 살펴보고자 하는 것은 데레사가 이웃을 섬길 때, 역시 그러한 방법으로 그들을 사랑했는지를 보는 것이다.

하느님을 기쁘게 해 드리기 위해 이웃을 기쁘게 해 주어야 하는 것이, 데레사에게 유일한 걱정거리였다. 이는 그녀가 개인적인 이익을 추구하지 않았기 때문이다. 예를 들면 세탁하는 날, 그녀는 가장 덜 좋은 자리를 택해서 남들이 그 자리에 앉지 않도록 했다. 당시 그녀가 한 사랑의 행동은 다른 희생(인내, 순명, 가난의 행동)을 실천하는 것과 상당히 유사한 것이다. 문제는 이웃들에게 해야 할 봉사를 어떻게 이용하여 하느님께 새로운 희생을 바치느냐 하는 것이다.

어쨌든, 데레사는 이웃을 자신을 수련시키는 사람으로 여겼지만 지금은 그들을 섬겨야 할 사람으로 여기고 있다. 그녀는 그분을 기쁘게 해 드리기 위해서 섬긴다.

데레사는 가장 완전하게 사랑을 실천하는 방법을 알고 있었다. 실제로 데레사가 하느님을 기쁘게 해 드리기 위해서만이 아니라, 자매들 각자의 인격 안에 계신 하느님을 섬기고 싶었기 때문에 자매들을 섬기는 경우를 살펴보겠다. 데레사가 자매들을 섬긴 것은 오로지 하느님을 기쁘게 해 드리기 위한 것만이 아니었다. 데레사는 자매들을 섬기면서 자기가 섬기고 싶었던 것은 예수님이었다고 여러 번 단언했다. 하느님께서 사랑받으시기를 바랐던 열망이 자매적 봉사를 애덕으로 승화된 사랑의 행동이 되게 하기에 충분했었다.

수련기 동안, 그녀가 베드로 수녀를 식당에 모셔다드리겠다고 자청했을 때, 그녀는 예수님께서 하신 다음 말씀을 상기했다.

> 너희가 내 형제들인 이 가장 작은 이들 가운데 한 사람에게 해 준 것이 바로 나에게 해 준 것이다.(마태 25,40)

사실 데레사가 이 말을 인용했다고 해서 그때 그녀가 이 늙고 병든 수도자에게서 확실히 예수님을 보았다고 할 수는 없다. 다만 이러한 '사랑의 행동'을 함으로써 데레사가 예수님을 기쁘게 해 드리려는 소망을 갖고 있었다는 것을 알 수 있을 것이다. 이 복음 말씀을 예수님께서 다음과 같이 우리에게 하신 말씀이라고 해석할 수도 있을 것이다.

"나는 이웃에 대한 사랑의 계명을 아주 중시하고 있다. 그러므로 너희가 형제들에게 베푼 봉사에 대해서는 나 자신에게 베푼 것으로 여기고 갚아 주겠다."

그런데 수도 생활 초기에 데레사는 예수님의 정배 안에서 예수님을 뵙는 것이 얼마나 흐뭇한지를 예수님께서 느끼게 해 주셨다고 말했다. 결국 베드로 수녀를 모시고 수녀원 복도를 지나가면서, 데레사가 이 늙은 수도자에 대한 예수님의 사랑에 공감했고, 예수님께서 베드로 수녀의 영혼 안에서 만족해 하고 계신다는 것을 확신할 수 있게 된다. 그래서 데레사는 이 수녀에게 그처럼 다정했던 것이다.

> 제가 베드로 수녀님을 모시고 갈 때, 설령 예수님을 모시고 간다 하여도 그보다 더 잘할 수 없을 만큼 지극한 사랑으로 했습니다.[34]

다른 경우에도 데레사는 마치 성가족을 섬기듯 이웃을 섬겼다. 바로 이런 생각으로 어느 날 저녁, 그녀는 외부 수녀들이 기거하는 곳에 유숙해야 했던 곤자가의 마리아 원장 수녀의 친지들을 위해 등불을 준비했다. 역시 같은 생각에서 그녀는 즈느비에브 수녀에게 자신 속에 움츠러들고 싶을 때는 이웃을 섬기라고 충고했다. 즉 예수님과 성모님을 찾아뵙는다는 생각으로 섬기라는 것이다. 마지막 병상에서 데레사는 다시금 즈느비에브 수녀에게 말하기를, 자기는 진정으로 간호하는 일을 원했으며, 자신은 우리 주님께서 "내가 병들었을 때 (너희가) 나를 돌보아 주었다."(마태 25,36)라고 하신 말씀을 생각하면서 깊은 사랑으로 병자들을 돌보았을 것이라고 털어놓았다. 특히 그녀는 자기 언니에게 바로 하느님을 돌보아 드리듯, 지극한 사랑과 섬세함으로 병자들을 돌보아 주라고 권고했다.

이러한 여러 가지 경우에 대해 데레사는 물질적 차원의 봉사가 이웃의 영적 진보에 미칠 수 있는 영향에 대해서는 충분히 생각해 본 바가 없는 듯 싶다. 다시 말해서, 그녀가 자매들에게 봉사한 것은 '하느님께서 사랑받으시도록 하기 위한' 것이 아니라 그리스도와 그분의 신비체에 속한 여러 지체들을 연결하는 신비로운 연대성 때문에서였다.

그 반대로 데레사가 영적 차원에서 수련자들을 충고하거나 그들의 잘못된 점을 바로잡아 주는 일 등을 했을 때는 오히려 그 영혼들이 하느님을 더 많이 사랑했으면 하는 바람으로 그렇게 했다. 그때 데레사의 '애덕 행위'는 비록 신학적 가치는 없을지 모르지만, 그녀의 바람은 그런 것이 아니었다. 그 당시 데레사는 자매들을 하느님의 지체로서보다는 하느님의 성전으로 여기고 있었다.

또한, 데레사가 휴식 시간에 슬픔에 잠긴 영혼들을 즐겁게 해 주려고 애쓴 것은 하느님을 즐겁게 해 드리기 위해서만이 아니라, 자매들이 자기 안에 갇히는 대신, 주님께로 더욱 향하고 때로는 힘든 수도 생활에서 오는 짐을 좀 더 기꺼이 받아들일 수 있게 하기 위해서다. 그녀는 이 세상에서의 삶이 괴롭다고 주님께 끊임 없이 말씀을 드려서는 안 된다고 생각했다. 주님께서는 기쁘게 자신을 내어 주는 사람들을 사랑하신다는 것을 데레사는 알고 있었기 때문이었다.

그래서 그녀는 자매들의 눈물을 '기쁨으로 바꾸려고' 애썼다. 자매들을 위로하면서, 또 다정하고 즐겁게 사랑으로 차려진 영적 잔치를 그들에게 베풀면서, 데레사는 영혼들이 주님의 끝없는 사랑을 더 깊이 맛들일 수 있게 해 주려고 애썼다.

특히 데레사가 자신의 애덕 행위가 주위 사람들의 영적 진보에 영향을 미친다고 확신한 순간에만, 애덕 행위를 했다고는 생각지 말아야 한다. 이 리지외 가르멜 수녀는 이따금 주님 앞에서 그분을 사랑하고 사랑받으시게 하겠다는 자신의 뜻을 새롭게 다졌다. 함축성 있고, 때로는 명시적이기도 했던 이 원의는 언제나 그녀의 삶 전체를 지배해 왔고, '형제들이 더 하느님 안에 있고 하느님께서도 더 그들 안에 계시기를' 바라는 이 주님을 향한 형제애에서 직접 영감을 받았고 그녀의 행동 대부분을 주도하기에 충분했다.

제10장 | 1897년에 받은 은총

1897년, 데레사는 이웃 사랑에 대한 계명을 좀 더 깊이 이해할 수 있는 은총을 받았다. 이 은총은 아무리 강조한다 해도 지나치지 않을 것이다. 더욱이 데레사는 자기가 받은 은총의 빛을 알리기 위해 마지막 『자서전』을 다시 편집하기 시작했던 것이다. 이것이 바로 사랑의 계명에 대해 새로운 관점에서 쓴 『어느 영혼의 이야기』이다. 이 책은 확실히 필리퐁 신부의 관심을 끌었다. 이 책은 우리에게 그리스도인의 영성에 있어서 근본적인 것이기도 한 이 점에 대한 발전으로 해서 걸려 넘어지지 말라고 권고하고 있었다.

저자는 "성인들은 발전의 법칙에 따르고 가장 눈부시게 발전을 이루기도 한다. 그들의 생애는 끊임없이 상승하는 것이다."라고 썼다.[1]

데레사의 이 발견이 빛을 보게 된 것은 A. 콩브 주교 덕이다. 그는 이 발견이 데레사의 위대한 영감 중에서 가장 나중의 것이라고 지적했다. 그러니까 『어느 영혼의 이야기』의 9장과 10장은 11장 다음에

쓰였다는 점이다.²

우리는 먼저 여기서, 이웃 사랑의 계명에 대해 데레사는 어떻게 이해해 나갔는지 그 발전이 정확하게 무엇으로 이루어진 것인지 살펴보고자 한다.

1. 데레사가 발견한 네 가지 요소

데레사는 이웃 사랑이라는 주제에 대해, 1897년에 받은 여러 가지 은총과 구별하려고 애쓰지 않았다. 그러나 그녀가 마지막으로 쓴 『자서전』을 통해서 살펴볼 때, 데레사가 발견한 것을 네 가지로 구분할 수 있다.

하느님께서 애덕에 관해 가장 완전하게 이해시켜 준 것을 데레사는 '발견'이라는 말로 표현하지 않았다. 데레사가 14페이지에 걸쳐 열네 번 사용한 '이해하다.'라는 동사는 항상 특별히 중요한 영적 발견을 묘사할 때 쓰는 표현임을 상기한다면, 그녀의 '승강기의 발견', '영적 매력의 법칙'이라고 일컬어지듯, 1897년 애덕에 관해 데레사가 발견한 것이라고 우리가 말한다고 해서 하등 놀랄 것이 없다.

1) 둘째 계명의 중요성

무엇보다도 먼저 데레사에게 충격을 준 말은 예수님께서 하신 "둘째도 이와 같다. '네 이웃을 너 자신처럼 사랑해야 한다.'"(마태 22,39)라는 말씀이다. 데레사는 '같다.'라는 말을 강조했는데, 지금까지는 전혀 유의하지 않았던 말이었다. 그녀는 예수님께서 하신 이 말씀을 깊이 연구하지는 않았지만 예수님께서 인정하신 첫째 계명과 둘째 계명이 같다는 것에 큰 충격을 받았다.

그러면 데레사는 이 '같다.'는 말을 어떻게 해석한 것일까? 여기에 대해 데레사는 명백히 말하지는 않지만, 성경 말씀을 읽어 가다 보면 이해하게 된다고 한다. 즉 둘째 계명이 첫째 계명만큼 중요하다는 것, 지금까지 하느님을 기쁘게 해 드리려고 정성을 기울인 만큼 이웃을 기쁘게 해 주는 것에 마음을 써야 한다는 것을 그녀는 이해했다. 하느님을 기쁘게 해 드리는 근본적인 방법은 그분이 주신 둘째 계명을 지키는 것임을 분명히 깨달은 것이다.

특히 저는 온마음으로 하느님을 사랑했으며 그분을 사랑함으로써 저는 제 사랑이 말로만 표현되어서는 안 된다는 점을 깨달았습니다. 왜냐하면 하늘나라는 주님, 주님 하는 사람이 들어갈 수 있는 것이 아니라, 하느님의 뜻을 행하는 사람만이 들어갈 수 있기 때문입니다.[3]

이것은 무슨 말인가? 사랑은 말로만 표현되어서는 안 된다는 것을 알기 위해, 데레사는 몇 년을 기다려 왔던 것일까? 그녀는 성심의 마리아 수녀(마리아)에게 보낸 장문의 편지에서도 역시 이렇게 말했다.

사랑은 행동으로 증명됩니다.

또한 데레사는 주님께 자신의 사랑을 증거하고 그분께 영혼을 구원해 드리기 위한 희생의 기회를 단 한 번도 놓치지 않았다. 이 희생 가운데 그녀가 '이웃을 위해' 해 온 희생은 상당히 중요한 자리를 차지하고 있었다. 식당에서 다른 이를 위해 자기 몫의 음료수를 포기하는 것, 휴식 때 다른 이들이 꺼려 하는 자매들 중에서 짝을 선택하는 것 등……. 그러나 그때까지 데레사는 이웃과 관련된 이 계명의 중요성에 대해 그다지 유의하지 않았었다.

다음 예가 그 사실을 여실히 보여 준다. 1893년 8월, 우리가 이웃에게 베풀 실제적인 사랑으로 심판받을 것이라고 주님께서 공언하고 계시는 복음의 저 유명한 장을 셀리나가 인용한 것에 대해 언급하면서도, 데레사는 이웃에 대한 사랑에 대해서 아무런 암시를 하지 않았다. 마지막 심판에 대한 이 굉장한 묘사에서 그녀는 단 한 가지만을 볼 뿐이다. 즉 예수님께서 우리의 사랑을 간절히 원하신다는 사실이다. '그분은 우리가 당신께 사랑을 드릴 수 있도록 당신 스스로 가난하게 되신' 것이다. 불쌍한 우리 형제 중의 한 사람으로서 예수님이 우리에게 구걸하는 사랑이 문제가 아니라, 우리가 예수님을 위해서 간직해 둔 사랑과 다른 사람에게 거절해야 하는 사랑, 그것에 대해 살펴보겠다.

예수님께만 드립시다. 다른 사람들에게는 인색하고, 오직 그분께만 아낌없이 드립시다.

복음에서 "그때에 임금이 자기 오른쪽에 있는 이들에게 이렇게 말할 것이다. '내 아버지께 복을 받은 이들아, 와서 세상 창조 때부터 너희를 위하여 준비된 나라를 차지하여라. 너희는 내가 굶주렸을 때에 먹을 것을 주었고, 내가 목말랐을 때에 마실 것을 주었으며, 내가 나그네였을 때에 따뜻이 맞아들였다."(마태 25,34-35)라는 구절을 읽으면서 데레사는, 우리의 이웃들을 도와주어야 한다는 생각보다는 단지 예수님께 우리의 마음을 모두 내어 드리고 무엇보다도 예수님을 더 많이 사랑해야 한다는 본질적인 의무만을 생각하고 있었다.

첫 번째 『자서전』에서 데레사가 '사랑'이라는 용어를 단 한 번만 사용하고 있다는 점도 언급해 두려고 한다.

한마디로 (1886년 성탄 전날 밤부터) 사랑이 내 마음속에 흘러 들어오는 것을 느꼈습니다.

성심의 미리아 수녀에게 보내는 편지에서 그 단어를 두 번 사용하지만 그것은 하느님의 사랑이라는 의미로 쓰였다. 반대로, 마지막 『자서전』에서 '사랑'이란 단어는 스물여섯 번 나오는데, 그것은 이웃에 대한 사랑을 의미하고 있었다.

즉, 데레사는 1897년에 가서야 겨우 복음적 윤리 안에서 이웃 사랑의 중요성을 이해했다. 물론 예수님께서는 우리가 희생하기를 바라시지만, 그중에서도 특히 우리가 이웃을 사랑하기를 원하신다. 선하신 하느님을 기쁘게 해 드리는 방법 중에 가장 좋은 것은, 둘째 계명에 순종하는 것이며, 이웃 사랑에 대한 계명은 다른 것들 가운데 예외적인 위치에 있으며, 그런 까닭에 첫째 것과 같다는 것을 데레사는 알았다. 특별히 데레사는 예수님께서 이웃 사랑에 대한 계명을 중시하신다는 표지 세 가지를 복음서 안에서 찾아냈다.

첫째, 복음서 거의 매 페이지마다 그분은 우리에게 사랑에 대해서 말씀하시고 계신다.

둘째, '최후 만찬'에서 '당신 성체의 이루 말할 수 없는 신비 안에서' 당신을 그들에게 내어 주신 다음, 그분은 제자들에게 새로운 계명, 곧 서로 사랑하라는 계명을 주신다.

셋째, 서로 사랑하는 것은 그분의 제자라는 가장 뚜렷한 표지다.

1897년 데레사가 발견한 첫째 요소는 그리스도인의 삶에서 이웃 사랑이 매우 중요하다는 것이다.

자매애, 지상에서는 그것이 전부입니다. 얼마만큼 이 덕을 실천하

는지에 따라, 그 사람이 하느님을 얼마 만큼 사랑하는지 알 수 있습니다.[4]

A. 콩브 주교가 "아기 예수의 데레사 성녀는 이 짧은 말 속에 자신의 신념을 담았고, 자신의 메시지를 압축했다."고 한 것은 약간의 과장이라고 할 수 있다. 왜냐하면, 그녀의 메시지에서 없어서는 안 될 부분인 '작은 길'에 대한 생각이 이 잠언 속에 함축되어 있지 않기 때문이다.

이제 우리는 데레사가 한 이 발견이 사랑에 대한 교회의 전통적인 가르침과 어느 정도 일치하는지 살펴보아야 한다.

예수님께서 둘째 계명이 첫째 계명과 같다고 단언하시는 그 말씀을 데레사가 정확하게 해석하지는 못했다. 그녀가 '같다.'라고 한 말을 완전히 이해하지 못했기 때문이다.

사실 이 '같다.'는 말을 설명하고 있는 것은 강생의 신비다. 강생의 신비는 우리가 하느님을 사랑하는 것과 우리가 이웃을 사랑하는 것이 같다는 것을 알려 준다.

첫째 관점에서 하느님과 이웃은, 우리 사랑의 두 가지 대상이다. 누가 이 둘을 연결시켜 줄 수 있는지는 아무도 모른다.

인간과 하느님은 그리스도의 신비체 안에서 서로 일치한다. 이웃을 사랑한다는 것은 그리스도를 사랑하는 것이고, 하느님을 사랑하는 것이다. 아우구스티노 성인이 자신의 열 번째이자 마지막 논문에서 요한의 서간을 설명하고 있는 것처럼 "하느님의 자녀를 사랑하는 이는 하느님의 아들을 사랑하는 이이고, 하느님의 아들을 사랑하는 이는 그 아버지를 사랑하는 이이다. 특히 아들을 사랑하지 않고는 아버지를 사랑할 수 있는 사람은 아무도 없다. 그리고 아들을 사랑하는 사람은 하느님의 자녀들도 사랑한다."[5]

강생의 신비와 이웃 사랑의 신비와의 관계는 특히 요한 사도에게서 두드러진다. 이웃 사랑에 관련해서 주님의 명령이 가장 중요하다고 한 요한 복음사가, 요한 복음서 인사말 가운데 강생의 신비를 더없이 잘 드러낸 분이라는 것은 우연한 일이 아니라고 갈레 신부는 말했다.[6] 두 명령 사이의 가장 놀랄 만한 동일성을 말씀하실 수 있는 분은 그리스도라는 것이다.

둘째 계명이 첫째 계명과 같다면, 우리가 하느님을 사랑하는 것과, 우리가 이웃을 사랑하는 것 사이에는 완전한 일치가 있기 때문이다. 강생의 신비가 바로 이 사랑의 일치의 근거가 된다. 만일 그리스도가 없다면 인간을 사랑하지 않고 하느님을 사랑하는 것이 될 터이고, 이웃 사랑은 하느님에 대한 사랑일 수가 없을 것이다. 인간이면서 하느님이신 그분은 바로 그 사실로 인해서 하느님과 인간을 재결합시키고 있으며, 이제는 인간을 사랑하지 않고는 창조주를 사랑할 수가 없는 것이다.

그런즉 데레사가 "둘째 계명은 첫째 것과 같다."라고 하신 예수님의 말씀을 완전하게 이해한 것은 아니지만, 이웃에 대한 사랑 역시 하느님에 대한 사랑만큼 중요하다는 것을 깨달음으로써, 신약의 가장 중요한 가르침 중 하나를 깨우치게 된 것이다.

바오로 사도는 인간에 대한 사랑 안에 그리스도인의 윤리 전체를 요약해 놓았다.

남에게 해야 할 의무를 다하십시오. 그러나 아무리 해도 다할 수 없는 의무가 한 가지 있습니다. 그것은 사랑의 의무입니다. 남을 사랑하는 사람은 이미 율법을 완성했습니다. 간음하지 말라. 살인하지 말라. 도둑질하지 말라. 탐내지 말라는 계명이 있고, 그 밖에도 다른 계명이 많지만, 그 모든 계명은 '네 이웃을 너 자신처럼 사랑하여라' 라는 이 한마디로 요약될 수 있습니다.(로마 13,8-9 참조)

요한 사도는 이웃 사랑을 참된 그리스도인의 시금석으로 여겼다.

우리가 서로 사랑하면, 하느님께서 우리 안에 머무르시고 그분 사랑이 우리에게서 완성됩니다.(1요한 4,12)

1897년, 결국 데레사는 모든 성인들이 말년에 이르러 완전하게 깨닫게 되는 것, 즉 하느님에 대한 우리의 사랑의 진정한 표지는 이웃에 대한 사랑임을 깨달았다. 그것은 이성의 '분별'이 있다는 가장 훌륭한 표시다. 아빌라의 데레사(대데레사) 성녀도 딸들에게 이렇게 말했다.

우리가 이 두 가지(하느님에 대한 사랑과 이웃에 대한 사랑)를 충실히 실천하는지 알 수 있는 가장 확실한 표지는 이웃에 대해 진지하고 참된 사랑을 갖는 것이라고 나는 생각합니다. 왜냐하면, 하느님을 사랑하는 일은 비록 그 표적이 뚜렷하더라도 정확하게 그것을 알아낼 수 없기 때문입니다. 그러나 이웃을 사랑하는 것은 훨씬 잘 알 수 있습니다. 딸들이여, 여러분이 그 사랑에 진보할수록 하느님에 대한 사랑에 진보했다는 것을 확신할 수 있게 될 것입니다.[7]

2) 예수님께서 우리를 사랑하셨듯이

예수님께서 이웃 사랑을 얼마나 중요하게 여기시는지를 복음서에서 발견한 이후, 데레사는 서로 사랑하라고 하신 주님의 말씀대로 사랑을 실천하기 위한 방법을 복음서에서 찾아낸다. 그것은 그분께서 우리를 사랑하셨듯이 우리도 서로 사랑하라는 것이다.

먼저 데레사는 예수님께서 그 계명을 말씀하신 방법을 주목해 본다.

> 내가 너희에게 새 계명을 준다. 서로 사랑하여라. 내가 너희를 사랑한 것처럼 너희도 서로 사랑하여라.(요한 13,34)

"네 이웃을 너 자신처럼 사랑하라."는 것과 구약에 나타난 계명과 비교해 볼 때 예수님의 계명이 새롭다고 본 데레사는 이제는 이웃을 자기 자신처럼 사랑하는 것만이 문제가 아니라 예수님께서 그를 사랑하셨고, 이 세상 끝 날 때까지 그를 사랑하실 그분을 사랑하는 것이 문제다.

즉, 데레사는 하느님께서 하신 이 요구에는 하나의 과정이 있다고 생각한다. 구약의 율법에서는 이웃을 사랑하는 것으로 충분했었다. 그러나 예수님께서 세상에 오신 후에는 예수님이 우리를 사랑하신 것만큼 우리도 그분을 사랑해야 한다는 것이다.

데레사는 수련자들을 잘 가르치기 위해 예수님께서 그들 각자에게 어떤 계획을 갖고 계신지 그 사랑의 의도를 찾기도 했다. 즉 데레사는 이미 예수 그리스도와 일치된 감정으로 이웃을 대했었다. 이웃에 대한 그녀의 깊은 사랑은 진정 예수님의 사랑 위에 놓인 것이었다. 그녀는 예수님께서 우리를 사랑하시듯 이웃을 사랑했다. 그런데 1897년에 데레사는 예수님께서 우리를 사랑하시는 그 방법을 더 잘 이해했다. 특히 이웃에 대한 우리의 사랑과 우리에 대한 예수님의 사랑이 닮았을 뿐 아니라, 이 거룩한 사랑에 우리가 참되이 참여하는 것임을 발견하게 된다.

예수님께서는 어떻게 제자들을 사랑하셨고 왜 그들을 사랑하셨을까? 이는 단순한 질문이 아니다. 예수님께서 우리를 사랑하셨듯이 우리가 이웃을 사랑하는 것이 예수님의 뜻임을 복음서 안에서 발견한 후, 데레사는 예수님께서 '왜', '어떻게' 제자들을 사랑했는지에 대해서도 복음서 안에서 찾아보았다. 그리고 새로운 발견을 하게 되었다.

아! 그분의 마음을 끈 것은 그들의 타고난 재능이 아니었습니다. 그분과 그들 사이에는 무한한 거리가 있었습니다. 그분은 침묵이고 영원한 지혜였으며, 그들은 세속적인 생각으로 꽉 찬 무지하고 가련한 죄인들이었습니다. 그렇지만 예수님께서는 그들을 친구요, 형제라고 부르셨습니다.

하느님은 우리의 비참에도 불구하고 우리를 사랑하신다는 것을 데레사는 오래전부터 알고 있었다. 데레사가 그처럼 대담하게 하느님을 신뢰할 수 있었던 것도 바로 이 점에 근거한 것이 아닐까? 그녀는 우리에 대한 그분의 사랑이 자비로운 사랑인 것을 알고 있었다.

데레사는 첫 번째 『자서전』 서두에 이렇게 쓰고 있다.

사랑의 특질은 자신을 낮추는 것이므로 사랑 자체이신 하느님께서 완전히 만족하실 수 있기 위해, 무(無)에 이르기까지 당신 자신을 스스로 낮추셨고 그 무(無)를 부(富)로 바꾸어 놓으셨습니다.[8]

사실 1895년 이전에는 데레사가 '자비로운 사랑'이라는 표현을 쓰는 것을 보지 못했다. 하지만 오래전부터 그녀는 확실히 '주님의 온갖 자비'를 묵상해 왔다.

1891년 7월부터 데레사는 셀리나에게 자신의 생각 하나를 설명하는데, 그것은 나중에 첫 번째 『자서전』에 기록되었다. 그것은 예수님께서 그녀를 죄에서 미리 보호해 주셔서 그녀가 그 죄들을 범하지 않았다는 것이다. 데레사가 죄에서 보호될 수 있었던 것은 그분의 선견적이고 자비로운 은총의 덕분이었다는 것이다.

그러므로 데레사가 우리에게로 '내려오시는' 하느님의 아가페(신적 사랑)의 움직임을 1897년에 처음 발견한 것은 아니다. 하느님의 사랑은 그 대상이 지닌 가치에 따라 생겨나는 것이 아니라 오히려 그 반대로 우리들, 가련한 피조물에까지 당신 자신을 낮추셨음에 있다. 데레사는 이러한 창조주의 사랑을 생애 말년 이전에 이미 알고 있었다.

1897년, 데레사는 복음서에서 예수님의 가르침을 전혀 이해하지 못하는 사도들의 무지를 발견하고서, 하느님의 사랑이 지닌 자비로운 특성을 다시금 깊이 느꼈다. 데레사는 예수님께서 그 사도들 가운데 3년간 사셨고, 그들을 친구, 형제라고 부르셨으며, 그들을 구원하고 그들에게 당신 왕국을 주시기 위해, 십자가에서 죽으신 것을 생각했다. 진정 예수님께서는 우리의 결점에도 불구하고 우리를 사랑하셔야 했는가!

이제 데레사는 자기가 어떻게 자매들을 사랑해야 하는지를 깨닫는다.

예수님의 이 말씀을 묵상하면서 자매들에 대한 제 사랑이 얼마나 불완전한 것인지를 깨달았습니다. 선하신 하느님께서 그들을 사랑하시듯, 저는 그들을 사랑하지 않았다는 것을 알았습니다. 이제 완전한 사랑은 이웃의 결점을 견디며, 그들의 약점에 조금도 놀라지 않고, 그들

이 행한 아주 작은 덕행에서 감화를 받는 것임을 알았습니다.⁹

데레사는 항상 이웃의 결점들을 잘 참아 견디었다. 그러나 가르멜 수녀들은 데레사가 삶의 마지막 몇 달간, 이 인내가 더욱 깊어졌다는 것을 전혀 눈치 채지 못했다. 데레사가 주위의 결점을 참는 방법을 이 시기에 완전히 바꾸었을 것이라고 생각한다면 이는 그릇된 생각이다.

그때까지는 좋으신 하느님께 자기의 사랑을 증거하던 경우와 똑같이 이웃의 결점을 견디어 왔을 것이다.

1897년부터 데레사는 하느님께서 우리의 결점을 견디시듯, 끈기 있게 주위 사람들의 결점을 견뎌 왔다. 한편 그녀는 공동생활에서 오는 불쾌함을 예수님 자신의 손으로 마련한 '바늘 침'으로 여겨 기꺼이 즐겨 받아들였다.

데레사는 복음서를 읽고 우리에 대한 하느님의 '끈기'를 깊이 이해함으로써 말년에 가서, 그녀 역시 끊임없이 함께 걸어가는 자매들의 약함에 놀라지 않고, 그들의 결점에 대해서 근본적으로 이해해야 한다는 것을 더욱 잘 알게 된다. 예수님께서는 우리가 결점이 있는데도 진정 우리를 사랑하신다는 것, 지극히 사소한 덕행이라도 우리가 그것을 행할 때, 크게 기뻐하신다는 것 등을 생각하는 것이 얼마나 즐거운 일인가! 그분처럼 하면 충분하다. 이 세상에 죄가 존재한다는 것을 운명적으로 받아들이는 것이 문제가 아니라, 우리의 지성과 마음속에 복음의 이 으뜸가는 진리를 스며들게 하는 것이 중요하다.

우리의 비참이 우리에 대한 끝없는 하느님의 사랑을 막지 못한다. 마찬가지로 이웃들의 비참이 그들에 대한 우리의 사랑을 막지 못할 것이다.

결국 선하신 하느님의 자비로운 사랑은 점점 더 그녀의 마음을 차지했고, 그 사랑이 지닌 자비로움을 더욱더 깊이 깨닫게 해 주었다.

3) 이웃 사랑의 외적 표현의 중요성

1897년에 데레사가 발견한 세 번째 요소는, 이웃 사랑을 마음속에 간직해 두기만 하는 것이 아니라 표현해야 한다는 데 영향을 주었음이 분명하다.

그런데 특별히 저는 사랑이란, 마음속에 깊이 간직해 두어서는 절대로 안 된다는 것을 깨달았습니다. 예수님께서 이렇게 말씀하셨습니다. '아무도 등불을 켜서 그릇으로 덮거나 침상 밑에 놓지 않는다. 등경 위에 놓아 들어오는 이들이 빛을 보게 한다.' (루카 8,16) 여기서 '등불'이란 우리에게 친한 사람들만이 아니라 집안에 있는 사람은 누구든 빠짐없이 다 밝혀 주고, 기쁘게 해 줌으로써 사랑을 표현해야 한다고 생각합니다.[10]

위의 글에 대해 두 가지를 살펴보고자 한다.

"특별히 저는…… 깨달았습니다……."라는 말로써 데레사는 1897년에 이웃에 대한 그녀의 사랑 안에 실제로 발전한 내용이 무엇인지를 가장 명백하게 우리에게 제시하는 듯하다. 사랑은 마음속에 품고만 있어서는 안 된다는 것, 다시 말해서 이웃에 대해 '사랑 어린 생각'을 갖는 것에 만족하지 말고 그들에게 자신의 사랑을 드러내고, 모든 수단을 이용해서 그들을 기쁘게 해 주어야 한다는 것을 그녀는 깨달았다. 이웃을 사랑한다는 것은 생각만으로는 부족하고, 말과 행동이 따라야 한다는 것이다. 즉 자신의 주위에 행복을 뿌려야 하는 것이다.

데레사는 가르멜수녀원에 들어온 후, 휴식 시간의 분위기를 생기 있게 하고, 자기 주위를 행복하게 만드는 비법을 지니게 되었다. 그것은 1893년 7월 18일 셀리나에게 쓴 다음 글에 잘 나타나 있다.

> 저는 기도할 능력도 덕을 실천할 능력도 없다는 것 외에 아무것도 느끼지 못할 때, 바로 그때가 이 세상 그 무엇보다도 어쩌면 아낌없이 목숨을 바친 순교자들보다도 더 예수님을 즐겁게 해 드리는 것이며, 아무것도 아닌 것처럼 보이는 것, 지극히 작은 것들을 찾을 기회라는 것을 경험으로 알게 되었어요. 예를 들면, 아무 말도 하고 싶지 않고 권태로울 때에 짓는 미소 한 번, 말 한마디 하는 것이야말로 예수님을 즐겁게 해 드리는 것이지요.

지금껏 자신의 희생으로 예수님을 기쁘게 해 드려 온 그만큼의 열의와 치밀함으로써 자매들을 기쁘게 해 주고 즐겁게 해 주어야 한다는 것이다. 데레사는 복음에서 말하는 등불처럼 자기를 둘러싼 '모든' 사람을 밝혀 주고 기쁘게 해 주어야 한다고 생각했다.

데레사는 '모든'이란 단어를 강조했다. 그렇다고 그 전에는 그녀가 사랑이 지닌 보편성을 몰랐다는 말은 아니다. 수도 생활 시작부터 데레사는 모든 사람에게 상냥해지려고 노력해 왔고, 그녀의 언니들과 함께 쉬러 가는 대신 자기에게 가장 비우호적인 자매들 가운데서 짝을 골랐다는 것은 잘 알려져 있다. 그런데 데레사는 생의 마지막에 이르러, 나중에 말한 사람들에 대해 더 많은 사랑과 호감을 드러내야 한다고 생각했다.

우리가 방금 인용한 마지막 『자서전』의 구절에 대해서 삼위일체의 마리아 수녀는 특별히 이렇게 해석했다.

제가 처음 가르멜수녀원에 왔을 때, 제 천사는 아기 예수의 데레사 수녀였는데, 제게서 비난할 만한 것을 보거든 다 지적해 달라고 부탁 드렸던 대로 그분은 저를 잘 지켜 봐 주셨습니다. 그분은 여러 가지로 저를 도와주셨는데, 거기에 대해 저는 속으로 크게 감동했지만, 아무런 감사의 표시도 하지 않았습니다. 그런데 그분은 제게 이렇게 말씀하셨습니다. '수녀님은 가장 사소한 것에도 마음을 다해서 감사 드리고, 그 감시하는 마음이 나타나도록 하는 데 습관이 되어야 합니

다. 그렇게 행동하는 것이 사랑을 실천하는 것입니다.'

데레사는 나중에 『자서전』에서 이렇게 말하면서 자신의 생각을 발전시켰다.

사랑은 절대로 마음속에만 간직해 두어서는 안 됩니다. 사랑은 아주 따뜻하게 밖으로 드러나야 합니다.

이 증언이 흥미로운 것은, 그것이 우리가 앞에서 살펴본 데레사의 문헌에 내린 해석을 보증해 준다는 사실에만 있는 것이 아니다. 이것은 또 데레사가 1897년에 가서야 '온정'이 갖는 중요성을 깨달은 것이 아님을 보여 준다. 그녀는 이미 삼위일체의 마리아 수녀가 가르멜수녀원에 입회한 1894년 6월부터 그것을 가르쳤다. 우리는 데레사의 영적 발견이 점진적으로 이루어졌다는 것을 다시 한 번 확인하게 된다.

데레사는 특히 마지막 『자서전』의 여러 대목에서 사랑의 외적 표현이 중요하다는 것을 거듭 강조한다.

먼저 그녀는 아우구스티노의 데레사 수녀에 대한 자신의 반감에 대해 회상한다.

사랑이란 감정으로(데레사가 말하려는 것은 '오직 감정으로' 다) 이루어지는 것이 아니라 행동으로 이루어진다고 생각합니다.

그래서 데레사는 반감을 갖는 이 수녀에게 자기가 가장 사랑하는 사람을 대하듯 한다. 데레사는 그 수녀를 위해 기도하고, 예수님께 그녀의 덕과 공로를 바치는 것으로 만족하지 않고, 그녀에게 가능한 온갖 봉사를 다하려고 애를 썼으며, 대하기 힘들 정도로 불쾌해질 때, 더욱 다정한 미소를 보냈다.

달리 말해서, 데레사는 아우구스티노의 데레사 수녀에게 갖고 있는 사랑을 마음속에 묻어 두지 않았다. 데레사는 사랑의 감정을 드러내야 한다는 과제에 대해 다시 말한다.

> 예수님께서는 비록 저를 사랑하지 않는다고 느껴지는 수녀일지라도 사랑해야 하며, 그녀를 위해 기도해야 한다고…… 충분히 사랑하고 있다는 것을 증명해야 한다고 말씀하십니다.[11]

생의 마지막 몇 달 동안 데레사는 자신의 이웃 사랑을 자발성과 온정이라는 말로 표현했다. 그것은 그녀의 사랑이 상당히 순수해서, 그녀가 이제 언니들을 '지나치게' 사랑한다고 해도 겁낼 것이 없었기 때문이다. 예컨대 삼위일체의 마리아 수녀의 개인적인 추억을 들어 보자.

> 우리 거룩한 병자에 대한 소식은 점점 더 슬픈 것이었고, 그 때문에 저는 괴로웠습니다. 어느 날 오후, 저는 정원으로 가서 수녀님이

밤나무 우거진 산책길에서 조그만 휠체어를 타고 계시는 것을 보았습니다. 수녀님은 혼자이셨는데 그분이 제게 가까이 오라고 신호를 했습니다. '아니에요. 누가 볼 거예요. 저는 수녀님께 말할 허가를 받지 못했어요.' 라고 말하고는 바로 그 곁에 있는 성면의 은둔소로 가서 양손에 머리를 묻고 울기 시작했어요. 머리를 들었을 때, 저는 놀랍게도 제가 사랑하는 수녀님이 제 옆에 나무 둥치에 앉아 계신 것을 보았어요. 수녀님은 이렇게 말씀하셨어요. '제가 당신을 찾아온 이유를 굳이 설명하지는 않겠어요. 저는 지금 죽어 가고 있고, 수녀님을 위로해 주고 싶어요.' 수녀님은 제 눈물을 닦아 주고 제 머리를 당신 가슴에 기대게 해 주셨어요. 저는 그분께 다시 휠체어에 앉으시라고 했어요. 그분은 열에 시달리고 있었으니까요. '그러겠어요. 그렇지만 수녀님이 웃어 주기 전에는 안 가겠어요.' 저는 그분이 혹시라도 넘어질까 겁이 나서 즉시 순종했어요. 그 뒤 저는 그분을 휠체어에 다시 태워 드렸어요.[12]

데레사의 마음은 하느님께 단단히 고정되어 있었으므로 아주 상냥하게 대하는 것은 문제가 되지 않았다. 그녀는 자기가 그처럼 자매들의 마음에 불러일으킨 사랑이 곧장 하느님께로 갈 것을 잘 알고 있었다.
　마지막으로 병고를 겪는 동안, 데레사가 가진 이 쾌활함은 하느님에 대한 그녀의 사랑과 하느님 뜻에 대한 완전한 순종을 표현한 것도, 언니들이 자기의 고통에 지나치게 신경 쓰는 것을 막기 위한 것도 아니었다. 그것은 그녀가 지닌 이웃 사랑의 한 표현이었고, 그녀가 겪는 고통에 대한 생각과 이별에 대한 예감으로 슬픔에 잠겨 있는 주위 사람들을 위로해 주고 싶은 소망의 한 표현이기도 했다.

데레사가 자신의 사랑을 자발적으로 표현하게 된 것은 그전에 많은 희생을 감수했다는 것을 잊지 말아야 할 것이다. 이웃에 대한 사랑을 표현하도록 사람들을 격려하는 것은, 하느님을 위해 사랑의 모든 능력을 간직해 두고자 고심했던 데레사의 생각과는 정반대가 될 것이다. 그 점에 대해서 데레사는 다음과 같이 썼다.

> 사랑은 희생으로 양육됩니다. 영혼이 본성적 만족을 거부하면 할수록 그의 사랑은 더욱 강하고 안전한 것이 됩니다. 수도 생활 처음부터 제 자신을 없애 온 것이 지금은 얼마나 다행한 일인지 모릅니다. 저는 이미 용감하게 싸운 사람들에게 약속된 상급을 누리고 있어요. 온갖 마음의 위로를 거절할 필요를 이제는 느끼지 않아요. 제 영혼은 제가 유일하게 사랑하고픈 분에 의해서 굳건해져 있으니까요. 저는 그분을 사랑함으로써 마음이 더 커 가는 것을 보고 있어요. 그분은 당신을 사랑하는 사람들에게, 그 무엇과도 비교할 수도 없을 만큼 큰 사랑을 주십니다.[13]

아녜스 원장 수녀(폴리나)는 시복 심사에서 데레사에 대해서 이렇게 말했다.

그녀는 천성적으로 지극히 예민하고 사랑이 넘쳤지만, 사랑을 표현하는 데에는 아주 신중했으며, 무엇보다도 그녀의 태도는 사람들에게 존경을 불러일으켰습니다.

데레사는 신중한 수도자였고, 그녀의 주위 사람들은 끊임없이 그녀를 존경했으며, 말년에 가서는 숭배한다고 할 정도로 존경받는 수도자였지만, 그녀는 자기 자신에게서 어느 정도 이탈의 경지에 이르러서, 생애 마지막 몇 달간은 주위 사람들에게 더 폭넓게 전적으로 자신의 사랑을 표현할 수 있었다.

4) 그리스도 사랑에 참여함

1897년에 데레사가 발견한 네 번째 요소에 대해서는 길게 강조할 필요가 없을 것 같다. 왜냐하면 그것은 오래전부터 '어린이의 작은 길'의 해석자들이 이미 밝혔기 때문이다. 그것을 요약해 보자.

예수님께서 당신이 우리를 사랑하신 것처럼 우리도 이웃을 사랑하라고 명하셨다. 그러나 우리가 우리 자신의 힘만으로는 그렇게 할 수가 없다. 그렇지만 예수님께서는 우리에게 불가능한 것을 명하시지 않으시므로, 그분이 우리에게 사랑하라고 명하신 사람들을 우리 안에서 모두 사랑하신다. 그분이 이 새 계명을 주신 것은 우리에게 은총을 주고 싶으셨기 때문이다. 또 데레사는 이렇게 외친다.

아! 그분이 제게 사랑하라고 주신 사람들을 제 안에서 모두 사랑하는 것이, 당신의 뜻이란 것을 확신시켜 주셨습니다.

그녀는 특히 이것에 대한 체험을 다음과 같이 말한다.

제가 사랑에 차 있을 때, 제 안에서 활동하시는 분은 예수님 한 분이시고, 그때 저는 그분께 더욱 결합해 있으며, 또 자매들을 더욱 사랑하게 되는 것을 정말로 느낍니다.[14]

실천이 불가능해 보이는 복음적 권고 앞에서, 예수님께서 우리에게 그렇게 권고하시는 것은 그분이 나약한 우리를 도우러 오고 싶으셨기 때문이라는 사실을 데레사가 깨달았고 그 깨달음은 이번이 처음이 아니었다.

그렇기 때문에 수도 생활 초기에 그녀는 편지에 예수님이 "하늘의 너희 아버지께서 완전하신 것처럼 너희도 완전한 사람이 되어야 한다."(마태 5,48)라고 한 말씀을 인용했다.

그러나 그녀는 이 이상이 자신의 능력에 넘치는 것임을 알고, 예수님께 친히 자기의 거룩함이 되어 주시고 손수 자기를 가파른 완덕의 층계를 오르게 해 주십사고 청한다.

그러므로 1897년의 발견은, 영적 어린이의 작은 길의 발견이 이어진 것이다. 우리는 하늘에 계신 아버지 앞에 완전히 종속되어 있다. 우리는 모든 것을 하느님께 기대해야 하며, 특히 이웃을 사랑하는 은총, 복음적 덕행을 날마다 실천하는 데 필요한 모든 은총을 그분께 바라야 한다. 1897년, 데레사는 다음의 말을 덧붙인다.

우리 마음 안에 있는 사랑은 바로 예수님의 사랑에 참여하는 것이다.

자매들을 사랑하기 위해서 오래전부터 데레사는 자신에 대한 하느님의 사랑에 일치하고 있었다. 그녀는 하느님께서 그들에게 품고 계신 사랑을 머릿속에서 되새겨 보았고 거기에서 즐거움을 얻었다. 한마디로 그녀는 자매들 안에서 사랑을 베풀어 주시는 하느님을 사랑하고 있었으며, 자기 영의 열정을 다 쏟아 하느님께서 언제나 더 많이 그들에게 당신을 주시기를 원했다. 그러나 데레사는 자신의 사랑이 하느님의 사랑(아가페)에 진정으로 동참한다는 것을 알지 못했다.

우리가 우리 이웃을 사랑하는 것은 하느님의 사랑에 참여하는 것이다.[15]

하느님은 우리 사랑의 대상일 뿐 아니라, 우리의 창조자이시기도 하다는 것을 데레사는 깨달았다.

오래전부터 데레사는 이웃 안에서 하느님을 사랑하고 있었고, 1897년에는 자신이 사랑한 이웃은 '자기 안에 계신 하느님'이었다는 것을 깨달았다. 그리스도인의 사랑의 본질적인 모습에 대해서 아직껏 데레사의 주목을 끈 피정 강론이나 영성가가 하나도 없었다면 아마 모두 놀랄 것이다. 데레사가 생의 끝에 가서야 사랑이 지닌 감격스런 면모를 발견했다는 것은 모든 경우에 비추어볼 때 확실하다. 그녀가 자비로우신 사랑에 자신을 봉헌했을 때, 하느님의 사랑으로 이웃을 사랑해서가 아니고, 오로지 하느님을 사랑하고 그분을 사랑하게 하려는 소망 때문이었다. 그것은 완전한 사랑의 행동 안에 살기 위해서 한 것이었다. 그녀가 1895년 6월 9일에 받은 은총은, 예수님께서 당신이 우리에게 사랑하라고 명하신 그 사람들을 모두 우리 안에서 얼마나 사랑하고 싶어 하시는지를 깨닫게 해 준 것이었다.

데레사가 6월 14일에 십자가의 길을 하고 있었을 때, 성령께서 오시어 그녀의 영혼을 당신 사랑의 물결로 넘치도록 채우셨다. 그때 성령께서 그녀에게 하느님이 스스로 사랑하시듯 사랑하도록 하셨다는 것을 깨우쳤다. 그러나 성령께서 그분이 사랑하시듯 이웃을 사랑하도록 하셨다는 것은 아직 깨닫지 못했다. 데레사가 성령으로부터 빛의 은총을 받은 것은 겨우 1897년이었다.

제3부의 결론: 데레사의 사랑의 발전

데레사가 영성 생활 초기부터 둘째 계명에 대한 이해와 실천에 있어, 어떤 발전을 이루었는지 보았다. 그녀와 함께 살았던 수녀들의 증언대로 데레사가 항상 이 복음적 계명을 '완전히' 실천했다면 그녀가 이 영역에서 발전을 이룬 것은 분명하다. 특히 데레사는 수도 생활 초기에 자신도 완덕이 무엇으로 되는 것인지 몰랐다고 고백했다.

영성 생활을 시작했을 때, 제 나이는 열세 살에서 열네 살쯤이었는데 저는 훨씬 뒤에 얻게 될 완덕에 대해서는 생각하지 않았습니다. 저는 완덕을 잘 깨칠 수 없다고 생각했기 때문입니다. 저는 이 길에 나아갈수록 이 완덕과는 거리가 멀어진다는 것을 아주 빨리 알게 되었습니다. 지금도 역시 저는 불완전한 자신을 볼 수밖에 없으며, 거기에서 기쁨을 찾아냅니다.[1]

영혼 구원에 대한 염려

사람은 영적으로 성숙해짐에 따라 이웃에게 자신을 여는 폭도 넓어진다. 사람은 자아 형성의 시기를 지나, 남들에 대해 더 많이 생각할 수 있고 또 그래야만 하는 시기가 온다.

이 영성 생활의 법칙은 데레사의 생애에서 완전히 증명되었다. 데레사는 점점 더 자신을 자매들에게 봉사하는 '작은 도구'나 교회에 봉사하는 작은 영혼으로 여기게 되었다는 사실이다.

데레사가 이렇게 생각하게 된 때는 1887년이었다.

데레사는 가르멜수녀원에서는 고독하고 또 숨은 삶을 영위할 수 있으리라고 생각했기 때문에 처음에는 그곳을 동경하고, 좀 더 일찍 그곳에 들어가서 죄인들을 구하고 사제들을 위해 기도하기를 열망했다.

가르멜수녀원의 삶에서, 그녀의 마음 안에 교회에 봉사하고 싶다는 열정은 더욱 커져 갔을 뿐이었다. 그러나 1896년 모든 사도직을 수행하고 싶었는데도 교회 안에서는 그 어떤 사도직도 자신이 수행할 수 없다는 것과 천국에서도 자신이 성 교회에 더 이상 도움이 되지 못할 것이라는 생각 때문에 그녀는 고통을 겪었다. 그녀는 진정 그곳에서도 교회와 영혼들을 위해 계속 일하고 싶었던 것이다.

설령 데레사의 마음에 기도와 희생으로 영혼들을 구원하려는 소망이 점점 깊어 갔어도, 고통의 속죄적 개념에 진정한 변천이 그녀의 생애 중 마지막 10년 동안에 있었으리라고는 생각하지 않는다.

기분 전환에 대한 조절

아주 어렸을 때부터 데레사는 자신의 참을성 없는 기질을 잘 다스릴 줄 알았다. 어린 데레사는 눈물과 감수성을 다스릴 줄 몰랐지만, 부당한 책망을 들었을 때, 변명하고 싶은 마음을 완전히 지배할 수 있었다. 1886년 성탄절의 은혜가 그녀를 지나치게 예민한 감수성에서 벗어나게 해 주었지만, 그녀에게 감정의 변화를 극복할 수 있게 해 주었던 저 처음의 그 은혜로운 상태에서는 아직 멀리 있었다.

그런데 1887년 벨베데르에서 셀리나와 함께 기도하고 있었을 때 받은 은총은 그녀가 이 덕을 '훨씬 쉽게' 실천할 수 있게 해 주었다. 그녀는 이에 대해 다음과 같이 쓰고 있다.

> 덕의 실천이 우리에겐 감미롭고 자연스런 것이 되었습니다. 처음에는 이 투쟁 앞에서 자주 얼굴이 뒤틀렸지만, 조금씩 조금씩 이 느낌이 사라지고 첫 순간에도 쉽게 체념이 되었습니다.[2]

훨씬 뒤에 즈느비에브 수녀(셀리나)에게 고백했던 것도 같은 느낌에서다.

> 14세 때까지 저는 아무런 단맛도 느끼지 못하고 이 덕을 실천했습니다. 저는 거기에서 아무런 열매도 거두지 못했습니다. 제 영혼은 꽃이 피는 대로 다 떨어져 버리는 나무와도 같았습니다.[3]

1886년까지 데레사가 행한 덕행들로는 덕이 완전히 뿌리 내리지는 못한 것 같다. 그러니 만큼 그녀는 어려움이 많았고 고통에 대해 무시당하는 것에 혐오를 느꼈다.

1886년 이후 그녀는 계속해서 덕을 실천함에 따라, 많은 열매가 맺은 것처럼 그녀의 영혼 안에도 많은 덕을 이루게 되었다.

데레사는 예수님을 위해 장미꽃 잎을 따내듯, 자신의 희생을 바치고 싶은 소망과 관련해서 자주 말했다. 물론 데레사는 희생의 기회를 단 한 번도 놓치려 하지 않았고, 단 한 가지만을 소원했다. 즉 모든 경우에 있어 주님을 기쁘게 해 드리겠다는 것이다. 그러나 성녀가 그것을 확실하게 원하지 않으면 이 덕들은 그의 영혼에 뿌리를 박지 못한다. 이 덕들은 성 토마스의 말처럼 "견고하게 주저 없이, 그리고 기쁘게"[4] 선을 행하도록 한다는 것이다. 그녀에게 선을 아주 자연스럽게 실천하도록 이끄는 이 덕들은 어떤 의미에서는 그녀의 끊임없는 인내와 포기의 행동이 가져다준 결과인 것이다.

데레사가 영적으로 진보함에 따라 실제로 그녀는 공동생활에서의 인내가 점점 더 실천하는 데 어렵지 않다는 것을 느꼈다. 물론 그녀는 오래전부터 어느 정도 완전하게 인내의 덕을 실천하고 있었다. 예를 들어, 아우구스티노의 데레사 수녀에 대한 그녀의 반감을 눈치 챈 사람이 하나도 없을 정도였다. 그런데 그녀가 이러한 발전을 이룬 것은 내적 평화 때문이었고, 그것으로 인해 그녀는 인내의 행위를 감당할 수 있었다. 또 서원하던 해, 부당하게 비난받았을 때도 데레사는 변명하지 않으려고 참으로 애를 써야만 했다.

"이 조그만 실천이 참 고통스러웠습니다. 하지만 나중에 모든 것이 드러나게 될 최후 심판을 생각해야만 했습니다."라고 그녀는 나중에 털어놓는다.

그러나 말년에 가서 그녀는 사람들이 자신에 대해 어떻게 말하든 상관하지 않게 되었다. 인간의 판단이 얼마나 허점이 많은지 아주 잘 알고 있었던 까닭이다.

자매들과 마주했을 때의 데레사의 내적 순응력에도 역시 발전이 있었다. 데레사는 언제나 부탁받은 것을 도와주었으며 점점 더 기꺼이 그것을 실천하게 되었다. 어떤 봉사를 부탁받게 되면, 그녀는 자신의 일을 못하게 되더라도 이를 기쁘게 받아들였다. 문을 두드리는 소리가 나면 즉시 하던 일을 멈추고 대답했다.

데레사는 방해받는 상태를 지극히 정상적인 일로 여기고 있어서, 누군가가 그녀에게 봉사를 청하는 것을 그녀는 너무도 당연하게 여겼다.

데레사가 생의 끝에 이르러 이렇게 쉽게 애덕을 실천한다는 것이, 더 이상 그것에 대해 노력할 필요가 없다거나 극복해야 할 유혹이 없다는 것을 말하려는 것은 아니다. 1897년 6월에 그녀는 이렇게 썼다.

몇 달 전부터 저는 이 아름다운 덕을 실천하기 위해 더 이상 싸울 것이 없었습니다.

그러나 이 말을 문자 그대로 믿지는 말자. 예컨대, 그림을 그리는 일 때문에 없애 버린 물건들이 '절실히 필요하기도 하고' 가지고 싶은 욕구를 데레사는 또다시 느끼게 되는 것이다. 그녀는 인내하지 못하는 내적 충동을 억제하기 위해 대단한 노력을 해야만 했다.

그러므로 데레사가 사랑을 실천하기 위해 아무런 노력도 하지 않았다고 믿지 말자. 데레사라고 해서 사랑의 영웅적인 실천을 쉽게 할 수 있었다고 더는 믿지 말자. 그녀는 마지막까지 지극히 작은 영혼이어서 하느님께 지극히 작은 것들밖에는 드릴 수 없었다. 그리고 그녀는 이 작은 일들을 실천하는 데 충실하기 위해서 매 순간 하느님의 은총이 필요하다는 것을 잘 알고 있었다. 데레사는 자신의 이상에 충실하기 위해서 자기가 지닌 덕에 절대로 의지하지 않았다. 마지막까지 그녀는 오직 하느님의 능력에만 의지하고 싶었다. 하느님께서 데레사의 영혼에 덕을 증가시켜 주셨다면, 영적 가난에 대한 의식도 더욱 증가시켜 주셨던 것이다.

사랑의 순수성

생애 마지막 몇 달 동안, 언니들에 대한 데레사의 사랑은 지극히 순수한 상태에 있었다. 그래서 그녀는 인간적 사랑이 아닌가 하는 두려움 때문에 자기 속으로 움츠러들 위험을 느끼지 않고, 그것을 외적으로 표현할 수 있었다. 이제 그녀는 자기 주위의 사람들에게 지극히 사랑을 드러내는 것을 조금도 겁내지 않았다. 그녀는 또 자기 자신을 본

보기로 제시하는 것도 더 이상 두려워하지 않았다. 그 당시 그녀는 지나칠 정도로 자신의 가난을 의식하고 있었으므로 자기에게 보내는 존경이나 감사 따위에 애착할 수가 없었다. 그녀의 마음은 하느님께 단단히 고정되어 있어서 자신이 감탄이나 사랑의 대상이 되는 것을 더는 두려워하지 않았다.

데레사의 마지막 『자서전』 속에서 이에 대해 분명하게 지적한다.

> 저는 더 이상 마음의 모든 위안을 거부할 필요성을 느끼지 않았습니다.

데레사는 생의 끝에 자신의 사랑이 순수해서 자기 자신에게나 이웃에게 아무런 위험 없이 사랑을 표현할 수 있다는 것을 알고 있었다. 이것을 뒷받침해 주는 것이 바로 데레사가 언니들이나 영적 형제들에게 보낸 마지막 편지들 속에 나타나 있다. 데레사는 언니들이나, 수련자들에게서 지나치게 인간적으로 사랑받는 것을 더 이상 겁내지 않았다. 그녀는 자기가 받고 있는 사랑이 영적인 것이며 필연적으로 하느님의 사랑을 동반하는 것임을 잘 알고 있었다. 수련장 수녀를 '너무' 사랑하는 것을 두려워하고 있던 삼위일체의 마리아 수녀에게 그녀가 설명해 준 것이 이것이다.

마지막으로 데레사는 점점 더 성령의 포로가 되어 갔고, 성령의 은총의 작용에 점점 더 유순히 따랐으며, 그로 인해 데레사의 사랑은 점점 거룩해져 갔다. 삼위일체의 마리아 수녀가 데레사에게 최면술에 대해서 말했을 때, 데레사는 다음과 같이 그녀의 소망을 표현했다.

아! 저도 우리 주님의 최면술에 걸렸으면 얼마나 좋을까요……? 얼마나 감미롭게 제 의지를 그분께 맡겼을까요……? 저는 진정 그분이 제 의지를 차지하시기를, 다시 말해서 저는 더 이상 인간적이고 개인적인 행동을 하고 싶지 않고 온전히 신적이며, 성령께서 영감을 주시고 이끌어 주시는 행동만을 하고 싶어요.[5]

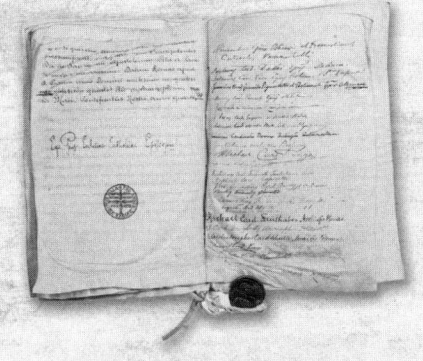

총결론

데레사의 눈물

데레사의 마지막 눈물이 묻은 헝겊
데레사가 흘린 마지막 눈물이 묻은 천을 즈느비에브 수녀가 눈물 모양으로 오려낸 것이다.

앞면 사진: 데레사의 시성을 알리는 교황 교서
1925년 5월 17일 로마 성 베드로 대성당에서 시성식이 거행되었다.

이 책을 읽으면서 독자들은 아마도 가끔 자기 앞에 제시된 데레사에 대한 분석과 구별들이 데레사가 지닌 단순성을 훼손시키는 위험을 범하지는 않을까 하고 생각했을 것이다. 우리는 이 염려가 독자의 머리에서 사라지기를 바란다.

　데레사의 단순성은 일반적으로 말하는 평범성은 아니다. 반대로 독자는 이웃과 우리의 관계에 관한 데레사의 생각이 얼마나 풍요로운지를 깨달을 수 있었을 것이다. 이 생각의 주된 테마들을 이 책의 결론으로 내려 보려고 한다.

　데레사의 애덕에 대한 우리의 연구는 먼저 우리에게 그리스도인의 관상 속에서 이웃이 차지하는 탁월한 위치를 환기시켰다. 관상 수도자의 이상은 자신의 기도 생활에서 이 세상을 완전히 잊어버리는 것이 아니다. 십자가의 요한 성인의 딸들은 몽테를랑이 '포르로얄'에 나오는 소녀의 입을 빌려 말한 다음의 말에 동의하지 않는다.

나는 가끔 우리집과 나무들, 잔디, 자매들, 왔다갔다 하며 일하는 아낙네를 본다. 그리고 이렇게 생각한다. 이 모든 것 중에 존재하는 것은 아무것도 없다. 세상에는 오직 하느님과 나만이 존재한다.[1]

아니다. 이웃은 그리스도인의 관상에까지 파고든다. 사람이 하느님의 사랑에 자신을 연다는 것은, 그의 생각이나 관상으로부터 이웃이 사라지는 것이 아니다. 사람은 자기를 둘러싸고 있는 온갖 피조물보다 끝없이 더 사랑스러우신 하느님만을 더 사랑하고 싶다는 자신의 소원과 의지를 말씀드리기도 한다. 또 그분을 알고 그분을 사랑하는 사람이 자기 하나만이 아니라는 사실에 기뻐하며, 그분께 교회의 모든 지체의 사랑과 공로를 바치고, 그들과 하나가 된다. 이 두 가지 경우에 영혼은 하느님을 향하고 있지만, 이웃은 여전히 자기 생각 속에 현존해 있다. 영혼이 마치 아가서에 나오는 신부처럼 모든 것을 잊은 듯, 영혼은 자신의 깊은 곳에서 사랑의 기도를 통해 이웃의 영혼을 하느님께로 이끌어 간다는 것을 잘 알고 있다.

만일 사람이 하느님께서 그에게 주신 모든 은총에 대해 감사하고 있다면, 이웃은 더욱더 그의 사고 안에 부재 상태가 되지 않는다. 이웃은 하느님께서 은혜를 베풀어 주시려고 사용하시는 섭리의 중개자다.

결국 사람은 자기 기도에서까지 주님을 향한 사랑으로 이웃 사랑에 헌신할 수 있다. 이 경우, 자신의 사랑을 이끌어 가는 방향은 그들 자신이다. 그러나 그때 하느님을 잊어버리는 것은 아닐 것이다. 사람이 이웃 안에서 더욱더 사랑하게 될 분은 바로 그분이다.

사실 하느님의 사랑에 어느 영혼이 몰입하게 되면, 이웃을 위하여 그가 바라는 것은, 언제나 하느님께서 당신 자신을 우리에게 주시기를 바라는 것처럼, 그들에게도 당신 자신을 더 많이 주시기를 바라게 된다. 이웃의 어떤 결점을 발견하더라도 그는 자기 자신을 위해 바라는 것을 그들을 위해서도 끊임없이 바라고 기대한다.

우리의 기도 안에서 우리 이웃을 생각하는 방법은 우리가 그들과 맺고 있는 관계에서 추구되어야 한다는 것이다. 다시 말해서 우리의 '헌신적 생활'이라고 인정되는 것 안에서다. 우리와 이웃과의 관계의 중심에까지 하느님과의 관계를 유지하기 위해서는 끊임없이 겉으로 드러난 모습을 초월해야 한다. 우리의 헌신적인 삶은 기도처럼 신과 관련된 활동이어야 한다. 우리로 하여금 자칫 '하느님만이 좋으시다.'는 사실을 잊게 만드는 매력을 지닌 피조물 앞에 우리가 서게 될 때, 이 주님을 향한 행동은 '마음을 드높이 주님을 향하여'라는 형태를 취한다.

우리가 사람들과 관계를 맺고, 그 사람들의 선함이나 관대함이 우리에게 하느님의 선하심을 비추는 거울과 같을 때, 혹은 여러 방법으로 하느님의 은총을 전달하게 될 때, 이 주님을 향한 행동은 반대로 존경(인식)의 형태를 띠게 된다.

섬세하지 못하거나 기민하지 못한 사람 때문에 우리가 주님께 인내의 행위를 바치게 될 때, 우리의 마음을 채우고 있는 것은 역시 하느님을 향한 감사다. 또 반대로 너무나 완전해서 질투를 느낄 정도인 사람들 앞에 서게 될 때, 하느님을 향한 우리의 행위는 기쁨 중에 그들의 덕이 지닌 가치를 하느님께 바치는 것이다. 그러면서 거의 우리는 우리가 섬겨야 할 이웃과 대면하게 된다. 그때에 우리가 그를 사랑하고 도와줌으로써 우리가 하느님의 사랑으로 그들을 사랑하고 있음을 알고, 또 우리가 이웃을 섬김으로써 그에게 당신 자신을 주고자 하시는 분의 무한하신 선의를 맛보게 그를 도와주고 있다는 것을 우리는 확신하게 된다.

한편, 우리의 인간관계에서 하느님을 향한 사랑이 지니는 이러한 끈기, 또 우리의 일상생활에서 이웃과 또 하느님에 대한 이러한 '관조적 사랑'은 일상생활에서 고요한 기도의 순간을 영위할 줄 아느냐에 따라 다르다. 이것 역시 데레사가 우리에게 주는 교훈이다.

우리는 어떤 사람에게 반감을 갖기도 하는데 이를 극복하기 위해, 또 대화의 내용을 되새기지 않기 위해, 영혼 안에 계시면서 육안으로는 볼 수 없는 놀라운 일을 행하시는 거룩하신 예술가를 늘 존중해야 한다. 우리 이웃의 둔함이나, 그들의 불 같은 성격 앞에서 인내하기 위해, 우선 자신의 마음을 가라앉히고 자신을 '모든 이의 종'으로 여겨야 한다.

간단히 말해서, 이 두 가지 방법을 통해 이웃들은 우리의 기도 속에 파고들어 올 수 있으며 또 그래야 한다.

관상은 우리의 기도인 만큼, 그것은 애덕의 수업이며, 그 안에서 우리는 '형제자매들과 결합해 계신' 하느님을 사랑하고 또 그 안에서 우리는 '형제자매들을 위하여' 우리가 우리 자신을 위해 바라는 것, 즉 그들이 언제나 하느님 안에 있고, 하느님께서 그들 안에 계심을 알게 되기를 바라는 것이다.

우리의 기도가 사랑을 실천하기 위한 준비인 만큼, 기도는 수련이다. 우리가 기도를 통해 형제자매들과 실제로 마주했을 때, 우리는 그 사랑을 행동으로 표현한다. 인내의 태도, 순응성 있는 봉사적인 태도 등을 실천한다. 사도가 자기에게 맡겨진 영혼들에게 무슨 말을 해야 할지 가르쳐 달라고 주님께 청하는 것도 역시 기도 안에서다. 데레사가 수련자들과 나누어야 할 대화를 기도 중에 준비했던 것처럼, 사도는 주님에 대해 영혼들에게 들려주어야 할 말들을 기도 중에 준비해야만 한다.

데레사의 메시지 중에 아주 독특한 '어린이의 정신'이 이웃 사랑에 대한 복음적 계명을 실천한 데레사에게 어떻게 특별한 의미를 주었는지를 끝으로 살펴보고자 한다. 사실 데레사는 사랑의 실천을 무엇보다 중요하게 여겼는데 그것은 그녀가 영적 가난에 대하여 지니고 있는 심오한 감정에 의한 것이었다.

무엇보다 먼저 영적 가난에 대한 데레사의 의식은 점점 예민해져 갔는데, 이 의식은 그녀의 마음속에 이웃에 대한 관대함을 증가시켰다. 하느님의 사랑이 지닌 자비로운 특성을 깊이 깨달아 감으로써, 그녀는 자매들의 약함과 그들의 비참에도 예수님을 본받아 사랑해야 한다는 것을 깨달았다.

더욱이 데레사는 자신의 영적 가난에 대한 의식이 강했으므로 자신의 개인적인 공로에 대해서는 생각할 수도 없었다. 하지만 바로 그 사실 때문에 이웃들에게 자신을 더욱 활짝 열 수 있었다. 그들의 공로 중에서 가장 작은 것에 마음을 열어, 그것을 하느님께 바치기 위해 간직해 놓은 그녀는 그들의 영적, 물적 욕구에도 역시 마음을 열어 그것을 기도 중에 하느님께 말씀드리고, 그들에게 봉사함으로써 그들을 도와주었다. 즉 영적 가난에 대한 의식을 가짐으로써 데레사는 자신에게서 해방되어 이웃의 부(富)와 비참에 전적으로 받아들이게 되었다.

그러나 데레사가 영적 가난을 통해 이웃 사랑의 실천을 권한 것은 심오한 방법을 통해서였다. 1897년 데레사가 자매들에 대한 자신의 사랑이 우리를 사랑하시는 예수님의 사랑에 참여하는 것임을 깨달았을 때, 그녀는 자기 마음을 예수님이 차지하시게 함으로써, 모든 자매들을 더 사랑하게 될 것임을 깨달았다.

성덕의 비결은 자신을 키우는 것이 아니라, 자신은 작은 채로 남아 있으면서 자신의 영혼을 비워, 주님께서 당신의 거룩하신 사랑으로 채우시게 해 드리는 데 있음을, 그 당시 그녀는 어느 때보다 더욱 잘 이해하고 있었다.

데레사가 지닌 어린이의 정신과 애덕과의 사이에 또 다른 여러 가지 관계를 아직도 더 발견할 수 있다. 그녀가 지닌 애덕, 그것은 겸허함, 맨 끝자리를 취하려는 생각, 공동체의 작은 여종이 되려는 생각등으로 그 특징이 드러난다. 데레사는 우리를 위한 사랑에서 지극히 작아지신 우리 주님의 겸손하심에 반해 있었다. 바오로 사도처럼 그녀는 "그분께서는 하느님의 모습을 지니셨지만 하느님과 같음을 당연한 것으로 여기지 않으시고 오히려 당신 자신을 비우시어 종의 모습을 취하시고 사람들과 같이 되셨"(필리 2,6-7)다는 말씀에서 주님의 겸손하심에 놀랐다. 데레사는 사도의 생각에 더없이 깊이 동화되어 "사랑의 본질은 자신을 낮추는 것이다."라고 썼으며 또 그녀는 말씀이 사람이 되신 것에서 사랑의 신비를 느끼고 우리의 모범임을 깨닫는다. "당신의 모범대로 자신을 낮추도록 나를 이끄소서."라고 그녀는 주님께 말씀을 드렸다.

　데레사가 주님의 겸손하심을 본받고 싶다고 말할 때, 다른 사람들의 작은 종이 되고 싶다는 것보다 자신의 겸손을 통해 주님의 사랑을 이끌어 들이는 작은 영혼이 되고 싶다는 소망을 더 많이 표현했다. 진정 그녀가 주님 앞에서 늘 어린 채로 있고 싶어하는 것은, 그녀가 무엇보다도 주님께서 자신의 작음을 굽어보시기를 바라기 때문이다. 결국 데레사는 어린이의 용어를 써서 공동체를 섬기는 작은 영혼이고 싶다는 소망보다 하늘에 계신 성부의 품에 안긴 어린아이로 머물고 싶다는 것을 더욱 자주 표현하고 있다.

　그렇다 할지라도 이 어린이의 용어가 이웃 사랑으로 표현되고 있었다는 것을 잊지 말자. 점점 더 자신에 대해서는 잊어버리고 데레사는 오직 한 가지만을 꿈꾸고 있었다. 그것은 교회 전체에 유익한 작은 영혼이 되는 것이었다. 특히 영혼들을 섬기고 싶다는 이 소망이 그녀의 문체에서 언뜻 보기에 모순되는 두 가지 모습으로 표현되어 왔음을 주목하자. 데레사는 어떤 때는 자신을 자기 자녀들의 삶과 가련한 죄인들의 삶을 꾸려가야 할 책임을 맡은 어머니로 여겼는가 하면, 또 어떤 때는 영혼들이 사용하는 작은 기구, 작은 붓 같은 것으로 여기기도 했다. 이 두 가지 표상을 분리하지 말자. 그것들은 서로 보완이 되고 있다. 데레사가 나란히 표현해 놓은 이 두 가지의 표상은 기도와 희생을 통해 영혼들의 어머니가 되려는 그녀의 신념이 그녀 안에서 그 어떤 영성적 가부장적 태도라거나 바리사이적인 느낌을 갖고 있지 않았음을 우리에게 환기시키고 있다. 가르멜수녀원의 봉쇄 생활로 세상과 떨어져 있다고 해서 데레사는 그녀가 구원하기 위해 소명을 받은 그 죄인들의 세계로부터 분리되어 있다고는 생각하지 않았다. 더욱이, 그녀는 자신이 아무런 결점이 없고, 높은 영적 완덕의 경지에서 이웃들에게 조언을 베풀어 줄 책임을 맡은 수도자라고 생각하지 않았다. 그녀는 지극히 작고 약하고 불완전한 존재일 뿐이며 그녀 자신과 이웃들의 유익을 위해 하느님의 은총으로 채워 주신 존재일 따름이라고 여겼다.

간단히 말해서 데레사에게는 어린이의 정신 안에 영적인 모성애가 깊이 스며 있었다.

끝으로 우리는 데레사의 영성 생활에서 이해력의 은총이 얼마나 중요한 것인지를 살펴보자. 데레사는 결코 주님의 권고를, 주인의 명령을 이해하지 않고 그냥 실천하지 않았다.

그녀는 주님의 말씀을 평생 동안 이해하려고 애썼고, 그분께서 어떻게 영혼들을 이끌어 가려고 하시는지 그 방법을 알려고 노력했다. 그녀는 세 권의 『자서전』 속에서 주님이 그녀에게 깨닫게 해 주신 모든 것에 대해 끊임없이 감사를 드리고 있다. '이해하다.'라는 동사를 이런 의미로 아흔네 번을 사용하고 있다.

『어느 영혼의 이야기』는 데레사가 그녀의 짧은 생애 동안 받은 온갖 빛의 은혜에 대한 이야기라고 할 수 있다. 언제든지 데레사는 힘의 은혜로 자신의 약함을 도와주시는 것에 대해서 말하기보다, 이 빛의 은혜에 대해 더 많이 말하고 있다.

만일 주님께서 데레사에게 놀라운 일을 행하셨다면 그것은 무엇보다도 그녀에게 아주 일찍이 성덕의 본질과 거기에 이르는 방법을 깨닫게 해 주신 것이다.

> 그분은 제게, 제가 받을 영광은 죽어 갈 인간들의 눈에는 나타나지 않는다는 것과, 그것은 위대한 성녀가 되는 데 있다는 것을 깨닫게 해 주셨습니다.[2]

주님은 데레사로 하여금 십자가 밑에 늘 깨어 있으면서, 이 세상의 구원에 기여하는 방법을 깨닫게 해 주셨고, 이탈리아 여행 중에 그녀는, 개혁 가르멜수녀회의 근본 목적을 이해하게 되었으니 그것은 사제들의 성화였다.

가르멜수녀원에서 데레사는 끊임없이 자신의 소명을 심화해 갔다. 그녀는 십자가로 영혼들을 구원할 수 있다는 것을 더욱 잘 깨달았다.

1895년, 데레사는 그 어느 때보다 예수님께서 얼마나 사랑받고 싶어 하시는지를 더욱 잘 이해했다. 그 이듬해에 사랑은 참으로 모든 성소를 다 포함하고 있다는 것을 깨달았으며, 생의 마지막 수개월 동안, 주님은 데레사에게 이웃 사랑이 요구하는 모든 것을 깨닫는 은혜를 주셨다. 동시에 그녀는 완덕에 도달할 수 있는, 전혀 새로운 길인 지극히 짧고 곧바른 작은 길을 발견했다.

그러므로 데레사가 보여 준 영웅적인 인내와 관대함에서 이 영웅적 행동의 본질을 잊어버린다면 데레사에 대해 제대로 이해했다고 볼 수 없다. 데레사의 인내는 예수님께서 그녀에게 주신 것이다. 또한 그녀는 인간을 구원하는 데 고통이 얼마나 필요한지, 그 고통의 가치를 충분히 깨닫는 은총도 받았다. 마찬가지로, 데레사가 이웃의 잘못에 대해 그렇게도 너그러울 수 있었던 것은 우리의 가련하고 약한 인간성에 대해 무한히 자비하신 주님의 마음에까지 깊이 도달해 있었기 때문이다.

그러므로 데레사가 이웃 사랑에 대한 계명을 실천하는 데 필요한 이해의 은총을 끝으로 강조한 것이다. 리지외의 이 작은 가르멜 수녀는 그리스도께서 사마리아 여인에게 하신 말씀을 자기 식으로 풀어 우리에게 다시 들려주고 있다.

사람들이 안다면, 즉 하느님이 권고하시는 그 이유와 그것을 요구하시는 것에 숨어 있는 은총을 그들이 언제나 깨닫는다면 그들은 훨씬 더 열심히 그 권고를 수행하려 할 것입니다.

하느님은 사랑이시라는 사실을 분명 어느 시기에 깨달았기 때문에, 데레사가 그처럼 이웃을 사랑하였다. 그리고 주님께서 깨닫게 해 주신 것을 모두 충실하게 실천한 그 보답으로 주님께서 얼마나 우리를 사랑하시며, 당신의 사랑을 전달하기 위해 우리에게 얼마나 오고 싶어 하시는지 우리는 데레사를 통해 그 은총을 깊이 깨달을 수 있다.

약자

A	1er Manuscrit dédié a la Rde. Mère Agnès de Jésus, le 20 janvier 1896. : 예수의 아녜스 원장 수녀 수녀에게 보낸 글, 1896년 1월 20일
B	2e Manuscrit: Lettre adressée à Sr. Marie du S-Coeur, le 16 septembre 1896. : 성심의 마리아 수녀에게 보낸 편지, 1896년 9월 16일
C	3e Manuscrit dédié à la Rde. Mère Marie de Gonzague et achevé, le 10 juillet 1897. : 곤자가 마리아 수녀에게 보낸 글, 1897년 7월 10일
C. S. G.	Sainte Thérèse de l'Enfant-Jésus, *Conseils et souvenirs* (recueillis par Sr. Geneviève de la Sainte Face et de Sainte Thérèse), Lisieux, 2e éd., 1954. 성면의 즈느비에브 수녀와 아기 예수 데레사 성녀 엮음, 『권고와 추억』, 리지외출판사, 1954년
D. C. L.	Documentation du Carmel de Lisieux(Archives et témoignages inédits) 리지외의 가르멜수녀원의 비공개 문서와 증언
H. A.	Sainte Thérèse de l'Enfant-Jésus, *Histoire d'une âme, Conseils et souvenirs, prieres lettres, poésies*, Lisieux, 1953. 『영혼의 이야기』, 리지외출판사, 1953년
L.	*Lettre de Sainte Thérèse de Lisieux*, Lisieux, 1948. 『리지외의 데레사 성녀의 편지』, 리지외출판사, 1948년
M. A.	P. François de Sainte-Marie, O.C.D., *Manuscrits autobiographiques de Sainte Thérèse de l'Enfant-Jésus*, Lisieux, 1956, t. I, Introduction, t, II, Notes et tables, t, III, Table des citations. P. 프랑수아 생 마리 엮음, 『성녀 소화 데레사의 자서전』, 리지외출판사, 1956년
N. R. T.	*Nouvelle Revue Théologique.*
N. V.	*Novissima verba, Derniers entretiens de Sainte Thérèse de l'Enfant-Jésus* (mai-septembre, 1897), recueillis par la Rde. Mère Agnès de Jésus, Lisieux, 1926. 『예수의 아녜스 원장 수녀가 엮은 '아기 예수의 성녀 데레사의 마지막 이야기'』, 리지외출판사, 1926년
P. O., Sum.	Actes du Procès canonique de l'Ordinaire, publiés dans *Summarium I. Positio super introductione causae*, Romae, 1914.
P. A., Sum.	Actes du Procès apostolique, publiés dans *Summarium II. Positio super virtutibus*, Romae, 1920.
Poésies	Sainte Thérèse de l'Enfant-Jésus, *Poésies,* Barle-Duc, 1923. 아기 예수 데레사 성녀, 『시』, 1923년
R. A. M.	*Revue d'Ascétique et de Mystique.*

주

제1부
1. P. Victor De La Vierge, *Réalisme spirituel de sainte Thérèse de Lisieux*, Paris, 1956, 2장 데레사의 의향 p. 27-41.
2. *L.*, p. 98.
3. S. Jean de la Croix, *Vie et Oeuvres spirituelles*, Paris, Poitiers, 1880, t. III; *La Nuit obscure*, I, IV. p. 257-262.
4. *La Nuit obscure*, I, II, 몇몇 영성의 불완전이 교만으로 시작되는 예. p. 245-252.

제1장
1. *H. A.*, ch. XII, p. 195; *C. S. G.*, p. 136.
2. St. -J. Piat, O.F.M., *Histoire d'une famille*, Lisieux, s. d., p. 130-133.
3. Dr. Gayral, *Une maladie nerveuse dans l'enfance de sainte Thérèse de Lisieux*, Carmel 잡지, 1959, 2, p. 89.
4. 안응렬 역, 『성녀 소화 데레사 자서전』, 개정판, 1992, p.47.
5. 같은 책, p. 48.
6. 『자서전』, p. 67.
7. 『자서전』, p. 69.
8. A, 22 V°, 1. 11-15, p. 54.
9. A, 23 R°, 1. 2-3, p. 55.
10. Dr. Gayral, *Une maladie nervuese...* p. 93.
11. 『자서전』, p. 77.
12. 『자서전』, p. 81-82.
13. R. P. Marie-Eugène de l'Enfant-Jésus, *La grâce de Noël 1886 chez sainte Thrésè de l'Enfant-Jésus*, Carmel 잡지, 1959, 3, p. 100.
14. 『자서전』, p. 83.
15. 『자서전』, p. 85.
16. Dr. Gayral, *Une maladie...*, p. 94.
17. Dr. Ch. -H. Nodet, "Psychanalyse et spiritualité", Supplément de *La Vie sprituelle* 잡지, 1948년 2월호, p. 406.
18. 『자서전』, p. 116.
19. 『자서전』, p. 123.
20. 『자서전』, p. 128.
21. 『자서전』, p. 130.
22. *P. O.*, Soeur Geneviève, *Sum.*, § 267, p. 127.

23. 『자서전』, p. 131-132.
24. 『마지막 남긴 말씀』, 대전 가르멜수녀원 역, 7월 13일, p. 51.
25. 『자서전』, p. 97.
26. 『자서전』, p. 107.
27. 『자서전』, p. 107-108; 『준주성범』, 3편 26, 3.
28. 『마지막 남긴 말씀』, 7월 21일, p. 60.
29. 『자서전』, p. 112-113.
30. 『자서전』, p. 113.
31. 『자서전』, p. 119.
32. 『완덕의 길』, 최민순 역 p. 73.
33. 『완덕의 길』, p. 75.
34. 『자서전』, p. 317.
35. 1889년 1월 7-8일에 아녜스 수녀에게 쓴 편지. 곤자가의 마리아 원장 수녀는 데레사에게 착복 피정 동안에 가르멜 수녀인 언니들에게 편지를 써도 좋다는 아주 예외적인 허락을 해 주었다.
36. 땅에 친구하는 것, 즉 땅에 입을 맞추는 것은 겸손과 복종을 나타내는 행위이다.
37. 『자서전』, p. 320.
38. 『자서전』, p. 320.
39. Actes du Procès canonique de l'Ordinaire, Summarium I, § 2147, p. 711.
40. Actes du Procès canonique de l'Ordinaire, Soeur Geneviève, Sum., §1816-1817, p. 621.

제2장

1. M.-M. Philipon, O.P., Sainte Thérèse de Lisieux, Paris, 3ᵉ éd., 1946, ch. II, p. 62-80.
2. 같은 책, p. 77-78.
3. 『자서전』, p. 110.
4. P. A., Sum., § 548, p. 229. 1882년 4월 17일부터 피숑 신부는 마리아의 지도 신부가 되었다. 그때부터 그는 데레사를 자주 볼 기회가 있었다.
5. 『자서전』, p. 91.
6. 『준주성범』, 1편, 2, 3.
7. Lettres de sainte Thérèse de Lisieux, 1948.
8. 『자서전』, p. 204.
9. 데레사는 1888년 3월 27일 아녜스 수녀에게서 받은 편지의 답장에서 처음으로 자신을 '모래알'이라는 상징으로 표현한다.
10. 1890년 5월 초나 4월 말에 쓴 아녜스 수녀에게 보낸 쪽지 편지에서 표현한 글이다.
11. 1890년 5월경 아녜스 수녀에게 보낸 쪽지 편지,
12. 데레사가 서원식 날 하느님께 바친 봉헌문에 있음. 『자서전』, p. 355-356.

13. 『자서전』, p. 213.
14. 데레사는 예수님께서 자캐오에게 하신 "자캐오야 얼른 내려오너라. 오늘은 내가 네 집에서 머물러야 하겠다."라는 말씀에서 자신이 겸손해져야 할 소명을 느꼈다. 데레사는 이 말이 "자기 자신에게서 내려와야 한다."라는 겸손을 나타낸다는 것을 십자가의 요한 성인의 글을 통해 배웠다.
15. C. S. G., p. 27.
16. cf. *Un amour miséricordieux*, ch. VIII, § 3, p. 152-165.
17. H. A., *Conseils et Souvenirs*, p. 228.
18. Sainte Thérese d'Avila, *Oeuvres*, traduites d'après les manuscrits originaux par M. Bouix, S. J., Paris, 1885, 6e éd., t. II; *Avis* XI, p. 562.
19. C. S. G., p. 73-74.
20. C. S. G., p. 19.
21. C. S. G., p. 24.
22. C. S. G., p. 23(cf. Billet à Mère Agnès, 28 mai, 1897, p. 397- 399).
23. H. Petitot, *Vie intégrale de Sainte Thérèse de Lisieux*, Paris, 2e éd., p. 112.
24. P. A., Soeur Marie de la Trinité, *Sum.*, § 2894, p. 1016.
25. "Pourquoi je t'aime, ô Marie", strophe 6(*Poésis*, p. 66).
26. H. A., p. 260. 이 기도문은 아마 1895년 1월에 쓰인 듯싶다.
27. 『마지막 남긴 말씀』, p. 80.
28. P. Lucien, *La pauvreté spirituelle...*, p. 189.
29. C, 20 R°, 1. 16-19, p. 280.
30. *Le Chemin de la perfection*, ch, VIII, p. 57.

제3장
1. C. S. G., p. 131-132.
2. S. Jean de la Croix, *Vie et Oeuvres spirituelles*, Paris, I; *Avis* CCLXXXVI, CCXCI, CCXCIV, CCXCVIII, p. 455-457.
3. C. S. G., p. 99.
4. 예수의 데레사 지음, 최민순 역, 『영혼의 성』, 제2판 1쇄, 1993, 제6궁방 제1장 13, p. 151.

제1부의 결론
1. 얀선주의는 네덜란드 가톨릭 신학자 코르넬리스 얀세니우스가 주장한 이단적 교의. 이들은 엄격한 윤리로 되돌아갈 것을 주장하며, 인간 본성에 비관적 견해를 가지고 있다.

제2부

제4장

1. 『자서전』, p. 22.
2. 『자서전』, p. 21.
3. C, 19 V°, 1. 12-21, p. 279-280.
4. 『자서전』, p. 22.
5. C, 20 R°, 1. 12-16, p. 280.
6. 1893년 8월 13일의 편지, p. 236-237.
7. C, 27 V°, 1. 8-15, p. 292. 이 문제에 대해서 예수의 데레사 성녀도 언급하고 있다(cf. 『영혼의 성』, 제6궁방 제1장).
8. C. S. G., p. 161, 164.
여기에서 데레사는 십자가의 요한 성인의 '하느님의 사랑에 사로잡힌 기도'를 통해서 모든 것은 여러분에게 속해 있다는 바오로 사도의 말을 인용하고 있다(1코린 3,22). 바오로 사도의 이 말씀은 코린토 신자들의 불화와 교만을 분쇄하기 위해서였다. 코린토의 공동체는 여러 파벌들로 서로 갈라져 있었다. 한편에서는 자기네가 바오로의 제자라는 것에 긍지를 가지고 있는가 하면 다른 편에서는 아폴로와 같은 훌륭한 설교자에게 열광되어 있었고 또 케파에 대해서도 그러했고 그리스도에게 속해 있다고 하며 "나에겐 모든 것이 허락되었다."라고 하는 사람들도 있었다. 바오로 사도는 코린토 신자들에게 설교자의 역할에 대해 아무것도 이해하지 못했다고 써 보낸다. 사도 자신은 오직 도구일 뿐이며 그리스도께서 한 공동체의 선익을 위해 사용하시는 종에 불과하다는 것이다. "그러므로 아무도 인간을 두고 자랑해서는 안 됩니다. 사실 모든 것이 다 여러분의 것입니다. 바오로도 아폴로도 케파도, 세상도 생명도 죽음도, 현재도 미래도 다 여러분의 것입니다."(1코린 3,21-22) 바오로의 사상에서 "모든 것은 여러분의 것입니다."라는 말은 "모든 것은 여러분을 위한 것입니다."라는 의미를 갖고 있다. 사도들은 우리의 종이지만 우리는 그리스도의 종이다.

제5장

1. C, 27 V°, 1. 14-22, p. 294-295.
2. 『자서전』, p. 230.
3. 시편 34(33),9.
4. C, 13 R°, 1. 1-3, p. 226.
5. 『자서전』, p. 21.
6. C. S. G., p. 62-63.
7. C. S. G., p. 59.
8. L., p. 443.
9. L., p. 356.

10. 1897년 4월 25일자의 편지. 같은 사상으로 룰랑 신부에게도 1897년 5월 9일자로 편지함.
11. 『마지막 남긴 말씀』, p. 43.
12. *C. S. G.*, p. 25.
13. "Ubicumque fecit (unitas Christi et Ecclesiae) opus bonum, pertinet et ad nos si congaudeamus"(*Sermo*, CCCLVI, 10, P.L., 39, 1578).

제6장
1. 1코린 13,4.7.
2. *C. S. G.*, p. 151; C, 9 R°, 1. 3, p. 256; *M. A.*, t. II, p. 71.
3. 『마지막 남긴 말씀』, p. 70-71.
4. 『자서전』, p. 199-200.
5. 『자서전』, p. 272-273; C, 1 V°, 1. 6, p. 176.
6. *C. S. G.*, p. 117.
7. *C. S. G.*, p. 119. 성삼의 마리아 수녀의 증언.
8. 아녜스 수녀에게 쓴 쪽지 편지, 1889년 1월 8일
9. 셀리나에게 보낸 편지, 1889년 3월 15일, p. 117.
10. 아녜스 수녀에게 보낸 쪽지 편지, 1889년 5월, p. 125.
11. *L.*, p. 172-173. cf. A, 75 V°, 1. 7-9, p. 188-189.
12. *L.*, p. 279-280.
13. *P. O.*, Soeur Genevieve, *Sum.*, § 1755, p. 605.
14. 『영혼의 성』, 제6궁방 제1장, p. 137.
15. *Avis* XLVIII de la Sainte à ses religieuses, t. II, p. 566 (*Direction spirituelle, Avis* 49, p. 227.)
16. *Avis* XLIV de la Sainte à ses religieuses, t. II, p. 565 (*Direction spirituelle, Avis* 45, p. 226.)
17. *Instructions et Précautions spirituelle,* t. I, p. 372-373.
18. 로마 8,28 참조.

제7장
1. H. Petitot, O.P., *Vie intégrale de Sainte Thérèse de Lisieux*, p. 23-54.
2. 『마지막 남긴 말씀』, 8월 3일, p. 74-75.
3. 『마지막 남긴 말씀』, 7월 17일, p. 57.
4. 같은 책, 8월 3일, p. 76.
5. *L.*, p. 405.
6. A, 70 R°, 1. 15-18, p. 175.
7. 성심의 마리아에게 보낸 편지, 1896년 9월 17일, p. 341.
8. *C. S. G.*, p. 24.

9. C, 19 R°, 1. 15-19, p. 278.
10. A, 10 R°-V°, p. 25-26.
11. 『마지막 남긴 말씀』, 7월 5일, p. 33.
12. 『자서전』, p. 36.
13. 『자서전』, p. 113.
14. *L.*, p. 68.
15. 『마지막 남긴 말씀』, p. 89.

제2부의 결론
1. 1코린 3,21-23.

제3부

제8장
1. *N. V.*, 8월 3일, p. 113.
2. *Vivre d'amour*, 1895년 2월 26일.
3. C, 14 R°, 1. 22-24, p. 269.
4. 1888년 6월 17일의 편지. 이 날(금요일) 셀리나는 아버지에게 수도 생활에서의 자신의 소원을 맡겼다.
5. 1889년 1월의 편지, p. 107-108.
6. 1889년 2월 28일의 편지, p. 111-112.
7. 1890년 5월의 편지, p. 150.
8. 1894년 7월 7일의 편지, p. 269-270.
9. *C. S. G.*, p. 72-73. 데레사는 서원 전날인 1894년 2월 23일 셀리나에게 편지를 보냈다.
10. 예수 성심의 마리아 수녀에게 쓴 편지, p. 127.
11. 레오니아에게 쓴 편지, 1895년 1월, p. 290.
12. Roulland 신부에게 보낸 편지, 1896년 7월 30일, p. 332; Bellière 신부에게 보낸 편지, 1897년 2월 24일, p. 372.
13. A, 47 V°-48R°, p. 115; 십자가의 성 요한, 『영혼의 노래』, XXV, p. 101.
14. A, 48 R°; *C. S. G.*, p. 18, 215-218.
15. 셀리나에게 보낸 편지, 1888년 5월 8일, p. 61.
16. 셀리나에게 보낸 편지들: 1889년 7월 14일, p. 133; 1890년 4월 26일, p. 146; 1891년 10월 20일, p. 196; 1892년 4월 26일, p. 203.
17. Richard de Saint-Victor, *De Trin.*, L. III, c. 19; P. L., 196, 927B.
18. D. Nothomb, "La Charité et les autres amours humains...", *Revue Thomiste*, L. II(1952), p. 363.
19. 아버지에게 쓴 편지, 1888년 7월 31일, p. 71; 숙모에게 쓴 편지, 1894년 11월

17일, p. 286(참조: L, p. 296과 300); 아녜스 원장 수녀에게 건넨 쪽지 편지, 1896년 12월 4일, p. 358; 셀리나에게 쓴 편지, 1894년 7월 18일, p. 277-278.
20. D. Nothomb, "La Charité et les autres amours humains...", p. 364-365.
21. Néele 부인에게 쓴 편지, 1891년 10월 17일, p. 195.
22. 1896년 11월 1일의 편지, p. 348.
23. *L.*, p. 135.
24. 『마지막 남긴 말씀』, 7월 18일, p. 59.
25. *M. A.*, t. II, p. 47.
26. 『마지막 남긴 말씀』, 9월 30일, p. 129; *C. S. G.*, p. 111.
27. St. Thérèse d'Avila, *Le Château intérieur*, VIes demeures, ch. VI, t. III, p. 543-544; *Vie*, ch. XXXII, t, I, p. 396; *Fondations*, ch. I, t. II, p. 7.
28. Sur Soeur Marie de la Trinité, entrée au Carmel de Lisieux, le 16 juin, 1894; cf. *M. A.*, t. II, p. 75.
29. *P. A.*, Sr. Marie de la Trinité, *Sum.*, § 1350, p. 503.
30. *L.*, p. 116.
31. St. Jean de la Croix, *Cantique spirituel*, str. XXIX, Explication, t. I, p. 400. 이 말을 데레사는 세 번이나 편지에서 인용하고 있다. (1) 예수 성심의 마리아 수녀에게 쓴 편지, 1896년 9월(B, 4 V°, 1. 20-21, p. 233) (2) 룰랑 신부에게 보낸 편지, 1897년 3월 19일, p. 374 등.
32. 레오니아에게 보낸 편지, 1894년 5월 22일, p. 267; 『영혼의 노래』, t. II, p. 23.
33. Marie Guérin에게 쓴 편지, 1888년 9월, p. 77.
34. Mère Saint-Placide에게 쓴 편지, 1888년 12월, p. 90.
35. 셀리나에게 보낸 편지, 1889년 4월 27일, p. 123.
36. Madame Guérin에게 보낸 편지, 1892년 11월 17일, p. 212.
37. *C. S. G.*, p. 49. 이것은 데레사가 8월 15일 병상에서 하느님께 완전히 의탁한 좋은 본보기를 우리에게 보여 주었다.
38. Madame Néele에게 보낸 편지, 1891년 10월 17일, p. 195.
39. 셀리나에게 보낸 편지, 1890년 9월 23일, p. 173.
40. 셀리나에게 보낸 편지, 1891년 4월 26일, p. 187; 『마지막 남긴 말씀』, 7월 16일. 데레사는 셀리나의 가르멜수녀원 입회를 원함.
41. C, 34 R°, 1. 2-11, p. 307.
42. Mgr. A. Combes, *L'amour de Jésus...*, 2e éd., 1951, p. 148-149, note 18.
43. *Sainte Thérèse de Lisieux et sa mission*, p. 87-110.
44. *L'amour de Jésus...*, p. 147.
45. B, 3 V°, 1. 16-19, p. 229.
46. 『마지막 남긴 말씀』, 7월 27일, p. 64; *L.*, p. 191, note 1; 『마지막 남긴 말씀』, 9월 2일, p. 114.
47. 아녜스 원장 수녀에게 쓴 편지, 1889년 1월, p. 100-101; cf. *I.*, p. 69, 154,

408; *Poésies*, p. 104.
48. Père Demann, *L'idée de la réparation dans La Vie Spirituelle*, 1952. 6, p. 601-609 참조.
49. *L.*, p. 133-134.
50. *Poésies*, p. 7.
51. *P. O., Sum.*, § 1643, p. 581.
52. 『마지막 남긴 말씀』, 7월 18일, p. 59.
53. 룰랑 신부에게 쓴 편지, 7월 14일; *L.*, p. 418.
54. *Circulaire de Sr. M. -Philomène de Jésus*, p. 5. 참조:『마지막 남긴 말씀』, 5월 28일, p. 18; *Histoire de St. Louis de Gonzague*, Le Puy, 1864, p. 328.
55. *P. O., Sum.*, Sr. Marie du Sacré-Coeur, § 1644, p. 581.
56. B, 4 R°, 1. 17-20, p. 231; Voir *L.*, p. 357.
57. *L.*, p. 366; 같은 사상, p. 417.
58. 『마지막 남긴 말씀』, 7월 12일, p. 47; 십자가의 성 요한, '영혼의 노래', 32장 Explication, t. II, p. 25.
59. 1894년 4월 20일, p. 283.
60. 1894년 7월 18일, p. 276.
61. *L.*, p. 332.
62. C, 12 V°, 1. 18-22, p. 265-266.
63. C, 12 V°-13 R°, p. 266.
64. *C. S. G.*, p. 107-108.
65. C, 12 V°, 1. 19-22, p. 266; *C. S. G.*, p. 22 참조.
66. *P. O.*, Sr. Marie-Joseph de la Croix, O.S.B., *Sum.*, § 291, p. 136.
67. *C. S. G.*, p. 107.
68. *P. O.*, Sr. Marie du S-Coeur, *Sum.*, § 1638, p. 579.
69. 1894년 8월 19일의 편지, p. 280.
70. 『마지막 남긴 말씀』, 8월 7일, p. 85.
71. A. -M. Cocagnac, O.P., *La paille et la poutre dans La Vie Spirituelle*, 1957년 1월, p. 39.
72. C, 20 V°-21 R°, p. 282.
73. 최민순 역,『어둔 밤』, 개정판, 1993, 제1편 12장 6절, p. 68.
74. *C. S. G.*, p. 25.

제9장

1. A, 45 V°, 1. 8-11, p. 109.
2. A, 68 V°, 1. 12-14, p. 168-169.
3. *P. O.*, Sr. Marie des Agnès, *Sum.*, § 2003, p. 668-669.
4. A, 74 V°, 1, 16-18, p. 187.

5. C, 16 V°-17 R°, p. 274.
6. *C. S. G.*, p. 102; *Avis* 25 de Ste. Thérèse d'Avila cité dans *Direction spirituelle*, p. 223-224.
7. *P. A.*, Mère Agnès, *Sum.*, § 649, p. 274.
8. *Le Chemin de la perfection,* ch. VIII, t. III, p. 52.
9. Marie Guérin에게 쓴 편지, 1889년 4월 24일, p. 119-120.
10. *C. S. G.*, p. 98.
11. *C. S. G.*, p. 98-99.
12. *Le Chemin de la perfection*, ch. VIII, t. III, p. 52.
13. *C. S. G.*, p. 157.
14. *Histoire de Ste. Thérèse d'après les Bollandistes*, Paris, 1888, t. II, p. 362.
15. *P. A., Sum.*, § 609, p. 250.
16. 1889년 2월 28일의 편지, p. 111.
17. *P. O.*, Sr. Marie-Madeleine du S-Sacrement, *Sum.*, § 2206, p. 727.
18. D. C. L., donnée par A. Noché(*La réponse des textes...,* p. 310). Voir *H. A., Conseils et Souvenirs*, p. 231.
19. *Le Chemin de la perfection*, Ch. VIII, t. III, p. 47-48.
20. C, 29 V°, 1. 5-9, p. 298.
21. C, 27 V°, 1. 5-13, p. 294.
22. C, 23 R°, 1. 10-15, p. 286.
23. *C. S. G.*, p. 32; Voir. *C. S. G.*, p. 8.
24. *P. O.*, Sr. Marthe de Jésus, *Sum.*, § 2074, p. 688.
25. *P. O.*, Déposition de Sr. Marie du S-Coeur, *Sum.*, § 1640, p. 580.
26. *N. V., Carnet jaune*, cité dans *M. A.*, t. I, p. 74.
27. H. Petitot, *Vie intégrale de Sainte Thérèse...*, p. 156-157.
28. Cardinal Van Roey, *De virtute charitatis*, p. 306.
29. C, 18 R°, 1. 14-22, p. 276-277.
30. C, 18 V°, 1. 6-9, p. 277.
31. A, 11 V°, 1. 20-24, p. 29.
32. 1893년 7월 18일의 편지, p. 226.
33. C, 28 R°-V°, p. 296.
34. C, 30 R°, p. 299-300.

제10장

1. M. -M. Philipon, O.P., *Sainte Thérèse de Lisieux*, p. 145.
2. A. Combes, *Introduction à la spiritualité de sainte Thérèse de l'Enfant-Jésus*, p. 229-233; *L'amour de Jésus chez sainte Thérèse de Lisieux*, p. 127-138.
3. C, 11 V°, 1. 9-14, p. 263; 마태 7,21.

4. *P. A.*, Mère Agnès, *Sum.*, § 653, p. 275.
5. *Tractatus in Primam Joannis*, X, 3; P. L., XXXV, 2055.
6. J. Gallay, *La charité fraternelle selon les tractatus in primam Joannis de S. Augustin*, thèse de Théologie, Lyon, 1953, p. 140.
7. 『영혼의 성』, 제5궁방 3장 8절, p. 121.
8. B, 3 V°, 1. 43-45, p. 230.
9. C, 12 R°, 1. 10-15, p. 264.
10. C, 12 R°, 1. 16-22, p. 264-265.
11. C, 15 V°, 1. 10-14, p. 271.
12. *Circulaire de Sr. Marie de la Trinité*, p. 15-16.
13. C, 21 V°-22 R°, p. 283-284. Voir aussi A, 62 R°, 1. 24, p. 153; 70 V°, 1. 12, p. 176; C, 9 R°, 1. 5, p. 256.
14. C, 12 V°, 1. 14-19, p. 265.
15. "Caritas qua formaliter diligimus proximum est quaedam parti- cipatio divinae caritatis", *Sum. theol.*, II^a II^{ae}, p. 23, a. 2, ad 1.

제3부의 결론
1. A, 74 R°, 1. 15-20, p. 185-186.
2. A, 48 R°, 1. 24-26, p. 116-117.
3. *C. S. G.*, p. 33.
4. St. Thomas, *De Virtutibus*, q. 1, art. 1, sol. 13.
5. *H. A., Conseils et Souvenirs*, p. 236; *Circulaire de Sr. Marie de la Trinité*, p. 10.